国家出版基金项目
NATIONAL PUBLICATION FOUNDATION

满族语言与文化研究丛书

主编◎郭孟秀　副主编◎长　山

满语修辞研究

MANYU XIUCI YANJIU

魏巧燕◎著

社会科学文献出版社
SOCIAL SCIENCES ACADEMIC PRESS (CHINA)

黑龙江大学出版社
HEILONGJIANG UNIVERSITY PRESS

图书在版编目（CIP）数据

满语修辞研究 / 魏巧燕著 . -- 哈尔滨 ：黑龙江大
学出版社 ；北京 ：社会科学文献出版社，2022.1
（满族语言与文化研究丛书 / 郭孟秀主编）
ISBN 978-7-5686-0603-5

Ⅰ . ①满… Ⅱ . ①魏… Ⅲ . ①满语—修辞—研究
Ⅳ . ① H221.4

中国版本图书馆 CIP 数据核字（2021）第 001993 号

满语修辞研究
MANYU XIUCI YANJIU
魏巧燕　著

责任编辑　刘　岩
出版发行　黑龙江大学出版社　社会科学文献出版社
地　　址　哈尔滨市南岗区学府三道街 36 号　北京市北三环中路甲 29 号院华龙大厦
印　　刷　哈尔滨市石桥印务有限公司
开　　本　720 毫米 ×1000 毫米　1/16
印　　张　15.5
字　　数　222 千
版　　次　2022 年 1 月第 1 版
印　　次　2022 年 1 月第 1 次印刷
书　　号　ISBN 978-7-5686-0603-5
定　　价　58.00 元

总　序

　　由黑龙江大学出版社联合社会科学文献出版社组织策划的满族语言与文化研究丛书即将出版。丛书荟萃《清代满语文对蒙古语言文字的影响研究》（长山著）、《朝鲜语与满－通古斯语族同源词研究》（尹铁超著）、《满语修辞研究》（魏巧燕著）、《满语借词研究》（哈斯巴特尔著）、《满语认知研究：形态、语义和概念结构》（贾越著）、《俄藏满文文献总目提要》（王敌非著）、《满族社会文化变迁研究》（阿拉腾等著）、《濒危满语环境中的满族祭祀文化》（阿拉腾著）、《满洲崛起对东北少数民族文化认同的影响》（郭孟秀著）、《清代黑龙江地区世居民族交往交流研究》（吕欧著）、《清代东北流人视野中的满族社会生活》（高松著），共十一部力作，是近年来黑龙江大学满学研究院研究成果的集中展现，也是诸位学者"博观而约取，厚积而薄发"的必然结果；同时也体现出黑龙江大学出版社慧眼识金，为满学研究把薪助火的专业精神。在本丛书的十一部著作中，可以归类为满语（通古斯语族）语言学的有五部，可以归类为文化人类学的有四部，另有古籍类一部，民族史类一部。其中涉及满族语言文字方面的内容，笔者并非相关领域专家，无从评价。以下是阅后的几点思考，是为序。

　　首先，是关于满族文化内涵的思考。

本套丛书把内容定位为"语言与文化"，以展示黑龙江大学满学研究院在满族语言文化研究方面取得的优秀成果。阅读这套丛书后，笔者欲从历时和地理空间的角度思考满族文化的内涵，以便更深刻地理解丛书的内容。

尹铁超教授在《朝鲜语与满－通古斯语族同源词研究》一书中，将同源词研究上溯到了中国古代地方民族政权高句丽国的高句丽语和三韩语，把朝鲜语、高句丽语、满－通古斯语族诸语作为比较研究的对象。郭孟秀研究员提出，满族文化研究的内容框架可参考文化哲学三个层面的研究主题，即对文化现象的一般考察，关于文化的社会历史透视，以及关于文化的价值思考。他认为，除了第一个层面外，满族文化研究在其他两个层面都比较匮乏。① 这一观点无疑是正确的，非常有价值的。阿拉腾等在《满族社会文化变迁研究》一书中对满族文化进行了历时的分期。特别重要的是郭孟秀研究员在《满洲崛起对东北少数民族文化认同的影响》一书中对满族文化进行了纵向、历时的思考，将肃慎族系文化作为整体进行分类研究，包括肃慎－挹娄、勿吉－靺鞨、宋金时期女真人、元明时期女真人，研究其文化特征和满洲文化的形成。从历史发展过程的角度思考满族及其先民的文化的形成、演变过程，无疑为我们提供了非常有意义的研究视角。郭孟秀研究员还在满族文化的内涵研究上进行了创新，提出底层文化（渔猎文化）、表层文化（农耕文化）的概念，并首创满洲文化"轴心期"的新观点，即满洲人学汉语、习汉俗是一种文化选择的结果，更是文化有机体生命力的一种展示。对满族人来说，作为核心的渔猎文化与作为次核心的农耕文化在这一时期既存在一种亲和的相互融合的状态，同时又各自保留具有独立特征的文化张力，是文化二元结构的最佳状态，为满洲文化的发展提供了广阔的空间和愿景。此时的满洲文化表现出未特定化和未确定性，处于充满无限可能的"方成"而非"已成"状态，是满洲文化轴心期的重要标志。而在此之前，满学界就已经开始从人类发展史的角度审视

---

① 郭孟秀：《满族文化研究回顾与反思》，载《满语研究》2016 年第 1 期。

满族文化的形成发展过程。在全国"首届满族文化学术研讨会"上，有学者提出满族文化发展的三个阶段，即远古时期、满洲鼎盛时期（努尔哈赤进入今辽沈以后）、中华人民共和国成立以后的满族新文化时期。有学者提出清朝时期满族文化的四个类型：留守型文化、屯垦型文化、留守与驻防交叉型文化、驻防型文化。驻防型文化层次最高，留守、屯垦型文化保留传统内容较多。[①] 但此次研讨会以后，从人类发展史的角度和自然地理空间的角度研究满族文化的成果还是较少。而满族语言与文化研究丛书的出版，将会成为帮助我们更加全面地了解满族文化内涵的重要资料。

中国远古的文化，由于处于相对封闭的自然地理空间而呈现出独立发展的地域土著特征，很少受到族系外民族的冲击和干扰，形成了自身的半闭环的交流循环体系，黑龙江流域便是中国相对封闭的自然地理空间中的重要一环。黑龙江流域以北是不太适合远古人类生存的，外兴安岭南缘只发现了零星的新石器遗址，而在黑龙江流域内，新石器文化的遗存才开始密集、丰富起来。在满族先民生存的黑龙江下游流域以及乌苏里江、松花江下游流域，其北部是没有外敌存在的，而其东部是大海，只有西部和南部面临着濊貊－夫余族系的威胁，即夫余和高句丽。在公元 7 世纪前，肃慎族系与濊貊－夫余族系间形成了弱平衡关系，在长期的历史发展过程中塑造了具有独特地域特征的文化，即北东北亚类型的渔猎文化。而一旦离开这一具有独特自然地理特征的区域，就会发生文化类型的明显演变。笔者认为，在远古时期，自然地理状况对人类社会的发展进程起到决定性的影响，几乎所有的文明古国都不曾脱离这一规律。古埃及、古巴比伦、古印度文明的发生区域有一个共同的因素，即大河、平原和适合于旱地农业发展的环境。这些文明古国自然地理空间的开放性导致了其文明的中断，而相对封闭的地理空间环境则成为中国古代文明绵延不断的有利条件之一。中国古代文明的发生因素同样是大河（黄河）、平原，黄河从上游至下游流经宁夏平原、河套平原、汾渭平原、华北平原，特别是汾渭平原和

---

① 周凤敏：《"首届满族文化学术研讨会"综述》，载《满族研究》1990 年第 1 期。

华北平原，作为古中国文明的发生地域，远古农业十分发达。据考证，这些地方距今五千年左右出现青铜器，距今三千多年出现象形文字——甲骨文。这些条件与其他三个文明古国有相似之处，即适合远古农业发展的大河、平原，以及象形文字和青铜器。

历史事实证明，黑龙江干流流域不适合旱地农业的发展，若不脱离这一区域便不可能进入古代的文明社会，而是长期滞留于原始的氏族－部落社会。比如，东胡族系的鲜卑人和契丹人在脱离这一区域南下直至中原后，才有机会进入到奴隶制社会，最终进入到封建社会；蒙古族脱离这一区域到漠北草原后才进入到奴隶社会。而那些没有机会脱离黑龙江干流流域的诸氏族部落，比如埃文基人（鄂伦春、鄂温克人）、那乃－赫哲人、乌尔奇人、乌德盖人、尼夫赫人、奥罗奇人、奥罗克人等 25 个土著"民族"，则根本没有机会脱离氏族－部落社会。因此，我们可以把满族的传统文化划分为四种类型：第一种类型是没有脱离黑龙江干流下游流域、乌苏里江流域、松花江干流下游流域的满族先民的文化，他们仍然处于氏族－部落社会，狩猎、捕鱼是其文化的核心特征，比如肃慎、挹娄、勿吉、靺鞨的大部分及生女真、野人女真等；第二种类型是源自黑水靺鞨的女真人建立金朝后形成的该时期的女真文化；第三种类型是以粟末靺鞨为主建立的渤海国的文化，粟末部是夫余人和勿吉人融合形成的，《旧唐书》记载为"涑沫靺鞨"或"浮渝靺鞨"①，受夫余人影响，粟末靺鞨文化具有鲜明的中原文化特征；第四种类型就是女真－满洲－满族文化，简称满族文化，建立清朝的核心是建州女真，其主要部落胡里改部的源头是黑龙江下游以北的乌德盖部落，逐步迁移至松花江中游（今依兰县）。元末明初，胡里改部和斡朵里部先后南迁，开启了满洲族的历史，也创造了满洲族文化。分析这四种类型的文化我们发现，渤海文化、女真文化、女真－满洲－满族文化之间并没有继承关系，而是表现出明显的差异性，它们的共同点是其源头都与黑龙江下游的原始部落相关，在恶劣的自然环境下形

---

① 刘昫等：《旧唐书》第 05 部，陈焕良、文华点校，岳麓书社 1997 年版，第 991、992 页。

成的剽悍、刚烈和无所畏惧的精神，或许就是它们文化共同性的体现。所以，如果我们用"肃慎－满洲族系"文化来命名满族及其先民的文化的话，其特点则是多样性中蕴含着共同性，且多样性超过其共同性。满族文化包括满族先民的文化（黑龙江下游流域的氏族－部落文化、渤海文化、建立金朝的女真文化）、满族传统文化和革命文化、社会主义先进文化。满族的传统文化处于濒危状态，但满族的现代文化（社会主义先进文化）则正处于形成、发展的过程中，而且必然是综合性的、复合型的新文化。不能将满族现代文化的形成发展视为"汉化过程"，因为这完全违背了中国历史的发展过程。新石器时代的六大文化区系①和六大文化区②，以及先秦时期华夏"中国"的"天下"中夷夏分布、交错杂居的事实，包括秦、楚、吴、越等融入华夏的历史，这些都说明是各民族共同创造了华夏文化。满族现代文化的建设处于中华现代文化建设的范围中，表现为核心文化（中华文化核心价值观、精神力量）的统一和表层、深层文化（满族文化）多样性的统一。中国其他各民族的文化同样处于现代文化的重塑过程中。

其次，是关于满族文化濒危问题的思考。

所谓"濒危文化"包括物质的、非物质的正在消失的文化，而且是不可逆转地即将消失的文化。既然是濒危的文化，其所依存的人文条件和自然地理条件就都已经处于消失的过程中，所以，濒危文化不具有传承性，因为文化的本体内涵和形式都已经经历了长期的变异过程，失去了传播的功能性基础。濒危文化的原始内涵是不可复原的，因为其最核心的文化内涵已经不复存在。比如现在东北地区还存在一些"活态"的萨满祭祀仪式，但无论是规模还是功能都区别于以往。在本套丛书中，《清代满语文对蒙古语言文字的影响研究》《朝鲜语与满－通古斯语族同源词研究》《满语修辞研究》《满语借词研究》《满语认知研究：形态、语义和概念结构》

---

① 苏秉琦、殷玮璋：《关于考古学文化的区系类型问题》，载《文物》1981 年第 5 期。
② 严文明：《中国史前文化的统一性与多样性》，载《文物》1987 年第 3 期。

《濒危满语环境中的满族祭祀文化》，均属于濒危文化研究的范畴。"黑龙江省富裕县三家子村、孙吴县四季屯等一些满族村屯中还有十几位满族老人能够较为熟练使用满语，满语口语即将彻底退出历史舞台。对基础满语语法、满语修辞、满语与锡伯语比较等方面的研究，是在书面语的层面对满语所做的继承与保护，这项工作可以让满族语言作为满族文化的一部分存续下去。"这是本套丛书立项报告中的表述，笔者深以为然。满族濒危文化严格表述应为"满族濒危传统文化"，即将退出社会功能的是过去的文化，而满族新的文化即社会主义先进文化正处于建设过程中，因此从整体视角看，满族文化不存在濒危的问题，而是在发展中出现了变迁。《满族社会文化变迁研究》就是从这个视角进行的研究，非常具有现实意义。

基于上述认识，笔者个人的观点是要重视满族濒危传统文化的资料库建设（文字记载、影像资料制作、博物馆展示建设等）和专业化研究，做好这些工作的基础是有效的精英人才培养机制，如黑龙江大学开展的满族语言文化方向的本科生和研究生培养工作，就是很有远见的举措。满族优秀的传统文化是中华文化的组成部分，我们有责任，更有能力，对其进行深入、系统的研究。

再次，是关于满族语言与文化研究重要价值的思考。

郭孟秀研究员认为，目前针对满族文化价值方面的研究是比较匮乏的，该观点抓住了满族文化研究存在的突出问题。满族及其先民创造了恢宏而又多样的优秀民族文化，诸如渤海文化、女真文化和女真 - 满洲 - 满族文化，是中国古代北方地区最具影响力的少数民族文化，对中华文化的发展做出了杰出贡献。从我国旧石器晚期到新石器早期的人类发展状况来看，中原地区并不总是走在前面，先进的文明也并不都是从中原向四周扩散。比如距今约八千年的阜新查海文化的玉器，距今五六千年的红山文化的庙、祭坛、塑像群、大型积石冢、玉猪龙等成套玉器，都说明苏秉琦先生认为中华文明"满天星斗"的观点是正确的。至少在某一个时期内，中原地区还未发现"具有类似规模和水平的遗迹"而走在前面的文明，当然，这并不影响中原地区作为古中国文明核心区域所起到的引领作用。东北地区史前文化的顶峰显然是前红山－红山文化，它作为华夏文化的边缘和"北狄"文化的腹地，成为中华文化向东北地区传播的枢纽和通道，最先受到影响的是濊貊－夫余族系，而后是东胡族系，最后受影响的肃慎－满洲族系却创造了三种类型的文化，从公元7世纪末开始间断影响中国北部一千多年，是少数民族文化与中华文化融合的典型范例。满族先民所创造的这些优秀文化对中华文化的贡献没有得到学界应有的重视，研究成果较少，这是非常遗憾的。应该特别重视女真人两次入主中原、粟末靺鞨人建立"海东盛国"渤海的文化因素研究，以及这些满族先民的文化向中原文化靠拢的原因，这些都是满族文化价值研究的重要课题，但不限于此。"满族缔造的清朝，持续近三百年，对中华民族的近现代历史与文化都产生了重要的影响。因此，从中华民族文化大局的角度研究满族文化具有重要的历史意义与现实意义。"这是本套丛书的重要意义和价值所在。

丛书中《满洲崛起对东北少数民族文化认同的影响》《清代满语文对蒙古语言文字的影响研究》《清代东北流人视野中的满族社会生活》《清代黑龙江地区世居民族交往交流研究》四部著作对满族文化的价值进行了探讨。后金－清政权在入关前，分别发动了对蒙古、赫哲、索伦等族的一系列统一战争，建立了牢固的同盟关系，稳固了后方，同时进一步将中华文化传播到这些地区。通过清朝的统治，东北少数民族逐步接受中华文化并且开始认同中华文化，有一个重要的途径就是通过接受、认同满洲文化来渐次接受、认同中华文化，满洲文化"中华化"的过程使得中华文化在东北少数民族中的传播和影响更为深入、稳固，这是满族文化对中华文化历史建设的重要贡献。当然，这一贡献并不局限于东北地区，还包括中国其他的少数民族地区。

在先秦时期，"天下观"中存在"教化天下"的内涵，自秦朝始，"教化天下"演化出中央与边疆之间"因俗而治"、羁縻制度、土司制度以及朝贡－封赏等多种形式的政治关系，实则是"教化观"外溢扩展的结果。先秦时期"教化天下"不等于华夏"中国"实际控制的"天下"，带有礼治的想象成分，两种"天下"合二为一实现于清朝。也可以这样认为：满洲文化的"中华化"使得先秦时期想象的"天下"和"教化天下"在清朝统一于实践的"天下"。"大一统"的理想之所以能够在清朝实现，文化一统是重要的条件，而在这一过程中，满洲文化"中华化"的贡献是关键因素，其当然成为满族文化价值研究的重要内容。

在满族文化中，语言文字具有重要而独特的学术研究价值。《俄藏满文文献总目提要》等著作就是这方面的研究成果。满文古籍文献包括档案、图书、碑刻、谱牒、舆图等，数量居 55 个少数民族文字古籍文献之首。"清代，特别康熙、雍正、乾隆三朝，大量公文用满文书写，形成了大量的满文档案。用满文书写印制的书籍档案资料，及汉文或别种文字文献的满译本，构成了满文文献的全部。"此外，中国第一历史档案馆所藏满文文献，就有一百五十万件左右。辽宁、吉林、黑龙江、内蒙古、西藏、北京等省、市、自治区的档案部门或图书馆，中央民族大学、北京大学等大学的图书馆，以及中国社会科学院民族学与人类学研究所等研究机构的图书馆，均藏有满文文献。北京、沈阳、台北是我国三大满文文献收藏宝库。由于历史变迁等一些举世周知并令人难忘的原因，我国珍贵的满文文献还流散在世界各地，如日本、韩国、俄罗斯、英国、美国等地。① 比如，日本有镶红旗文书（从雍正至清末）资料 2402 函。1975 年，美国国会图书馆藏有满文文献 8916 册。因此，我国必须培养一批相当数量的满语言文字方面的专业人才，翻译和研究浩如烟海的满文文献，与其他文字的文献对照、补充，还原更加真实、完整的清朝历史与文化，寻觅无文字民族的历史与文化的面貌，其价值自不待言。本套丛书中满语言文字研究方面的著作，就属于这类成果。

最后，是关于满族文化与中华文化关系的思考。

在《满洲崛起对东北少数民族文化认同的影响》一书中，郭孟秀研究员认为东北少数民族对中华文化认同的形成过程，是通过对国家政权的认同发展到对满洲文化的认同，再由此升华到对中华文化的认同。这是非常

---

① 富丽：《满文文献整理纵横谈》，载《中央民族学院学报》1984 年第 3 期。

新颖而有创意的观点。笔者认为，在这个过程中，满洲文化的逐步"中华化"是影响清朝各民族对中华文化产生认同的关键因素。李大龙教授认为，"建立清朝的满洲人则不仅没有回避其'东夷'的出身，反而在天子'有德者居之'旗号下对魏晋以来边疆政权对'大一统'观念继承与发展的基础上有了更进一步发扬，目的是在确立满洲及其所建清朝的'中国正统'地位的基础上实现中华大地更大范围内的'大一统'"①。"大一统"观念自秦朝开始拓展其内涵，从单纯的华夏"中国"统治的合法性、正统性，逐渐形成中央王朝文化一统、政治一统、疆域一统、族系一统等内涵的综合概念，其中，文化一统是实现其他"大一统"的基础。所以，清朝统治者在顶层文化上推行以儒家思想为基础的中华文化，在基础层文化上采取"修其教不易其俗，齐其政不易其宜"②的政策，既包容差异，又实现了中华文化核心价值的统一。在这一过程中，满族文化必然向"中华化"的方向发展，因为文化政策必须服从于统治的合法性和稳定性。

研究满族文化与中华文化的关系，首先要知道什么是中华文化。习近平总书记对此指出："我们灿烂的文化是各民族共同创造的。中华文化是各民族文化的集大成。"③ 在 2021 年的中央民族工作会议上，习近平总书记又指出："要正确把握中华文化和各民族文化的关系，各民族优秀传统文化都是中华文化的组成部分，中华文化是主干，各民族文化是枝叶，根深干壮才能枝繁叶茂。"④ 满族的优秀传统文化亦是中华文化的组成部分，中华文化认同是由包括满族文化在内的各民族文化认同的基础文化层级和中华文化认同的国家文化层级组成的，基础文化层级不应具有政治属性，而国家文化层级则必然具有政治属性。中华文化认同是在认同中华各民族

① 李大龙：《农耕王朝对"大一统"思想的继承与发展》，载《云南师范大学学报（哲学社会科学版）》2020 年第 6 期。

② 《礼记·王制》，见杜文忠：《王者无外：中国王朝治边法律史》，上海古籍出版社 2017 年版，第 72 页。

③ 《习近平：在全国民族团结进步表彰大会上的讲话》，新华网，2019 年 9 月 27 日。

④ 《习近平在中央民族工作会议上强调　以铸牢中华民族共同体意识为主线　推动新时代党的民族工作高质量发展》，新华网，2021 年 8 月 28 日。

文化形成和发展历史的基础上，对中华顶层文化的价值观、精神的认同，或者说顶层文化已经属于国家文化的范畴，每个民族的文化认同都不能与之等同，每个民族的文化都不等同于中华文化。这就厘清了满族文化与中华文化的关系，即枝叶与主干的关系，基础层级与顶层（国家文化）的关系。这一认识应该成为开展满族文化研究的原则，也就是说既不能把满族文化的研究政治化，也不能认为开展满族传统文化研究和发展满族现代文化就有害于中华文化认同，就与极端的、狭隘的民族主义有联系。开展满族文化研究与发展满族现代文化是中华文化建设的一部分，不影响中华文化共同性的增进，包容和尊重差异的共同性才会更有生命力和凝聚力。正常的差异并不会成为中华文化建设的障碍，处理得当，反而会成为动力。

满族语言与文化研究丛书的出版，体现了上述四个思考中提到的理念，笔者期盼更多此类研究成果涌现。

中国民族理论学会副会长，

延边大学、黑龙江大学兼职教授、博导，都永浩

总 导 言

　　满族（满洲）既是一个历史民族，也是一个现代民族，独特的发展历程铸就了其别具一格的文化特质，使之成为中华文明大花园的一朵奇葩。形成于明朝末年的满洲民族共同体，素有"马背上的民族""引弓民族"之称。满族族源可追溯至商周时期的肃慎，汉至两晋时期的挹娄（肃慎），北魏时期的勿吉，隋唐时期的靺鞨，宋、元、明时期的女真等均为肃慎后裔，也是满族的先世。这些部族长期繁衍生息于我国东北的"白山黑水"之间，在军事、政治、社会、文化上都创造了辉煌的成就，对中华民族文化的形成发展影响重大，意义深远。正如著名社会学家、人类学家费孝通先生所言，中华民族是由 56 个民族构成的多元一体，各民族文化的多样性构成了中华文明的丰富性。因此，研究满族语言及其历史文化具有重要的学术价值与现实意义。

　　全国唯一专门的满语研究机构——黑龙江省满语研究所自 1983 年成立以来，本着"把科研搞上去，把满语传下来"的办所宗旨，组建了国内第一个满语研究团队。自 20 世纪 80 年代以来，黑龙江省满语研究所充分利用地缘优势，连续对日趋濒危的满语进行抢救性调查，采用录音、录像等现代化手段，对黑河地区、齐齐哈尔地区和牡丹江地区仍然能够使用满语的满族老人进行连续性跟踪调查记录，完整保存活态满语口语原始资料。

近年来，抢救性调查范围拓展至赫哲语、鄂伦春语、鄂温克语、那乃语与锡伯语，搜集了较为全面丰富的满－通古斯语族诸语言调查资料。此外，黑龙江省满语研究所对满语语音、语法、词汇等基本理论问题展开了系统的分析研究。

1999 年 11 月，黑龙江省满语研究所整建制迁入黑龙江大学，组建黑龙江大学满族语言文化研究中心，研究领域由单一满语拓展至满族历史与文化，并利用黑龙江大学的人才培养机制，陆续创建与完善中国少数民族语言文学（满语）学士、硕士与博士三级学位培养体系，目前共培养满语本科、硕士、博士毕业生近 170 人。中国少数民族语言文学（满语）专业培养了大量的满语专业人才，毕业生多于满文档案保管机构从事满文档案整理与研究工作。2019 年 6 月，为适应学科建设发展需要，满族语言文化研究中心正式更名为满学研究院，标志着黑龙江大学满学学科建设迈上一个新台阶，成为集满语满学研究、满语人才培养、满族文化传承于一体的教学科研机构。经过几代人的努力，黑龙江大学满学研究团队以学科特色鲜明、学术积淀厚重、学科体系完善、学术研究扎实而享有一定学术声誉和社会影响力。

满族语言与文化研究丛书拟出版的 11 部专著即为满学研究院科研人员的近期学术成果。其中以满语研究为主题的成果 4 部，哈斯巴特尔《满语借词研究》，长山《清代满语文对蒙古语言文字的影响研究》，贾越《满语认知研究：形态、语义和概念结构》，魏巧燕《满语修辞研究》；以亲属语言比较研究为主题的 1 部，尹铁超《朝鲜语与满－通古斯语族同源词研究》；以满文文献研究为主题的 1 部，王敌非《俄藏满文文献总目提要》；以满族历史文化研究为主题的 5 部，阿拉腾《濒危满语环境中的满族祭祀文化》，郭孟秀《满洲崛起对东北少数民族文化认同的影响》，阿拉腾等《满族社会文化变迁研究》，吕欧《清代黑龙江地区世居民族交往交流研究》，高松《清代东北流人视野中的满族社会生活》。丛书研究既涉及基础理论问题，又涵盖以问题为中心的专题探讨；研究主题多偏重于历史范畴，亦有基于田野调查的现实问题研究。

这批成果是黑龙江大学满学研究院的教学科研人员经过一定时期的积累，秉持严谨的态度所推出的原创性成果。但是，学无止境，受自身专业与研究能力限制，相关研究或许还存在一些局限与不足，希望得到学界师友批评指正。

满语文已经退出或者说正在淡出历史舞台，不再具有现实应用性的交际交流功能。因而，满语文研究，乃至以满语文研究为基础的满学研究已经成为"具有重要文化价值和传承意义的绝学冷门学科"。在现代语境下，抢救保护与开发研究少数民族语言文化是一项意义重大而充满艰辛的事业，需要学术工作者坚持严谨的学术操守，抵制急功近利的诱惑，甘于"板凳要坐十年冷"的寂寞，同时更需要社会各界的大力支持与积极参与。

满族语言与文化研究丛书的出版要特别感谢香港意得集团主席高佩璇女士。自2009年开始，高佩璇女士从中华民族传统文化传承与保护的高远视角，先后出资700余万元资助黑龙江大学与香港大学饶宗颐学术馆合作开展"满族文化抢救开发与研究"项目。该项目旨在对现存活态满族文化进行抢救性调查与挖掘，对现存满文档案开展整理翻译与研究开发，以加强后备人才培养，拓展深化满族语言与历史文化研究。德高望重的国学大师饶宗颐先生大力倡导这一功在当代、利在千秋的民族文化事业，并为项目亲自题写牌匾"满族文化抢救开发与研究"。高佩璇女士以黑龙江省政协常务委员身份，多次撰写建议提案，向各级领导及社会呼吁关注支持满学研究与满族文化事业，并得到省委、省政府、省政协领导的重视与批示，彰显了深切的民族情怀与企业家的担当奉献精神。香港大学饶宗颐学术馆馆长李焯芬教授、副馆长郑炜明教授等在项目论证和实施中开展了大量细致工作。经过项目组成员十余年的努力，目前项目第二期即将结项，此次出版的11部专著即为该项目第二期的部分成果。在此谨向令人敬仰与怀念的饶宗颐先生（已故）致以敬意，向高佩璇女士等支持关注满学事业的社会各界仁人志士表示由衷感谢。

满族语言与文化研究丛书出版之际，还要感谢黑龙江大学领导及黑龙江大学重点建设与发展工作处的大力支持。感谢黑龙江大学出版社的帮助，正是在他们的努力下，本丛书得到了国家出版基金的资助；他们对所有选题进行认真审核，严把意识形态关，并邀请相关领域专家对每部专著内容予以审读，提出修改建议，大大提升了学术成果的严谨性。部分论著涉及满语文及音标，给录入排版造成了一定困难，幸有诸位编辑不辞辛苦，认真校对，保证内容的规范与质量，在此一并致谢！

黑龙江大学满学研究院院长，

博导、研究员，郭孟秀

前　言

　　满语修辞研究是满语研究的组成部分，相对于满语其他领域研究而言，目前成果较少。修辞是对语言的调整和修饰，修辞研究的目的是从能够增加语言表达效果的语言现象中寻找语言使用的规律。根据满语的语言特征，满语修辞可以分为声音修辞、词汇修辞、结构修辞、语义修辞等四个范畴。除了语言共性而具备的与其他语言相同的修辞格之外，满语语言系统内具有独特的修辞手法，这是由满语自身特点决定的。

　　笔者除了阐述、归纳满语修辞手法在共时层面的用法和特点外，还从历时角度分析了在修辞内部自身及外部民族影响的共同作用下，修辞体系产生的变化。究其根源在于语言与文化间具有不可分割的联系，一个民族语言表述的习惯深受其所在文化传统的影响，凝结在文化中的思想会完整地在语言表述中得以展现，因此修辞手法的选择和运用与民族精神信仰、价值判断、审美情趣等因素息息相关，通过对满语修辞规律的分析，可知满族对客观世界的认识。笔者不仅要从语言本体的特点、风格等方面进行论述，而且关注其历史发展演变，修辞所反映的民族文化、民族交往、民族思维乃至民族心理，从而构建完整的满语修辞研究体系。

　　笔者首先以语言使用为研究对象，它与语言学具有千丝万缕的联系，修辞与语法从不同角度反映了语言的整体面貌，因此对满语修辞的理解，要将其置于语言学的大框架之中。满族语言的特殊性，造就了民族语言在表达方式、语言组织上的独特之处。从满语本体出发，既不局限于对修辞手法的整理，又将修辞作为一种文化去探究人的思维和心理。整体而言，笔者力求从满语修辞研究的理论方法、研究范式上做出尝试和努力，需要从实证研究的层面转向问题研究层面，围绕满语修辞研究所涉及的语言的、历史的、文化的、心理的、哲学的等因素，加强对满语的深刻理解和认识。

笔者从事满语学习十余年，尚未发现有关满语修辞研究的专著。修辞研究为满语研究的重要组成部分，深感在此领域应该有所尝试。在日常教学和学术研究中，每当遇到有关修辞的问题时，都无可资参考的系统成果；修辞问题有时又因太熟悉、不十分引人注目而被人忽略，因此越来越觉得有将此问题阐明的必要，故而提出自己对满语修辞的一些认知。此书为笔者首次对满语修辞问题的探讨，限于水平和能力，其中难免存在有待商榷之处，敬请学术前辈、同行专家及各位读者指正。

魏巧燕

2020 年 11 月

目 录

第一章 绪 论 …………………………………………………… 001

第二章 满语修辞格种类及特点 ……………………………… 021

　第一节 语音修辞 ……………………………………………… 024

　第二节 词汇修辞 ……………………………………………… 028

　第三节 结构修辞 ……………………………………………… 040

　第四节 语义修辞 ……………………………………………… 047

第三章 满语修辞的历时发展 ………………………………… 071

　第一节 修辞格的存在基础 …………………………………… 074

　第二节 满语修辞的时代变迁 ………………………………… 084

　第三节 满语修辞格的历时发展特点 ………………………… 098

第四章 满语修辞的风格 ……………………………………… 107

　第一节 满语修辞的民族风格 ………………………………… 109

　第二节 满语修辞的时代风格 ………………………………… 120

　第三节 满语修辞彰显的语言表现风格 ……………………… 128

第五章 满语修辞的文化意蕴 ………………………………… 153

　第一节 满语修辞反映满族对客观世界的认知 …………… 156

　第二节 满语修辞显示满族思维方式 ………………………… 162

　第三节 满语修辞彰显满族心理特征 ………………………… 169

　第四节 满语修辞特点下的个体语言应用——以努尔哈赤言语

　　　　　风格为例 …………………………………………… 185

　第五节 满语修辞文化与汉语修辞文化的比较研究 ………… 194

结　　语　‥‥‥‥‥‥‥‥‥‥‥‥‥‥‥‥‥‥‥‥‥‥‥‥　207

参考文献　‥‥‥‥‥‥‥‥‥‥‥‥‥‥‥‥‥‥‥‥‥‥‥　213

后　　记　‥‥‥‥‥‥‥‥‥‥‥‥‥‥‥‥‥‥‥‥‥‥‥‥　221

第一章

绪　论

"君子进德修业。忠信，所以进德也；修辞立其诚，所以居业也。"

——《周易·乾·文言》

一、满语修辞研究概述

满语修辞研究是一个相对具有较大发展空间的研究课题。此项研究涉及修辞学、语言学、语用学、语言哲学等多角度的综合分析，是深刻理解满语的有效途径。根据满语的使用规则和语言特点，笔者以语言中能够起到提升语言表达效果的部分为研究对象，其中蕴含丰富的内涵。

1. 满语修辞研究的目的

满语修辞研究首先要完善满语语言研究，从修辞学角度构建满语修辞研究体系。目前，满语修辞研究的内容和成果并不十分丰富，也没有相应的满语修辞研究理论。既然满语具有普遍的修辞现象和修辞活动，就应该有一套完整的修辞理论和研究方法与之相适应。可以从修辞研究发展成熟的汉语、英语或与满语属同一语系语族语言的研究成果中汲取营养，如汉语修辞学历经百年时间在修辞理论、修辞范式等方面都取得长足进展。满语修辞研究可从中得到借鉴，再结合满语的实际情况，从宏观上提出修辞学的研究范式，明确在语言学框架下的修辞研究占据的地位以及修辞的基本功能和作用，再具体到修辞的基本规律、对修辞手法的描写，多方位、多角度认识满语，建立起满语修辞研究体系，从而充实满语语言研究。

语言研究是一个大的范畴，要有开阔的思路，不能仅局限在传统语言学研究的范围之内。随着时代的进步和发展，越来越多的关于语言的内容应该受到关注，语言与其相关学科的综合研究理应得到重视，语言研究应该是具有深度和广度的。因此修辞也从来不是孤立地单独存在，它必然与心理、文化、历史等因素交叉，关联足够密切之时会相应产生修辞学与其他学科的交叉学科，这样从各个不同的角度又可以再次认识修辞，有助于拓展修辞本身的研究体系。

满语修辞研究有助于提升对满语的认知能力。对满语的理解可以从语法、词汇等角度进行，自从古代人们意识到修辞活动并将其单独从语言中提炼出来形成学科之后，对语言的理解和认知便多了一个角度。无论是积极修辞还是消极修辞，都融合着人们对语言的理解和再创造。修辞手法的丰富性能够充分说明这一点，它为人们认识语言提供了更多的可能性。比如有时为了强调事物的本质特点，会运用夸张的修辞手法，此时对内容的理解就不能完全拘泥于句子表层信息。如果单纯停留在句子表面，有时就会令人产生疑惑或者产生脱离逻辑的歧义，因为有些修辞手法本身就是超越逻辑范畴的。但是如果意识到这是一种为了突出事物本质而特意采用的修辞表达，就会理解此种表述的优越之处，既提升了对语言的鉴赏能力，又理解了修辞所要表达的真正内涵。修辞是语言表达的手段，修辞的目的是提升语言的表达效果，而对修辞研究的目的，则是更加深刻地借助于修辞手段达到对满族语言的认知。

满语修辞研究从"修辞立其诚"的角度探寻满族的修辞观念。汉语"修""辞"二字在书面上的最早连用出现在《周易》当中。原文表述为："君子进德修业。忠信，所以进德也；修辞立其诚，所以居业也。"虽然古时的"修辞"意义与今日不同，但其仍与我国汉语修辞学存在渊源关系。修辞已经不仅与语言内容发生关联，而且彰显人们的修辞态度，体现文化精神。不能只关注修辞对象本体。当完成修辞活动后，要从修辞学的框架跳出来重新审视它。满族历史传统没有汉族长久，但是就语言交际、使用，乃至对待语言的态度等方面而言，任何民族都会以一种道德的、崇高的角度将人和语言结合起来，为修辞活动建立某种规范。对满语修辞研究的目的，也就是通过这些可以观察到的表象，在深入理解满语的基础之上，探究满族的修辞观念。修辞不仅仅是对语言形式的选择，更是人与自然、人与社会、人与人之间关系的折射。明确了满语修辞研究的目的，才能更好地理解满语修辞在语言表达中的功用，从多层面、多角度阐明满族的认识活动。

2. 满语修辞研究的任务

满语修辞虽然以修辞为基础，但是并非研究语言的全部内容。修辞关注能够提升语言表达效果的部分，它以修辞手法的形式出现，散落在众多的满文著述文献和翻译文献中。满语修辞研究的首要任务是对满语修辞手法的搜集和整理，兼顾共时和历时角度修辞手法的变化。满语修辞从不在某一阶段就停滞不前，它始终处于发展变化的进程之中。作为语言现象，修辞既能随着语言的内部规律产生新的使用方式，又能从个体言语角度反映一些特殊用法，呈现多维度的立体形态。以发展的眼光观察满语修辞手法在数量上是否出现新的增长，是否某一修辞手法得到了普遍的运用，后期与前期相比较是否出现了新的修辞现象等等，尽量做到对修辞格搜集、整理细致全面，是建立满语修辞体系的基础。

搜集整理是为了从修辞现象中寻求规律，探究满族语言使用特点。语言的使用总是按照一定的规则进行的，对每一种语言的认识都是伴随着对其研究的深入而不断向前推进的。以往所说的规则更偏向于语法层面，满语在语言类型上属于黏着语，语系归属为阿尔泰语系满–通古斯语族满语支，具有丰富的形态变化表达语法功能，语序上按照主语、宾语、谓语顺序依次排列。这是在满语语法层面对语言使用的基本要求。为了保障语言交流顺畅，必须在语言使用逻辑上确保正确。但是语言从来都不只有语法，

在实际应用中会有多方面因素影响到语言的表达，其中修辞的作用不容忽视。有些修辞为了行文的通顺流畅，有些修辞为了增添语言表现力，修辞同样存在一定的规律。例如满族善于利用两种事物在本质上的相似之处，由此及彼地认识事物，在语言使用上多用比喻手法；满语在与人说教、阐明事理、强调论点时，能够适时、准确地引用先贤语句或古典事例，故引用手法常见于文中；满族因具有形式对称、语音和谐等审美心理，所以经常使用对偶、音韵等手法。综合而言，满族善于根据不同的语言环境选择最适合、恰当的修辞手法，尽可能完整地展现语言使用者的内心情感，尽可能丰富语言的表达效果。

满语修辞不仅是语言研究的重要组成部分，也是一种文化符号，能够展现民族内涵特点。对满语修辞的研究，可以形成从语言到文化的研究范式，深刻理解满族语言。语言研究可以从很多角度进行。以往与语言学相关的交叉学科，如文化语言学、历史语言学、心理语言学、语言哲学等皆是以语言学为基础的，结合其他学科来阐述二者之间的关系问题。满语修辞研究从修辞角度直接挖掘民族文化的内涵。修辞本身就是一种文化，它是满族群体在长期文化传统影响下凝结成的语言表达方式，对它的理解不再需要中间媒介的传导，修辞活动能够直接体现满族独特的民族特色，引导人们探索满族的世界观，思考满族对世界、对自身具有怎样的态度和认识。

3. 满语修辞研究的性质

满语修辞研究是关于满语的修辞学研究。正如语言学可以分为普通语言学和个别语言学一样，修辞学同样可以分为普通修辞学和个别修辞学两种。普通修辞学以人类各种语言、各个民族普遍存在的修辞现象为研究对象，寻找其中存在的一般性规则，建立普遍适用的修辞体系。而满语修辞研究属于个别修辞学范畴，以满语的修辞现象、满族的修辞传统为研究对象，着重探讨满语范畴内的修辞规则。

满语修辞研究不仅是修辞学研究，而且可以归属于语言学研究的大范畴之内。骆小所先生在其专著《现代修辞学》中也指出，"修辞学不属于纯语言学而属于大语言学"。纯语言学即涵盖了语音、词汇、语法研究等，"以语言为物质外壳、以词汇为建筑材料、以语法为结构规律而构成的体系"。修辞学研究的内容主要以以上几个分支为基础，但是有时并不完全拘泥于语法规范，有时甚至要超越语法的范畴，这样的情况虽然在语言使用中所占比例并不十分大，但确实是语言中不可否认的现象，修辞更多地表现说话人的内心情感，其表达功能的实现除了依赖纯粹的语言之外，还要受到情景等因素的影响。传统语言学与修辞学从不同角度构成了语言学的整体。

满语修辞研究离不开诸如历史、文化、心理、哲学等学科的支撑，因此是综合性的研究课题。满语修辞研究虽然离不开诸学科的综合分析，但仍是语言学范畴内的独立学科。但是这并不是说各学科的方法不能被应用到满语修辞研究之中，相反地，各种理论的综合运用有助于呈现满语修辞研究体系的完整性。本着由实证研究到问题研究的思路，不仅要对语言本体做出整理和分析，而且要从本体中发现问题，对研究项目进行深度的解读。

综合而言，修辞就是这样自然而然地存在和发生着。它是人们在文化传统影响下自在的状态，每个民族都在其语言活动中运用修辞，是一种不需要额外学习就能获取的能力，修辞有其自然属性。同时，要将修辞存在的自在状态，提升为人们对它进行认识和研究的自觉状态。修辞具有学术上的意义和作用，修辞能为人们对语言的理解提供途径，修辞真正能反映人对世界、对自身的理解，所有这些才是完整看待修辞研究的综合视角。

二、满语修辞的功能

修辞观是指人们对修辞活动的认识或看法。通常而言，人们将修辞学涵盖在语言学研究的大范畴中，因为修辞活动主要是对语言形式的调整与修饰。任何民族、任何语言都有对语言形式的基本要求和基本运用规律，这是语言存在的普遍方式，其特殊性则在于不同文化影响下产生的修辞表达方式不同。

满族作为少数民族的杰出代表，在历史发展过程中形成了独特的民族文化。满族对语言修辞的运用是在自在状态下的流露。但是自然产生未必是未经思考的结果，反而是思考之后的慎重选择。从这一角度而言，满族对修辞的看法，可以从最直接、最基本的修辞功能上得以体现。

1. 满语修辞的表达功能

语言运用首先是为了满足表达的需要。内心的思想和情感会始终寻求一种有效的方式得以展现出来，表情、动作等肢体语言只能有限地描述部分情感和客观事物，语言才是能最直接、最迅速地将思想和情感转化出来用于与他人交流探讨的方式。

群体语言的使用规律构成了人们普遍接受并以此为准则的语言要求。这种规律由其中的每个个体制定，又要求每个个体遵守。人们由内心产生想法到说出语言完成思想输出的过程，就是一个动态表达的过程。人们会思考：说出的语言如何能够尽可能客观、全面地表达出内心的想法而避免失真或不完全失真？这涉及语言的本质问题，是语言学家孜孜以求的真理，暂且不去探讨语言与思想是否能够具有完全对应的关系，只需要在说话者那里确认，在其语言能力范围内，语言已经最大化地表达了他的想法就好。说出的这句话如何让他人听懂？对词语的排列组织当然也属于语法结构层面的考虑。说出的这句话能让他人听懂，但是否符合当下的情景？特定语境下的语言表达又归属于语用层面。再进一步讲，人们一定会在语言表达方式上多花费一些心思，在语言被说出来之前的任何思考，通常都是为了保证在正确使用语言的情况下，把话讲得更漂亮，确保语言更华丽，让自己的情感和思想更多地借助于语言这种形式得以外显，这才是运用修辞最本质的要求。

比如诗人的语言总是真诚而唯美，他们十分善于用恰当的词语、合适的句子表达情感。在创作的过程中，没有倾听者与他们交流思想，有的只是诗人的情感输出，只是他们的个人表达。最终呈现在读者面前的，是浸润了诗人思想感情的文字，语言的记录方式创造了诗人与读者之间的情感共鸣。

因此不难看出，表达功能是修辞的第一功能。世界上任何一种语言，都首先以表达为基本要求。从广义而言，人们在表达过程中，无论是对词语的选择，还是对语言的调整和修饰都在修辞的大范畴中进行，人们自觉或不自觉地都在以一种修辞的方式陈述着自己的思想。

满语修辞具有修辞普遍具备的表达功能，在此宏观特征内更突显满语表达的民族特色。满族骁勇善战，性格豪爽，在民族性格和民族心理的双重影响下，其语言表达中蕴含着浓烈的少数民族风格特色，是满族热情奔放的民族情感的真实体现。如今，虽然满语的交际功能濒临丧失，但人们总能透过满文的记录，借助文字的表达功能，从字里行间来深刻理解满族的世界观。

2. 满语修辞的交际功能

在满足了人们自身由内向外表达需求的基础上，便是社会层面上真正的人与人之间沟通交流的言语行为了，毕竟人们是为了满足彼此之间交流的需要才创造了语言。社会成员间语言的交流不总是以语言发出者正确地输出和语言接收者完整有效地输入为标准模式，语言传输的过程中可能伴随着歧义、误解等信息不对等的情况。针对信息耗损造成的困扰，人们会有意识地以修辞的方式进行修正、弥补。

语言是一个万花筒，从各个角度去观察语言本身都能得到不同的体验。修辞不是语言的内核，却是令语言得体、华美不可或缺的外部装饰。运用修辞有助于增强语言的力量，构建起语言发出者和语言接收者之间的关系，形成顺畅的语言联系和较好的情感链接，从而实现有效而优质的沟通，形成彼此间的认同。

利用修辞进行交际的过程，表层看来是语言间的信息传导，深层角度看则是涵盖了心理、认知、文化等多种因素的综合作用，即使是最简单的消极修辞形式，也一定产生在文化模式的框架下。至于辞藻华丽、句式丰富的积极修辞则更是融合了民族审美、信仰、思维等多层面、多角度因素

综合作用的结果。正因如此，修辞便与这些因素紧密相连，形成了以表层修辞现象、深层多因素影响为主的交际模式。

现阶段满语的交际功能已然处于衰退阶段，但是在早期，满语确实在增强民族凝聚力、促进民族共同体发展方面发挥过至关重要的作用。从清前期以满文记录的官方史书文献中可以看到，满语作为满族交流媒介，确实能够起到记录历史、交流思想的功能。满族对修辞活动的践行符合历史背景，达到正确传递信息、引起心理互动等交际目的。

满族的修辞观就是在这种既有内在表达的需求，又有外部交流需要的双重作用下产生的。满族语言修辞活动从不刻意，从不为了修辞而修辞，却总在最需要的时候自然产生，顺乎当下情景，满足语言使用者内心需求，同时又能够与外界产生恰当的关联。因此综合而言，满语修辞研究便不再仅仅局限在修辞学与语言学的范畴之内，尽管修辞学与语言学是满语修辞研究的必经之路与立身之本，但根据满语修辞的表达和交际功能，它已经与文化、思维、心理等产生了密切的联系。当人们跳出框架，站在更广阔的视角深入地审视满语修辞时，就会认识到它是综合因素的集中体现。

三、满语修辞在满语研究中的地位

1. 满语修辞研究的国内外现状

满语修辞是对满语进行调整和修饰的手段，它以文字形式保存于满文文献当中。满语修辞主要通过修辞手法得以展现，这些修辞手法主要存在于满语俗语、成语、谚语、谜语、神歌、儿歌等语言形式中。清代工具书和文献最早开始对满语修辞现象进行集中整理，例如《同文广汇全书》第二卷俗语类共收录43条俗语，《满谜》收录近百条谜语。现代学者佟玉泉在论文《满族谚语》中收录82条满语谚语，但并没有标明各谚语的出处。多数俗语、谚语等语言形式则零散地分布在满文对话体文献中。这些成果仅停留在对满语修辞现象的记录和整理而非研究阶段。

国内学界至今仍未将满语修辞作为研究主题，尚无满语修辞研究专著，整体缺乏系统性，因而难于做出学术分期。对满语修辞的间接论述仅散见于几篇学术论文中。例如黎冉先生《满语词语的形象色彩及其修辞作用》一文将满语修辞与审美情趣相关联，认为诸如比喻、借代、叠用等修辞手段的高度发展可以影响词语从而产生形象色彩，但就复合词而言，虽然其形象色彩由修辞格发展而来，但其本身属造词范畴；金美先生《中国东西部民族语地名修辞方法初探——以满语与苗语地名为例》一文将修辞与地域文化相连，点明满语或苗语将修辞手法中的比喻、借代、拟人等辞格单独或复合运用是地理命名的常态，在客观上体现了不同民族在思维方式上的共性，指出思维过程具有修辞观念；谭阔先生《满族谚语纵横谈》一文通过对谚语内容、特色、艺术特点、发展演变等内容的分析，指出谚语是民族精神和民族心理的反映。

尽管满语修辞可资借鉴的成果不多，但是能从其他语言的研究范式中得到启发。例如汉语修辞研究由来已久，其具有比较鲜明的发展阶段和成熟的研究方法，陈炯先生在《二十世纪汉语修辞研究评述》[①]一文中已经对汉语修辞的历程、学术分期、主要代表人物及其著作都做出了充分、细致的分析和说明。中国现代汉语修辞学的正式创立，尤以1932年陈望道先生《修辞学发凡》的出版为标志。直至今天，此书仍然可以为满语修辞研究提供宝贵的经验借鉴。

汉语修辞经历了创建期、发展期以及革新期。在汉语修辞不断发展的历史阶段中，我们可以学习到汉语修辞研究的方法：由普遍到个别、由通论到专题的研究角度；由修辞学研究到修辞学与其他学科的交叉研究、由单纯的理论研究拓展至现实的应用普及。汉语修辞研究不断走向多元趋势。综合而言，汉语修辞在一百余年的发展历程中，经历的研究时间长久，构建了修辞学理论与体系；经过修辞观念的不断更新，积累了大量丰厚成果；人们对修辞学史的重视令汉语修辞研究积淀更加深厚，汉语修辞已经在摸索前进中走上了有序发展的道路。其研究范式、研究方法比较成熟，可以

---

① 陈炯.二十世纪汉语修辞研究评述[J].毕节师范高等专科学校学报，2003，21（1）：5-9.

作为今后满语修辞研究的参考和借鉴。

在满语修辞研究中，参照汉语修辞研究能够树立的目标可以归纳为：第一，吸收、总结汉语修辞研究的理论方法；第二，将普通的、汉语的修辞学理论与方法调整为适用于满语修辞研究的理论与方法，应该建立具有满语特色的修辞学；第三，建立满语修辞研究与满族文化、满族历史等相关学科之间的联系，将满语修辞拓展至综合学科；第四，在综合基础上，建立满语修辞研究体系，使得满语修辞研究成为满语研究中完整、成型的研究模块。

除了成熟的汉语修辞研究体系，其他相关少数民族语言修辞研究成果对满语修辞研究同样具有借鉴作用。满语属于阿尔泰语系满－通古斯语族满语支，相关少数民族语言在语言类型上与满语具有相似性。但是目前少数民族语言修辞研究成果并不十分丰富，仅蒙古语修辞有成果。满语与蒙古语关联很大，对蒙古语修辞研究的方式能够对满语修辞研究有所启发。目前，主要有德力格尔《蒙古语修辞学》一书，全书以蒙古语写就，不熟悉蒙古语的人难以阅读。此书集中阐述蒙古语修辞的理论与方法。有部分学者集中研究蒙古语谚语和成语内容中蕴含的文化因素，但很少从语言本体角度对谚语和成语的修辞特点做出分析。类似的情况也发生在满－通古斯语族其他民族语言修辞研究中。鄂伦春语、鄂温克语、赫哲语修辞学研究专著至今尚未面世，具有很大的研究发展空间。

少数民族语言关于修辞内容的具体研究包括：第一，少数民族语言俗语、谚语、成语等内容整理。将各不同语言形式按照反映内容的不同进行分类，如自然历史类、道德规范类、社会生产类、日常生活类、民族特色类等。第二，从翻译角度研究少数民族语言谚语汉译问题，如翻译的语用对等、汉译内容和形式的辩证统一等。第三，少数民族语言与汉语成语、谚语比较研究，如从修辞角度对喻体、语义等方面进行比较。第四，对少数民族语言汉译的成语、谚语等修辞格及其特点研究。第五，从谚语、俗语、成语等社会功能性分析其所具有的教育功能。这些研究都不是从民族语言本身做出的语言本体研究。

尽管如此，少数民族语言的修辞研究还是取得了一些成果，例如：虽然采用的是汉译少数民族俗语，但是学者们也按照传统修辞学理论归纳出了比喻、借代、夸张、对比等几种修辞格；在研究方法上运用了语言与文化、现象与理论相结合的方式；注意少数民族与汉族文化交流时少数民族语言与汉语对译的特点。虽然对满语所属的满－通古斯语族语言的修辞研究成果可资借鉴的内容较少，但现存的研究成果依然可以为满语修辞研究提供一些思路或方法上的启示，至少让我们看到了一种研究方向，即修辞研究可以从修辞本体、修辞反映的文化、修辞与其他民族间的多维角度去探索。

与国内相比，国外的满语修辞研究成果更是空白。近年来，国外修辞研究主要集中在对比修辞、视觉修辞、批评修辞等诸多领域。赵国秀发表的《国外对比修辞研究动向》（2016 年），薛婷婷、毛浩然发表的《国外视觉修辞研究二十年：焦点与展望》（2017 年），李科、解学花发表的《西方修辞批评研究 20 年》（2016 年）都是近些年对国外修辞进行的综述性研究，从研究内容、研究方法、研究重点等方面加以评述。尽管没有涉及具体的满族语言，但是其理论与方法可以很好地为满语修辞研究提供参考和支持。当以满语修辞作为研究对象时，我们可以选取适当的国外修辞理论及研究方法，这并非单纯地照搬与模仿，而是将理论、思路用于一种全新语言中的尝试。比如西方的对比修辞、跨文化修辞理论可以解释在满族与其他少数民族接触中，受文化影响而在语言表述中产生的变化等等。

2. 满语修辞研究的未来发展方向

满语修辞研究是较少被关注的一个研究课题。一方面，在研究方法、研究范式、理论依据上都不成熟，而这些更应成为研究者关注的研究重点，可以作为突破之处。但好在可以从汉语、满－通古斯语族其他语言的研究中得到启示，无论是理论、方法还是体系都能得到借鉴。另一方面，目前即使有学者对满语修辞进行过分析，其内容也较零散，或是仅从某一部文献中归纳修辞手法，或是从汉译中分析语言内容蕴含的民族特色，缺少对满语本体的分析。加之满语修辞现象零散分布在满文文献中，搜集整理例句具有较大困难，造成人们对满语修辞现象的关注不多，导致研究成果不充分且缺乏系统性。对满语修辞语料的选取也多为汉语译文成果，缺少满语原文，不能从语言本体上说明满语修辞的特点。

针对目前存在的需要改进之处，未来满语修辞研究方向可以从修辞本体研究和修辞与文化研究两个角度进行。

（1）修辞本体研究

修辞研究在满语本体研究范畴内具有重要意义，能够直接反映满语的独特表达方式，从现有研究成果来看还有很大发展空间。可以借鉴汉语修辞研究和国外修辞研究，审视汉语及其他语言修辞研究的内部逻辑和框架是否可以为满语所用。例如汉语修辞也分为对修辞本体的研究和修辞与文化之间关系的研究，对满语而言就是一个很好的启示。

对修辞本体的研究最终是为了构建修辞研究体系，通过对修辞现象的解释揭示其本质特征。修辞研究体系应该具有概括性，适用范围更广泛。针对修辞体系的内部构成，即使面对同一种语言的修辞现象也可以构建出不同的修辞学体系，目前主要有以下几种划分方法：比较流行的二分法——积极修辞和消极修辞；三分法——用词、造句、修辞格；从语言内部结构划分——语音修辞、语义修辞和词汇修辞、语法修辞，再加上逻辑修辞、篇章修辞、语体修辞和风格修辞。不同的学者有不同的选择倾向，但大家向来普遍认可修辞格是修辞学的重点。虽然反对把修辞学局限在修辞格范围内，但修辞格的确是修辞学的最核心内容。

运用到满语之上，可以集各个划分方法之所长，综合运用。例如既可以按照用词、造句和修辞格的结构框架分析，也可以在具体的语言使用中从积极修辞和消极修辞的角度进行分析。用词是指对词语的选择和创造，比如满语中常连用两个表示相同含义的词语，其目的是什么？它违反了语言的经济原则，那么它的意义就在于突出强调或者是音节音韵上的控制。造句是修辞的关键，语音修辞和语义修辞可以分别归入用词和造句之中，它们是在声音和意义上处理词语和句子的问题，比如汉语讲究平仄音押韵，那么满语中同样有元音和谐的规律，同性元音同时出现会产生语音上的美感。修辞格具有固定的格式，例如满语中比喻修辞很容易搜集，它会用到固定的句型……ᠰᡝ……/……ᡤᡝᠰᡝ，这是非常明显的修辞格，但有一些修辞格就不是十分明显，它需要抽象出某种句型，如对偶或者排比就不是在语言上运用哪个固定的词来表示，而是从句子结构上来看，具有相同的句型结构，要求在对应的位置上词性相同、词义相近或相反、词语数量上相同等等。而积极修辞与消极修辞从有无修辞格的方面进行分析，它所产生的语言效果是截然不同的。无论依据哪种分析的方式，都需要按照具体问题和恰当的评价标准综合运用。

（2）修辞与文化研究

概念是全人类的，但词语是属于特定民族的。词语体现文化，词语的选择和运用更是民族文化的反映。语言是民族文化的载体，语言交际活动是心理行为。

以汉语修辞与汉族文化的关系为例，二者的相互关联衍生出一门新的科学——中国文化修辞学。它是一门研究文化与修辞关系的新型交叉学科，自 20 世纪 80 年代开始，学者们在对中国现代修辞学做反思的同时，提出了文化修辞学。中国文化修辞学语言观认为，语言是认识物理世界的模式和表达世界的手段。在国内文化热与文化语言学的推动下，修辞学界逐渐重视汉语修辞与中国文化关系的研究。中国文化修辞学研究现状表现在汉语和汉文化之间的相互关系问题、从汉语和汉语修辞探讨汉文化的各种问题、从汉文化的角度来探索汉语修辞的各种问题以及从更加广阔的层面上来探索汉语修辞学学科的基本建设问题。陈炯先生在《中国文化修辞学》中认为：中国文化修辞学的方法论首先要重视唯物辩证法和逻辑思维规律，注重语言交际价值及表达效果，注重语言的变异性和修辞的动态研究；在此基础上重视归纳和演绎法，对修辞语料进行归纳，抽象出修辞规则和原理，构建修辞学理论体系，根据某些逻辑规则从某些前提的已知判断中推导出结果、结论的演绎，能够从更高层面抽象修辞规则，建立理论体系；等等。

同样地，满语修辞研究可以与满族文化相关联。满语与汉语虽然在结

构、语法、类型等方面均不同，但是参照汉语文化修辞学方法，可以运用到满语修辞和满族文化研究上的方法有：语言符号解析法，从满语本体角度去考虑问题，回到问题的本身，具体落实到逐个的满语词语；文化背景考察法，从语言的历史运用过程中探寻语言内涵是什么，涉及民族心理机制；文化差异比较法，利用汉族文化与满族文化间的差异对比文化在语言使用上的区别。

目前研究一方面主要应该从满文著述文献和满文翻译文献中全面搜集、整理满语修辞现象，尽可能全面地涵盖满语修辞格类型。要重视对满语原文的描写和分析，直观揭示满语修辞格和修辞特点，将满语原始样态呈现出来，重点从语言本体角度研究满语修辞现象。另一方面，综合运用语言哲学、文化学相关理论及方法，探讨修辞现象蕴含的本质规律，揭示修辞反映的民族文化内涵，切实理解满族对世界、对人的认知。具体可以分为三个方面：第一，搜集的语料例证来源于多种满文文献。满文文献分为著述文献和翻译文献。著述文献因是满族早期未受汉族影响时以满语写作的，更能体现满语原貌；翻译文献是以满文翻译的汉文典籍等，以满文的方式对汉文重新做出的释义。不同类型、不同体裁文献运用的修辞手法在数量、形式等方面都存在一定差异，广泛的文献体裁能够保证搜集到的修辞格类型更加丰富全面。第二，重视共时层面的特点描写和历时层面的变化分析。满语修辞既有修辞学研究的普遍特点，也有从前期到后期的变化规律，共时和历时构成满语修辞的完整面貌，确保修辞研究的整体性和系统性。第三，研究范式由语言到文化的转化。语言与文化互相渗透，彼此影响，语言是民族文化传统的反映。对修辞的认识不能仅仅局限在对修辞格的整理上，尽管修辞格是修辞研究的主要组成部分，但绝不是全部内容，修辞研究的内涵要更加丰富。语言是具体实在的，而语言运用规律形成的原因是深层抽象的，可以认为它是在一种文化模式指导下形成的。内部文化模式的差异导致外部语言在词语选择、修辞特点等语言本体上的不同，因此汉语在整体上偏向抽象概括的特点，而满语更倾向于直观具体，例如最明显的体现是在对喻体的选择上。综上所述，笔者重视对语言的描写研究，完成从修辞现象的整理到修辞功能、特点的探讨，再提升为对反映满族文化内涵的满语修辞研究体系的构建。

四、从修辞角度对满语的重新认识

对语言的认识通常是从语言本体出发向外辐射的。或是由语言的种概念逐层下沉到属概念，按照语音学、语义学、语用学等分支学科进行研究，这是语言研究较为普遍的分学科方式；或是本着以语言为中心的研究视角，逐步拓展至与语言密切相关的历史、文化、哲学等跨学科领域。文化语言学、认知语言学、语言哲学等基于两种学科综合产生的科学会探讨学科之间的关系和影响，它们是基于语言学之上的新生领域。任何与语言问题相关的研究都以语言作为研究基础，从这一角度而言修辞学同样脱离不了语言学框架，这是研究的基本思路，即在语言的实际应用中归纳其在语言组织中的规律和特点。同时不能忽视，透过从语言中归纳出来的修辞现象是可以重新认识语言的。满语修辞活动不仅是对满族语言使用特点的提炼，反过来也能够为解释这种语言的某些特性提供启示。

1. 满语修辞的语言属性

修辞学研究从很早就已经开始了。"修辞"一词自古希腊时期即有之，但彼时的修辞不同于今天所说修辞的意义。修辞最初专指运用语言技巧为达到说服对方的目的而进行的辩论或者演讲活动，也包括立论和对词句的修饰。毫无疑问，修辞不是脱离语言以外的单独形式，这是人们一直承认的观点。

语言具有多维度的特性，修辞也正是依赖语言这一媒介发挥作用。索绪尔开启了现代语言学的序幕，提出了一系列重要的概念，其中有对语言和言语的区分，指出了群体、宏观和个体、具体之间的区别，它们在相互关联中具有不同的侧重点。修辞同时作用在语言和言语两个层面上。对大众普遍接受而形成的语言进行调整修饰是这种语言的基本修辞规律，在有些情况下，个人的言语习惯、在特定语境下形成的特殊含义往往是特殊修

辞所关注的层面。

语言往往并不是十分完美的，但是修辞可以尽量克服语言的缺陷和不足。在此方面，表现更突出的是消极修辞。消极修辞与积极修辞相对，消极修辞更强调语句的通顺。按照陈望道先生对这一概念的说明，消极修辞就是为了消除意义理解上的隔阂，消除因为时代、地域、个体差异而产生的不同，从而减少语言理解上的歧义和误解。满语修辞的出现，也是对满族语言的提升和完善。人们用更加完善的语言形式进行交际，确保了交际效果，显示了语言具有的社会性质。

满语修辞手法具有多样性，体现了满语语言形式的灵活多变。我们从类型众多的满文文献中可以归纳出满语几十种积极修辞的用法。满语修辞格的丰富，一定是语言发展的结果。人们如果想利用语言充分表达内心情感和思想，将这些内在需求尽可能完整地显现出来并且有效地传输给听话人，就必定在语言形式、词语组合、句式排列上花费心思，尽可能全面地创造出适合提升群体间交流效果的形式。满语具有这样被重新整合的潜在能力及改造完适应发展的语言活力。满语语法很好地调整了内在逻辑与外部表达之间的关系，做到了协调统一。

满语特殊修辞的产生，是满语区别于其他语言的独特表现。如果说普通修辞是适用于世界上所有语言的一般概论，那么专属于某一民族的特殊修辞就是这种语言特色的集中体现。对一种全新修辞现象的命名，才能让其区别于他者而单独存在。这种特殊修辞是从语言现象中抽离出来的，也就证明了语言的特殊性。满语修辞手法大部分都属于各个语言都具有的修辞现象，但它仍然以几种特殊的修辞格，突显满语与众不同，展现少数民族语言独特的表达方式，尤其是在词汇层面做出的调整和修饰，这与满语的黏着语类型密切相关。

2. 满语修辞的文化属性

修辞传统受到文化的影响和制约。申小龙先生曾在其著作中指出文化与修辞间的关系："文化对修辞活动的影响和制约不仅仅体现在语言材料本身和交际习惯上。不同民族、不同文化、不同思维方式、不同语言运用会形成不同的修辞传统。在不同文化的历史发展中形成的修辞传统更是体现了独特的价值观念，具有独特的文化精神。"①修辞选择的语言材料是人们经过历史沉淀后的表述，交际习惯制约着人们普遍的表达方式，其中都渗透着这一民族长期以来的生活方式。

修辞总是遵循着一定的文化传统。满语从创制使用到逐渐衰退，其时间虽然并不十分长久，但是在发展过程中已然形成了自己的语言传统。满族从未提出过修辞的概念或使用方法、特点等，但已经在语言运用中形成了独特的修辞风格。它与中国古代强调的"修辞立其诚"的理念与规范并行不悖。"这里的'诚'，涵盖了修辞内容的真实和修辞态度的忠信；也就是修辞要出于真诚。做到这样，也就体现了道德的高尚和完美。将'修辞'和'立诚'联系起来，是从人言结合的角度来为修辞活动确立规范，反映了中国古代把修辞活动视为一种伦理活动的独特文化精神。因此，在中国，修辞并非只是脱离了人的社会活动的语言形式的选用，而是与人的社会伦理、道德修养密切相关的言语交际活动。"②满族同样本着这种理念，在语言阐述中融合着他们对客观世界、对人的深刻认识与反思。

当认同修辞蕴含或反映着民族文化的时候，不如说修辞本身就是一种文化。它是人们在社会生活中的主动创造，完成了对语言形式的重新组织，符合文化的最基本属性。可以从文化角度，借助修辞方式，对满语进行重新认识。满语不仅具有语言的内在逻辑，而且在词汇、句子层面具有被重新加工的潜在活力，留给了人们在语言中填充文化的空间，这也是满语修辞活动的主要任务。

人们在利用修辞手法丰富语言形式的时候，渗透着在历史传统影响下的审美、心理等因素，尤其是人们已经能够从语言应用中创造出特定的语言形式，诸如谜语、谚语等表达方式，标志着满族深入认识并灵活运用了语言文字上的一切可能性，从而最大限度地探究语言的表达、交际功能。

---

① 申小龙.语言学纲要 [M].上海：复旦大学出版社，2003：225.

② 申小龙.语言学纲要 [M].上海：复旦大学出版社，2003：227.

满族对语言的创造方式就是其民族文化的直接体现。

满语修辞研究就是在全面考虑以上内容的基础上做出的尝试。无论是理论支撑、研究框架还是研究内容，都是全新领域。在摸索中前进，在论证中求实，从满语修辞现象中切入，同样从满语修辞体系中跳出，综合历史、文化、语言、心理、哲学等多视角，在一个更高的层次上重新审视研究内容，这些都是为全面认识满语、深刻理解满语而做出的不懈努力。

第二章

满语修辞格种类及特点

"意与言会，言随意遣。"

——元·方回

　　修辞是传情达意的手段，它是为了调整语言使情意表达更加切合的一种努力。"修"指的是调整和修饰，"辞"包括语辞和文辞。从广义而言，"修辞"在于对语辞的调整和对文辞的修饰。满语修辞是满族在语言运用过程中，为了增添文辞的效果并与读者之间产生情感上的联系而产生的手法。满文自 1599 年创制，至今已有几百年历史，尽管满语的交际功能逐渐弱化，但作为有迹可循的文字很好地得以保留下来。满族语言系统具有对语言调整修饰的功能，存在修辞现象，具有修辞格。尽管人们之前很少对此关注，但从现存大量满文文献中可以归纳、整理出丰富的修辞手法，从中探寻满族在语言修辞使用上的规律和对语言运用的理解认识。当前并没有针对满语修辞格的专门研究，只能根据满语语言特点并借鉴其他语言修辞成果，力求准确、清晰地给出满语修辞的定义，突出满语修辞格的特点，为下一步的修辞研究奠定基础。

第一节　语音修辞

　　语音是语言的物质外壳，准确的语音不仅是传递有效信息的途径，而且可以起到增强表达效果的作用。满语语音修辞是指在满语语音层面，以恰当形式增添语音美感的一种手段。合理地运用语音修辞能够使语言和悦动听，节奏鲜明，富有乐感。要想增强满语语音美，可以适当地运用音韵、摹声等修辞手法。

一、音韵

　　在以往满语研究中，只有赵志忠先生提出过满语的韵律特点。根据满语语音系统规律，音韵修辞方法讲究规范利用相同或者相近的语音形式。音韵发生的位置可以在句首，称为头韵，也可以在句中或者句尾，分别叫作中韵或者尾韵，其中较常见的是尾韵形式。赵志忠先生在分析谜语编排和表现形式的基础时明确指出，"满语一般都有较为完整的头韵、中韵和尾韵"[①]。音韵可以是元音间，也可以是辅音间。以元音为例，满语有六个元音，其中阴性元音有两个，阳性元音有三个，中性元音有一个。元音之间存在相互适应的元音和谐律，这种在语音上的和谐就使得语言充满音乐感。满语常以元音 /ɑ/、/ə/、/i/、/ɔ/ 等为韵脚，这与满语语法有关，动词及其形态变化或是虚词格词缀等形态变化多以以上几个元音结尾，因此满语音韵格的韵脚形式鲜明，容易在句子中发现。

　　音韵使音调抑扬顿挫，产生音乐一般的悦耳效果，尤其便于读者记忆，带有音韵之处自然容易衔接，能够做到文章前后一体，增强语言节奏感和感染力。音韵格广泛应用在成语、俗语、谚语或谜语中，这类语言形式通常是以成对的句子出现，在调配节拍时，尽管词语数量并不固定，但仍然

---

① 　赵志忠.《满谜》研究 [M]. 沈阳：辽宁民族出版社，1993：26.

可以按照句意分成几个部分进行自然停顿，这样的节拍配置可以达到顺口、悦耳的效果，也恰好符合此类语言形式朗朗上口、传诵范围广、受众群体多的体裁特点。

例1.　ᡥᠠᡩᠠᠨ　ᠠᡩᠠᠯᡳ　ᡥᠠᡩᠠᠮᠠ　ᡝᡵᡳᠨᡩᡝ　ᠪᠠᡳᡨᠠᠯᠠᡵᠠᡴᡡ，

　　　　雨　　像　　下雨　　时候　　不用

ᠮᡠᡴᡝ　ᠪᡳᠮᡝ　ᡝᠶᡝᡵᡝ　ᠪᠠᡩᡝ　ᠢᠰᡳᠨᠠᡵᠠᡴᡡ，

　水　　有　流　　处　　不到

ᠵᠠᡶᠠᠮᡝ　ᡤᠠᠯᠠ　ᡩᡝ　ᠵᠠᡶᠠᠪᡠᠮᡝ　ᠮᡠᡨᡝᡵᠠᡴᡡ，

　抓　　　手　在　捉　　不能

ᡨᡠᠴᡳᠮᡝ　ᠪᠠᡩᡝ　ᠪᠠᡵᡤᡳᠶᠠᠮᡝ　ᠮᡠᡨᡝᡵᠠᡴᡡ》

　出　　处　收　　取　不可以

自译：像雨下雨时不用，有水却不到处流，想抓却抓不到手里，出的地方也收不到。

谜底：喷壶。（《满谜》）

此则谜语四个分句分别以动词否定形式 ᠮᡠᡨᡝᡵᠠᡴᡡ 结尾，尾韵整齐一致，一韵到底，这种尾韵形式在谜语中运用广泛，形成了满语谜语独特的风格，语音上朗朗上口，具有音韵美感。朗读时往往也要按照一定节奏，根据语义结构适时停顿，将几个音节划分成一个音步。例句根据语义结构可以划分为，ᡥᠠᡩᠠᠨ ᠠᡩᠠᠯᡳ/ ᡥᠠᡩᠠᠮᠠ ᡝᡵᡳᠨᡩᡝ/ ᠪᠠᡳᡨᠠᠯᠠᡵᠠᡴᡡ，ᠮᡠᡴᡝ ᠪᡳᠮᡝ/ ᡝᠶᡝᡵᡝ ᠪᠠᡩᡝ/ ᠢᠰᡳᠨᠠᡵᠠᡴᡡ，ᠵᠠᡶᠠᠮᡝ ᡤᠠᠯᠠ / ᡩᡝ ᠵᠠᡶᠠᠪᡠᠮᡝ / ᠮᡠᡨᡝᡵᠠᡴᡡ，ᡨᡠᠴᡳᠮᡝ ᠪᠠᡩᡝ / ᠪᠠᡵᡤᡳᠶᠠᠮᡝ / ᠮᡠᡨᡝᡵᠠᡴᡡ，将尾韵单独划分成音步能够使句子整体音韵感更加规整。

例2.　ᡝᡥᡝ　ᡤᡳᠰᡠᠨ　ᡩᡝ　ᡝᡥᡝ　ᡤᡳᠰᡠᠨ　ᠠᡳᠰᡳᠯᠠᠮᡝ，ᠰᠠᡳᠨ　ᡤᡳᠰᡠᠨ　ᡩᡝ　ᠰᠠᡳᠨ

　　　　恶　　话　对　恶　话　　回报　好　话　对　好

ᡤᡳᠰᡠᠨ　ᠠᡳᠰᡳᠯᠠᠮᡝ……

话　回报

译文：你以恶语来，我也以恶言回报，你以善言来，我自当以善言回答。（《内阁藏本满文老档》）

此句韵律为中韵和尾韵。中韵以格词缀 ᡩᡝ 充当，尾韵为动词副动词

ᠨ/ 形式。前后两分句由于中韵和尾韵的和谐确保阅读上口流畅。音韵修辞只在出现的位置上有所区别，其实质仍是语音上的对应，无论是元音、辅音或整体音节，都可以形成自身的韵律，只需要满足语音和谐对应的规律即可。

例3. ᠮᠠᠨᠵᡠ ᠣᠴᠢ，ᠮᠠᠨᠵᡠᡵᠠᠮᡝ ᠪᠠᠨᠵᡳᠮᠪᠠᡵᠠ，ᠨᡳᠶᠠᠯᠮᠠ ᡩᡝ ᠠᡳᠴᠠᠪᡠᠮᡝ ᡶᠠᠨᠵᠠᠮᡝ，
满洲　因　如果　说满语　不会　人　把　遇　每　问　时

ᠠᠩᡤᠠ ᡠᡵᡴᡳᠨᡳᠮᡝ ᠶᠠᠰᠠ ᡨᠠᠮᠪᡳᠮᠪᡳ，ᡝᡵᡝᠴᡳ ᠶᡝᡵᡨᡝᠨᡳᡥᡝ ᠪᡳᠣ》
口　张口　眼　翻白眼看　若　比这　耻辱　有吗

译文：因是满洲，若不会说清语，每遇人问及，就张口翻眼，比这个可羞的有么？（《清文指要·序》）

ᠠᠩᡤᠠ ᡠᡵᡴᡳᠨᡳᠮᡝ ᠶᠠᠰᠠ ᡨᠠᠮᠪᡳᠮᠪᡳ 一句中，ᠠᠩᡤᠠ 以 ᠠ/ 结尾，同时 ᡠᡵᡴᡳᠨᡳᠮᡝ 以 ᡠ/ 作为句首，同样 ᠶᠠᠰᠠ 以 ᠠ/ 收尾，ᡨᠠᠮᠪᡳᠮᠪᡳ 以 ᡨ/ 起始，语音首尾相接，也具有顶真手法的趣味。在节拍调配方面，可以划分为 ᠠᠩᡤᠠ ᡠᡵᡴᡳᠨᡳᠮᡝ 和 ᠶᠠᠰᠠ ᡨᠠᠮᠪᡳᠮᠪᡳ 两部分，且此两部分对仗工整，词性一致，形态相同，前句和后句皆以音节 ᠠ/ 作为尾韵韵脚，读起来自然一气呵成，便于传诵。

像满语成语、俗语、谚语或谜语等流传范围比较大、受众群体比较多的几种语言形式都善于利用音韵上的规律来营造朗朗上口的节奏，令大众更容易接受，促进了语言形式的流传。满语音韵格满足了从韵律角度对语音的修饰。

二、摹声

摹声修辞手法是满语语音系统对客观世界的声音进行模仿、改造的手法。摹声手法一般不出现在官方正式的书面史料、档案文献中，而更多地用于相对比较口语化的对话体文本或者诗歌、小说、民间文学等作品形式中。摹声手法多以拟声词进行表达，在口语化语言资料中突出事物的生动性或内在的旋律，使人身临其境，给人以真实感受，能够保证语言描述的意境，画面感更强。因此要想增强满语语音的生动性，可以适当地运用摹声手法。

例1. 我　早　阿哥　把　来看　　不想　一　不相干

旁出的　事　被　绊住　又　竟然　烦琐　绊住　每日

匆忙　间隙　空　倘若　有吗

译文：我早要看阿哥来着，不想被一件旁不相干的事绊住，竟受了累了，终日匆忙还有空吗？（《清文指要·现成的饭》）

匆忙 模拟了做事匆忙的声音和状态，形容忙忙乱乱、匆匆忙忙的样子。

例2. 今早　他们　书　背书　一个　一个　比　生疏　吞吞吐吐

张口　咯噔咯噔地　停住

译文：今日早起叫他们背书，一个比一个生，哼啊哼的张着嘴，格蹬格蹬①的打磕绊。（《清文指要·叫背书》）

句中用了两组摹声修辞手法。 吞吞吐吐 、 嗯嗯啊啊 用来模拟说话时吞吞吐吐、嗯嗯啊啊不爽利的声音，两个词组都是形容说不出来话的样子。

摹声修辞手法的使用通常在句型上具有一定的规则。满语常用摹声词+ 声 / 状 的形式表示某种声音或某种状态。以上两个例句描写了做事忙乱声、说话吞吐声等，如果只是直白地描写"发出了做事忙乱的声音、说话磕绊的声音"，读者便失去了具体的感受，缺少了生动的体验感，无法增强语言的形象性。摹声的作用就是要更好地传情达意，通过对语音的

---

① "格蹬格蹬"为《清文指要》原文书写形式。本文所选《清文指要》为嘉庆十四年（1809年）三槐堂重刻本，满汉合璧，其汉字使用多与今日不同。为尊重原文，故全书《清文指要》译文皆依原文书写形式，并非本书文字舛误，也一并呈现嘉庆年间汉字使用特点。用字特点如"《清文指要》（百章）不仅反映了当时北京话的词汇现象，还反映了当时北京话文白异读的语音现象。书中'刚'也作'将'、'刚才'也作'将才'、'将将'也作'刚刚'，反映了晚起的文读'刚'与早出的白读'将'竞争共存而后者占优势的局面。'略'也作'料'、'略略'也作'料料'、'大料'也作'大略'、'不料'也作'不略'、'料估'也作'略估'，反映了文读'略'和白读'料'竞争共存而后者占优势的局面"。（刘曼、张美兰.清代著名的满汉双语教材《清文指要》（百章）及其价值[J].海外华文教育，2012（1）：91.）

修饰使语言充满直观性和形象性。

例3. «ᠮᡝᡵᡝ ᡠᠪᠠ ᠪᡳᠮᠪᡳᠸᠠ ᠨᡳᠩ ᠵᠣᡵᠮᡳᡥᠠᡥᠠ ᠪᠠ ᡳ ᠸᡝᠰᡳ ᡴᠣᡵᠣ ᠪᡠᠨᠵᡳᠮᠪᡳ»

那里 我 上涌 怒 脖子 的 上 由 成

译文：所以我的火上来，性子到了脖梗子上了。(《清文指要·为朋友》)

ᠵᠣᡵᠮᡳᡥᠠᡥᠠ ᠪᠠ 是"火焰忽起"的意思，也可以引申表示为"发火"，火气像火焰一样能够突然迸发。一方面，此句作者为了说明火气很大，用了一个"到了脖梗子上了"，说明火往上涌，就非常鲜明地表示出几乎是"怒发冲冠"的意味来。另一方面，此句又反映出满族的丧葬习俗采用土葬形式，"土到了脖子上了"形象地说明人年纪渐长，每况愈下的境地，仿佛人在土葬之时黄土逐渐从下至上掩埋，通过这样的说法表明作者自嘲的心态。

语音作为语言的物质外壳，是人们在语言应用时最先接触的部分。语音修辞是对语音的一种修饰，良好的语音效果能够促进沟通，使语言得到更好的传诵。

第二节　词汇修辞

每种语言的词汇都有其独特之处，例如汉语在词汇修辞方面常常涉及同形异义或者同义异形问题，这类词汇的运用应当在特定的语言环境中去理解，否则容易产生歧义，引起误解。根据满语词汇自身具有的特点，利用词汇手段进行的修辞主要体现在词汇的选择、变换等方面，主要有同义连用、同义替换、双关、拆合、音节倒置和反复等修辞手法。

一、同义连用

同义连用是满语独有的一种修辞手法。根据满语本体的特点，同义连用是指两个或两个以上单词在词性相同、语义相近的情况下连续出现，最常见的还是两个单词的连用。这两个词在句中可以互相修饰或限制，可以互换位置，互换之后不影响句子结构，在语法上共同充当句子成分。连用的两个词可以是形容词、动词、名词、副词、数词、后置词等多种词性。有学者认为是词义的引申、以不同的词表达不同的身份地位和感情色彩以及汉语对满语的冲击和影响[1]，导致了同义连用现象的普遍。同义连用的特点一方面表现为突出、强调作用，另一方面在于限制语义。有些一词多义的情况在连用词语的限定下，语义指向也随之固定下来，避免发生歧义，确保语义表述清晰明确。同义连用在句式对称和语音节奏方面做到整齐、流畅，体现满语在表达方式上既追求严谨性，又不忽视审美性。

例1. [满文]　[满文]，[满文]，[满文]　[满文]　[满文]
　　黄　姓儿　　孝顺　孩　是　　其　父　年纪

[满文]，[满文]　[满文]　[满文]　[满文]　[满文]
老　因　　服侍　侍奉　在　非常　　谨慎

译文：黄儿孝子也，其父年老，侍奉甚勤。（《满蒙汉三文合璧教科书》）

句中动词 [满文]（[满文]）有"服侍、照顾"之义，[满文]（[满文]）语义为"侍奉、事亲"。[满文] 和 [满文] 两个动词均有"侍奉、照看"之义，位置上可以互换，同时又能起到强调作用，属于语义上的同义连用。

例2. [满文]　[满文]　[满文]　[满文]　[满文]　[满文]　[满文]……
　　自此　纳甘珠纳　巴克什　大大地　心　忧愁　抱怨

译文：纳甘珠纳巴克什非常伤心。（《尸语故事》）

例句中，[满文]（[满文] 发愁、劳累、艰难）和 [满文]（[满文] 抱怨、怨恨）是词性相同、意义相近的一对动词。两个词语连用，起到突出强调"哀愁、哀怨"语义的作用。例句选自清朝前期文献——满文本《尸语故事》。虽然同义连用的修辞方式在满语中比较普遍，但在此书中出现不多，说明在清朝前期，满语使用方式在强调、限定语义或者在音律上协调语句的功能还不是很强，早期满语仍然以简洁明了为主。

　　以上修辞现象均为具有相似语义的动词连用，名词同义连用的形式也

---

[1]　佟颖. 满语同义连用现象研究——以《皇清职贡图》为例 [J]. 满语研究，2012（1）: 13.

很丰富，比如复合词 ᠊᠊᠊᠊᠊ ᠊᠊᠊᠊᠊，两个词都有"器皿、器具"之义，连用后仍为表示"器皿"之义；名词短语 ᠊᠊᠊᠊᠊ ᠊᠊᠊᠊᠊ 中，᠊᠊᠊᠊᠊ 语义为"忧愁、愁闷"，᠊᠊᠊᠊᠊ 语义为"劳苦、辛苦"，两个具有相似语义的名词连用，二者互相修饰，共同表达"艰辛、艰苦"的语义。通过同义连用修辞的规律不难发现，两个词语连用，或者是多义词间起到修饰、限定的作用，避免多义词产生歧义的情况，或者是语义相对单一的词语之间互相修饰强调，共同表示某种意义。

二、同义替换

同义替换是指两个具有相似语义的词，在句中相互替换之后语义基本不受影响的修辞方式。同义替换能够减少单一词语反复出现的频率，降低读者对单调词语的审美疲劳，而且换以相似意义、不同词形的同义词可以增强语言的活力。尽管可以互换的两个词是同义词，但其有可能具有不同来源、不同词根、不同基本语义，这种细微的差别增强了语言对客观世界的表述能力。

例1. ᠊᠊᠊ ᠊᠊᠊ ᠊᠊᠊ ᠊᠊᠊ ᠊᠊᠊ ᠊᠊᠊ ᠊᠊᠊ ᠊᠊᠊ ᠊᠊᠊ ᠊᠊᠊ ᠊᠊᠊
　弟 贝勒　五 百 兵 把 领 山的 根 立 留下 因此

᠊᠊᠊ ᠊᠊᠊ ᠊᠊᠊ ᠊᠊᠊ ᠊᠊᠊ ᠊᠊᠊ ᠊᠊᠊ ᠊᠊᠊ ᠊᠊᠊ ᠊᠊᠊
眼　不开 小狗 一样 二小 孩 五 百 兵 把 领 山的

᠊᠊᠊ ᠊᠊᠊ ᠊᠊᠊……
上 攻打 去

译文：弟贝勒领兵五百，留于山下。其二子，幼似初生之犬崽，尚各领兵五百，攻上山顶。（《内阁藏本满文老档》）

满语常见的同义替换即为比喻修辞手法中的比喻词 ᠊᠊᠊ 和 ᠊᠊᠊ 的相互替换，在具体句子中两个词都可以使用，二者语义皆为"像……一样"，都能表示两个事物之间的相似。两个词作为表示状态方式的后置词，表达的语法意义也相同。例句中比喻词 ᠊᠊᠊ 也可以写作 ᠊᠊᠊，交替使用可以显示词汇的丰富和灵活多变，避免了语言单一枯燥的表述。

例 2. ꡠꡡ　 其前上张广泗经金川的兵

事务办理因四川省廉养银子把动摇

译文：先前，皇上念张广泗办理金川军务，（准）其动用四川养廉之银两……（《平定金川方略》）

例句中 ꡠ 语义为"皇帝"，名词 ꡡ 语义也为"皇帝"，此两词都含有"上、高级、高贵"之义，如 ꡢꡣꡤ（生人之名胜于杀，与人之名胜于取——《满洲实录》），ꡥꡦꡧ ꡨꡩꡪ（人人共享上天的福佑，这就是我所想的贵祥大瑞啊！——《上谕八旗》）。当表示"皇帝"语义时，ꡠ 和 ꡡ 可以互换而不影响句子结构和句义。满文文献中也曾出现过皇帝的汉语音译词 ꡫꡬꡭ，这是汉语借词，并非满语系统中固有词语。ꡠ、ꡡ、ꡫ 三个词意义相似，但词源不同，不影响其在词义范畴内的同义替换。

三、双关

双关修辞格是有意识地使用同一个词，使它在同一篇上下文中可以兼有两层意思，一般在特定的语言环境中出现，利用它多义的特点增强语言的表达效果，读起来耐人回味，具有玩味的空间。双关以一种巧妙的词汇方式提升了语言的表达效果，体现了满族语言表述具有含蓄的心理特点。

双关利用词汇手段将修辞效果发挥得更加充分。满语双关修辞可以分为两类：第一类是词汇上的双关。它的产生有些是一词多义的结果，满语词汇中有许多多义词，可以利用其多义的特点；有些是同音词的结果，语音相同但语义不同。二者恰好运用义和音的特点产生语言表达上的特殊效果。第二类是语句上的双关。表面上说的是一回事，深层次指的又是另一回事，无论是表面含义还是深层次含义都可以在一个语句上展现出来，并行不悖。满语双关手法往往用在不便说明的情况下，它的恰当运用增添了语言的可读性，值得读者仔细玩味。

例1. [满文] [满文] [满文]，[满文] [满文] [满文]，[满文] [满文] [满文]
　　　我们　才　动　你的　家　来　　忽然　一　讨厌

[满文] [满文] [满文] [满文]，[满文]　[满文] [满文] [满文]，[满文] [满文] [满文] [满文]，　[满文]
烂　肉把　遇见　话　絮叨　且　不要紧　这样说　那样说　　容易

[满文] [满文] [满文] [满文]"
容易　　　得　　不完

译文：我们才要动身，往你们家来，忽然遇见一块讨人嫌的烂肉，话粘又不要紧，怎长怎短的，容易不得完。（《清文指要·款待客人》）

此句 [满文] 既有容易之义，又有鸟叫声喳喳之义，[满文] [满文] [满文] 一词带有两重含义，既指人话多叽叽喳喳不容易停下来，又模拟出人说话时候的状态好像鸟雀被擒的叫声一样，使人读来感觉生动形象。

例2. [满文] [满文] [满文] [满文] [满文]，[满文] [满文] [满文]，
　　　如果　拘泥　旧　规则　说　狍子　脱落　狂

[满文] [满文] [满文] [满文] [满文] [满文] [满文]"
眼睛　明　耽误　在　至于　什么　意思

译文：要是拘泥旧规矩，旗杆底下误了操，睁着眼睛至于误了时候，什么趣儿呢。（《清文指要·拘泥》）

[满文] [满文] [满文] 一句按照字面意思，可以直接翻译为"跑了狍子"，实则并非只表达字面的意思，一语双关，"跑了狍子"结合前句，就是把事情耽误了，表达了拘泥误事的语义。

例3. [满文] [满文]，[满文] [满文] [满文] [满文]，[满文] [满文] [满文] [满文]
　　　爷爷　说　你　去锹　拿　她的　头　把　打破

[满文] [满文] [满文]"　[满文]，[满文]，[满文] [满文] [满文] [满文] [满文] [满文]
锹　取　来　吉鲁赫　去　女人　头　把　打破　杀　锹

[满文] [满文]"
拿　来

译文：老人说："你去拿铁锹把她的佛头打破，然后把铁锹拿回来！"

吉鲁赫前去用铁锹打破妇人的头，把她打死，把铁锹拿了回来。（《尸语故事》）

这是从满文本《尸语故事》中整理出的一例双关修辞格，此书双关现象虽然不多，却用得很精彩。例句中 ᡨᠣᠣᡥᠣ 的语义为"头"，联系上下文，在文中既可以理解为"佛头"，也可以理解为"人头"。老人说"ᡨᠣᠣᡥᠣ"所指的是"佛头"，吉鲁赫则故意将"ᡨᠣᠣᡥᠣ"理解为"人头"，这是利用一个词语具有的两层含义分别对应听话人和说话人，是满语双关修辞存在的客观基础，结果产生完全不同的效果，吉鲁赫正好利用了这个双关语杀死了妇人。这种利用同音词产生的双关现象只有通过满语表达才能领会，若通过汉语译文则根本无法察觉到满语双关修辞的妙用。

四、拆合

满语具有一种比较特殊的修辞手法，根据语法功能可以将其命名为拆合格。所谓拆合，是拆词与合词的统称，虽与汉语析字格相似，但又存在区别。满语拆合格与汉语析字格的不同之处在于，二者有其各自语言的特点。汉语析字或从字形或从字音或从字义某一方面进行调整，例如汉语中可以将"愁"字从字形上离合为"秋心"，将"孔"切音为"窟窿"，而满语拆合格则可以同时从词形、语音上完成。满语单词由单个音节或多个音节构成，这样的语言特点为满语音节拆开、合并提供了基础。满语拆词指的是将一个词拆分为几个词，合词指的是在音节能够合并的情况下，将几个音节合成一个新词。拆合是对单词重新组合的一种手段。

满语中拆合格运用很少，目前仅在《满谜》一书中出现过，拆词格有几例，合词格则更少，只有两例。对单词的拆合正好符合谜语娱乐性、游戏性的要求。这是在特定语言使用环境下、特殊体裁要求下产生的修辞格，也是满语区别于其他语言的独特修辞手法。

例 1. ᡶᠣᠯᠣᡥᠣᠩᡤᡝ ᠮᠣᠣᡥᠣᠯᠠᠮᠪᡳ 》

　　　　破裂　　　瓢

译文：破瓢。

谜底：⟨满文⟩、⟨满文⟩、⟨满文⟩、⟨满文⟩、⟨满文⟩、⟨满文⟩（《满谜》）

　　　　簸箕　钥匙　说　笔　疮　岁数

这一谜面语义为"破瓢"，实际表达的意思是将⟨满文⟩（瓢）这一满语单词进行破解，按照音节划分后再进行重新排列组合可以得到新词。⟨满文⟩共有三个音节 ⟨满文⟩（笔）、⟨满文⟩（疮）、⟨满文⟩（年纪、岁数），这三个音节本身即为三个单词，再将可组合的音节放在一起，又形成三个新的单词，即 ⟨满文⟩（簸箕）、⟨满文⟩（钥匙）和 ⟨满文⟩（说）。音节的拆分或组合与语音可以互相对应，这是由满语自身特点决定的，拆合是能同时兼顾词形和语音的修辞手法。

例 2. ⟨满文⟩。

谜底：《孝经》：孝之中也，孝无终始。（《满谜》）

这是一个有关拆词手法的谜面，根据谜底可推测出谜面的意义。满语"孝顺"为 ⟨满文⟩，⟨满文⟩ 正好是 ⟨满文⟩ 去掉首音节 ⟨满文⟩ 和尾音节 ⟨满文⟩ 后的中间音节，因此说"孝之中也，孝无终始"。例 2 与例 1 相比，例 1 按照正向思维将一个完整的词拆分成具有语义的多个音节，例 2 运用逆向思维将拆分过的完整音节作为谜面，让猜谜者逆向推理，找到 ⟨满文⟩ 与 ⟨满文⟩ 之间的拆分关系。

合词格在《满谜》中有两例，具体谜面表述为：

例 3.

⟨满文环形排列谜面⟩

从 ⟨满文⟩ 字读此字
圣谕第十六条所载

谜底：ᠨ ᠴᠣᠯᡴᠣᠨ ᡳᠴᠠ ᡴᡳᠴᡳ ᠴᠣ ᠪᡳ ᡨᡳᠷᡝ ᠨᡳᡴᡝᠨ»（《满谜》）

怒气　流露　　说　罢了　白白地　为何　斜视

这是一则按照圆形图案编排的谜面，形式特殊，由 17 个满语音节组成。谜面右下角有对此条谜语的提示，"从 ᠨ 字读此字，圣谕第十六条所载"。按照提示以 ᠨ 字始，则分别为 ᠨ、ᠴᠣᠯ、ᠺᠣᠨ、ᡳᠴᠠ、ᠴ、ᡴ、ᡳ、ᠴᡳ、ᠴᠣ、ᠪᡳ、ᡨᡳᡵᡝ、ᠨᡳ、ᡴᡝᠨ、ᠨ、ᠺ，按顺时针顺序进行音节合并，应为 ᠨ ᠴᠣᠯᡴᠣᠨ ᡳᠴᠠ ᡴᡳᠴᡳ ᠴᠣ ᠪᡳ ᡨᡳᡵᡝ ᠨᡳᡴᡝᠨ（赵志忠先生译文：如果说解忿，就免了罢，何必发怒瞪眼呢！），此条译文正与《圣谕广训》中的"解仇忿，以重身命"意思相似，也因此验证了谜底。

例 4.

ᠪ　ᠪᠠ.

ᡝᡳᡷᠠᠶᠠ

谜底：四个字 ᡠᠵᡠ、ᠰᡠᠶᠠᠪᡠᠮ、ᡠᠴᡠᠯᡝᠮ、ᠴᡠᠯᡝᠮ。（《满谜》）

谜面分别给出两个单音节 ᡠ 和 ᠴ，一个词语 ᠰᡠᠶᠠᠪᡠᠮ（拥挤）。此条谜语需要将给出的三个部分进行重新组合，既可以将两个单音节重组，也可以将两个单音节分别与多音节 ᠰᡠᠶᠠᠪᡠᠮ 复合，这种重组的过程即是满语合词手法。依照此思路，新的音节可以组合成 ᡠᠵᡠ（头、首）、ᠰᡠᠶᠠᠪᡠᠮ（使掺和）、ᡠᠴᡠᠯᡝᠮ（使唱）、ᠴᡠᠯᡝᠮ（画线、画圈）。

拆词与合词互为一对解词过程，二者都是从词语与音节的关系上设计，既可以将词分为多个音节，也可以将多个音节聚合为一个单词。此种修辞手法仅发现出自谜语形式，与谜语的娱乐性有关，它强调从满语词语的音节特点考虑谜底，而不是从语义角度出发设计的谜语形式。

五、音节倒置

汉语有一些两字或多字词语前后字互相颠倒仍能构成一个新词，新词的语义可能与原词相近也可能完全不同，例如讲演——演讲、积累——累积等词颠倒字序后在词义上仍然相近，而人名——名人、故事——事故、过来人——人来过等在词义上则完全不同。满语单词通过音节倒置也可以实现这样的语言效果。例如《满谜》中有一条这样的谜语：

例1.哈吉

谜底：认钱不认亲，说与傍人浑不解。（《满谜》）

这是一条汉语谜面，但是汉语"哈吉"是满语 （喜爱、亲和）的对音汉字。单词 由两个音节 和 构成，这个词的巧妙之处就在于若将音节进行颠倒，哈吉（ ）变成吉哈（ ）同样是满语词 （钱）的汉语音译，谜面暗指 和 两个词。结合谜底，谜面要表达的含义是，如果猜谜者将哈吉按照吉哈来解谜，那么他只认得 （钱）而不认得 （亲）。这种从语言音节特点出发设计的音节倒置式谜语能够增添猜谜的乐趣，增加语言的表现力，也加深了人们对满语的认识。

目前只在满语谜语这种特殊的文字游戏中发现了这一修辞手法，在《满谜》一书中也仅有一例。音节倒置的修辞手法并不普遍，它只能用在某种特定的语言环境下，也仅仅是两个不同音节才能创造出的特殊语言效果，是否能用在两个音节以上的情况中还需要从更多的例句中推断，这也是下一步研究中可以留意的问题。

六、反复

汉语反复修辞可以是分句的反复或短语的反复。满语反复修辞或者是将同一个词连续使用，或者是某一短语或分句一而再、再而三地出现，从而表达强烈的感情，带给读者深刻的印象。反复在句中也能起到调节节奏的效果，给人以舒缓之感。

例1. [ᠮᠠᠨᠵᡠ ᡤᡳᠰᡠᠨ ᡥᡝᠨᡩᡠᠮᠪᡳ] , [满洲文] [满洲文] [满洲文] [满洲文] ,

    满洲　话　说　非常　头　头　重要　事情

[满洲文] [满洲文] [满洲文] [满洲文] ， ᡠ [满洲文] [满洲文] 》

就　汉人　各自　各自　处的　话　　一样

译文：清话呀，是咱们头等头要紧的事，就像汉人们各处的乡谈一样。

（《清文指要·念满洲书》）

反复的修辞手法有时能够改变整个词组的语义。[满洲文] 单独应用时词义为"我们的"，两个 [满洲文] 连用，语义变化为"各自"，[满洲文] [满洲文] 也构成了固定的词组搭配，可以按照语义的需要运用，在句子中充当定语成分。

例2. [满洲文] [满洲文] [满洲文] , [满洲文] [满洲文] [满洲文] [满洲文] [满洲文] ,

    我　对你　教　凡　谁　说　勿　考虑

[满洲文] [满洲文] [满洲文] [满洲文] [满洲文] [满洲文] [满洲文] , ᠨᡝ [满洲文]

只是　相遇　相遇　把　看　上赶着　说话　再　文

[满洲文] [满洲文] [满洲文] [满洲文] [满洲文] [满洲文] …… [满洲文] [满洲文]

文　师傅　把　求　书　读　　　每日　读

[满洲文] [满洲文] 》

话　记住

译文：我教给你，别论它是谁，只是大凡遇见的就赶着他说，再找书理通达的师傅念书……每日家念，话就记得了。（《清文指要·经常的说》）

满语中，有些词语单独用一个就可以表达语义，但通常这些词是以叠词的形式两两出现的，这样运用可以起到强调和突出的作用。[满洲文]（[满洲文]）语义为"相逢、相遇"，句中两个 [满洲文] 重复使用，在词语意义上没有发生变化，反复只是起到突出、强调的作用。在语言节奏上，宾格词缀 [满洲文] 作为满语动宾结构的标志，也可以适当作为句子朗读时断句的标志。此句中 [满洲文] 前面出现三个词，[满洲文] 后面也有三个词，这样前后单词数量相等，[满洲文] 的重复出现除了起到强调的作用，在结构的安排上也具有平衡语句的功能。

例 3. ᠁（满文）᠁，᠁，
    贵　足　得　人　确实　他的　心　顺　考虑　按照

᠁（满文）᠁，᠁
恰好　心思　对　不合　　无　眼　看　超过　超过　上升

译文：走好运气的人，实在照所想所算的，无有不爽爽利利随心的，眼看着超等优升。（《清文指要·当差行走》）

ᠪᠣᠨ 语义为"超越的、超过的"，两个 ᠪᠣᠨ 放在一起同时使用属于词语意义层面上的叠加，语义为"超等"，一个 ᠪᠣᠨ 不足以表达强烈的感情，两个词重复出现更能体现对其强调、突出的作用。

例 4. ᠁（满文）᠁，᠁，
    前天　我　也　那里　到　我的　八字　把　对他　看

᠁（满文）᠁，᠁，᠁，᠁，
父母　什么　年　兄　弟　多少　妻　姓何　何时　官　得

᠁（满文）᠁，᠁，᠁
种类　种类　的　事情　都　正　合　一点　稍微　不错

译文：前日我已经到了那里去了，把我的八个字儿给他看了，他竟把父母的什么年纪，弟兄几个，女人什么姓氏，多咱得的官，按件都算的对当，一点儿也不错。（《清文指要·算命仙》）

ᠰᠣᠷᠲ 语义为"种类、类别"，ᠰᠣᠷᠲ ᠰᠣᠷᠲ ᠴ 构成了一个固定短语结构，语义为"各种、各式各样"，两个表示相同语义的词反复出现，必定是对种类多样性的突出，表述更加精准。

以上例句中都是同一个词以叠词的形式重复运用，满语反复手法中使用的单词涵盖了代词、名词（动名词）、副词等多种词性，两个单词反复出现也起到强调作用。

例 5. ᠁（满文）᠁，
    花　开

᠁（满文）᠁，
    花　开

ᠨᠠᠮ ᠠᠮᠠ᠂

花　　开

ᠨᠠᠮᠠᠯᠠ ᠠᠮᠠ᠂

何处　　开

ᠠᠯᠠ ᠠᠯ ᠠᠮᠠ᠂

山　在　开

ᠠᠯᠠᠯ ᠠᠯ ᠠᠮᠠ᠂

村　在　开

ᠠᠯᠠᠯ　ᠠᠯ ᠠᠮ ᠠᠮᠠ᠚

旷野　在　也　开

译文：花儿开了，

　　　花儿开了，

　　　花儿开了，

　　　花儿开在什么地方？

　　　在乡间，

　　　在山岗，

　　　开在田野上。（《满族民歌集》）

　　这是一首满族民歌，每一分句的最后一个词都以 ᠠᠮᠠ （开）结尾，并且前三个分句都是以 ᠨᠠᠮ ᠠᠮᠠ 这一主谓短语重复出现，构成反复的修辞手法，着重描述了花儿开放的情景，读起来令读者仿佛看到满眼花开的景色。

　　词汇修辞是从词的角度、根据满语词语所具有的特点产生的一种手法。满语单词由音节构成，具有黏着语特征，能够通过接加不同词缀产生形态变化，有些词具有一词多义的特点等等，这些都是区别于其他语言的特殊之处，成为词汇修辞的基础，也形成了只有在满语中才存在的独特修辞手法。

第三节 结构修辞

语音修辞以语言的物质外壳为基础，词汇修辞着重从词汇构成角度进行加工，但修辞的对象并不局限于语音和词汇方面。词汇的聚合形成语句，句子在结构上依然可以充分利用修辞达到最佳的表达效果。句子结构通常具有均衡的特点，均衡是指将语言通过修辞的方式调整得更加协调、更具美感，使人在阅读时产生一气呵成的连贯感以及朗朗上口的韵律感。均衡可以体现在句式的搭配、篇章的结构上。想要达到满语句子结构的均衡可以有很多途径，例如充分运用对偶、排比、回文、顶真和回环等修辞手法。

一、对偶

对偶是"把两个字数相等、结构相同的语句并列在一起，以表现相关的意思或同一个意思"[①]，它是汉语常用的修辞手法之一。满语中同样具有相似的用法，但是种类没有汉语对偶类别丰富。汉语对偶修辞可以分为四类，即"当句对、单句对、偶句对和多句对"[②]。满语对偶修辞格大部分都属于上一句对下一句的单句对。上一句属于对偶的上联，下一句属于对偶的下联，满语上下联的关系一般是意义上相同或相近的正对。对偶中的上下两句在某些位置可以使用相同的词，它通过整齐的形式与和谐的节奏体现满族的审美情感。对偶手法在内容上工整，结构上整齐，尤其有些对偶格又同时采用了音韵格的手法，在两种修辞格的共同作用下，句子充满和谐美感，便于记忆和传诵。满语的对偶格更易于在谜语、谚语、俗语乃至诗歌等类的语言形式中出现。例如谜语中的对偶能够从上下两联的正对或反对中给出猜谜线索；谚语和俗语使用对偶进行说理论事时易于大众

---

① 李维琦 . 修辞学 [M]. 长沙：湖南师范大学出版社，2012：200.

② 李维琦 . 修辞学 [M]. 长沙：湖南师范大学出版社，2012：202.

传诵，起到教化和传播经验的作用；诗歌运用对偶手法突出节奏感，具有高度概括的功能。

例1.

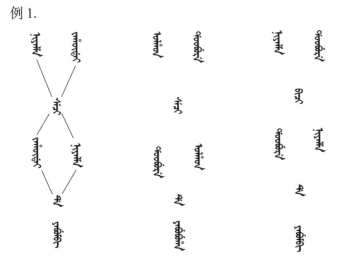

谜底：跑旱船。

例句以《满谜》中的谜语为例。《满谜》中运用对偶修辞手法的谜语，在编排上往往采用斜形格式，有的添加线条引导阅读，有的则省略线条。例中第一则斜形格式完整谜面读法应是 ᠨᡳᠶᠠᠯᠮᠠ ᠵᠠᡴᠠ ᠵᠠᡥᠣᡩᠠᡳ ᡩᠣᠯᠣ ᠶᠠᠪᡠᠮᠪᡳ，ᠵᠠᡥᠣᡩᠠᡳ ᠵᠠᡴᠠ ᠨᡳᠶᠠᠯᠮᠠ ᡩᠣᠯᠣ ᠶᠠᠪᡠᠮᠪᡳ（人在船中走，船在人中行）；第二则为 ᠣᠯᠣᠨ ᠵᠠᡴᠠ ᠣᠯᠣᠮᠪᡳ ᡩᠣᠯᠣ ᠶᠠᠪᡠᠮᠪᡳ，ᠣᠯᠣᠮᠪᡳ ᠵᠠᡴᠠ ᠣᠯᠣᠨ ᡩᠣᠯᠣ ᠶᠠᠪᡠᠮᠪᡳ（若说旱地还能渡过，若说渡河却在旱地行）；第三则为 ᠨᡳᠶᠠᠯᠮᠠ ᠪᡳᠴᡳ ᠣᠯᠣᠮᠪᡳ ᡩᠣᠯᠣ ᠶᠠᠪᡠᠮᠪᡳ，ᠣᠯᠣᠮᠪᡳ ᠪᡳᠴᡳ ᠨᡳᠶᠠᠯᠮᠠ ᡩᠣᠯᠣ ᠶᠠᠪᡠᠮᠪᡳ（有人走能渡过，渡过需要有人走）。三则谜语谜底一样，谜面形式相似。以第一则为例，在形式上，前后两句单词数量一样，语法结构相同，部分位置使用相同的词语构成"……ᠵᠠᡴᠠ……ᡩᠣᠯᠣ ᠶᠠᠪᡠᠮᠪᡳ"句式；在内容上，ᠨᡳᠶᠠᠯᠮᠠ（人）与 ᠵᠠᡥᠣᡩᠠᡳ（船）相对。第二、三则同样可以抽离出相似的句式结构。这三则表述不同的谜面都有一个相同的谜底"跑旱船"，是从不同角度对同一活动的描述，第一则注重主体与客体间关系，第二则侧重活动发生场所，第三则强调主体与行为方式的关系，都可以运用相同的修辞手法解释说明。

例2. ᠠᠪᡴᠠ ᠵᡳᠮᠪᡳ ᠰᡳᠮᠪᡳ，ᠪᡳ ᠰᡳᠮᠪᡳ ᠮᡳᠨᡳ ᠰᠠᠩᡤᡳᠶᠠᠨ ᠠᠯᡳᠨ ᡩᡝ
　　　天　　把你　对　你　把我　我的　白　山　在

到天 把我 对我 把你 南京 在 到 我 一切

国对 指甲 像罪 未做 天 处治 样子 把

不看 反倒罪 做 人 得便宜 把 也 知道吗

善对善 回报 恶对恶 回报 一定 到 啊

译文：天若以尔为是，尔可驱我至白山；天若以我为是，我亦必驱尔至南京。我对各国秋毫无犯，未见有不顺天意、逆道作恶而得逞者。善有善报，恶有恶报，无论何时，终有还报也。（《内阁藏本满文老档》）

例句有两处运用了对偶手法，分别是 （满文），（满文），和（满文），（满文）。对偶修辞强调句子结构上的对称，内容方面前后两句意思相对。对偶格可以在阐述道理的同时兼顾形式上的对应和谐，又体现民族的审美情感。

例3.（满文）

他的 学的 深 会的 多 书 喜欢

至今 还 口 从 不离开 读 手 从 不离开 看

译文：他学的深，会的多，好读书，至今还不住口的念，不离手的看。（《清文指要·学清话》）

（满文）是人们在日常生活中的一句俗语。满语对偶手法运用工整讲究，前后两句词数相等，词性相同，意义相似或相对，读者读起来不但易于上口，而且便于记忆，从实践角度而言利于满语学习者的掌握。

例4.（满文）

喜 歌

ᡶᡳᠯᠠᠯᡳ　ᡴᡠᠩᠴᡳ　ᡴᡠᠩᠴᡳ，

布拉利　空齐　空齐

ᠰᠠᡴᠰᠠᡥᠠ　ᡠᠨ�　ᠣᠯᠠᠨ，

喜鹊　尾巴　长

ᠰᠠᡩᠨ　ᠰᠠᡩᠯᠠᠮᠪᡳ，

亲家　结亲

ᡥᠠᡥᠠ　ᠵᡠᡳ　ᠪᠠ�，

男孩　生　草　割

ᠰᠠᡵ্ᠠᠨ　ᠵᡠᡳ　ᠪᠣᠯᠣ　ᡤᠠᠪᠰᠠᠪᡳ，

女孩　　生　扁豆　采摘

译文：喜歌

　　布拉利，空齐空齐，

　　花花喜鹊长尾巴，

　　你我两家结亲家。

　　生个儿子打羊草，

　　生个闺女摘豆角。（《满族民歌集》）

　　这是满族在结婚娶亲时唱的一段喜歌。其中最后两句运用了对偶的修辞手法。ᡥᠠᡥᠠ ᠵᡠᡳ（男孩）对应 ᠰᠠᡵ্ᠠᠨ ᠵᡠᡳ（女孩），ᠪᠠ（草）对应 ᠪᠣᠯᠣ（扁豆），ᠨᠠᠮᠪᡳ（割）对应 ᡤᠠᠪᠰᠠᠪᡳ（摘），名词对名词，动词对动词，词性相同，词语数量相当，形式上非常工整。前后两联不但运用对偶的形式，而且在音韵上同样和谐，中韵 ᠵᡠ，尾韵 ᠪᡳ，读起来节奏感强，两种修辞共同作用于句子，语言效果上显示双重功效，便于读者阅读和记忆。

二、排比

　　排比是用两个或两个以上在语义上有联系、在结构上相同或相似的词组或句子构成的修辞手法，它既可以单句为单位，也可以句中的某一成分为单位。排比能够起到加强语势的效果，形成豪放利落的风格，在说理论事时常运用此种修辞手法，但在一些特殊体裁中，排比又能起到突出强调的作用。诸如《满谜》中即有多条谜语运用了排比的修辞手法。

例1. ᠋ᡠᡳᠯᡝᠨ　ᠪᠢᠴᡳ　ᠨᡳᠮᡝᠯᡳ　ᡩᡝ　ᠣᠮᡳᠴᡳ　ᠪᠣᠵᠣᡴᡳᠨᠠᡴᡡ，

　药　有病对喝　不可以

ᡥᠣᠣᠰᠠᠨ　ᠪᡳᠴᡳ　ᡥᡝᡵᡤᡝᠨ　ᡩᡝ　ᠪᡳᡨᡥᡝᠯᡝᠮᡝ　ᠪᠣᠵᠣᡴᡳᠨᠠᡴᡡ，

　纸　有字对写　不可以

ᡨᡠᠸᠠᠨ　ᠪᠢᠴᡳ　ᠪᡠᠵᡠᠮᡝ　ᡩᡝ　ᠪᠠᡳᡨᠠᠯᠠᠮᡝ　ᠪᠣᠵᠣᡴᡳᠨᠠᡴᡡ，

　火　有　煮对用　不可以

ᡝᠯᡩᡝᠨ　ᠪᠢᠴᡳ　ᡳᠨᡝᠩᡤᡳ　ᡩᡝ　ᡩᠠᠪᡠᠮᡝ　ᠪᠣᠵᠣᡴᡳᠨᠠᡴᡡ。

　光　有　日　在点燃不可以

自译：有药不能治病，有纸不能写字，有火不能使用，有光不能照明。

谜底：奇花（鞭炮的一种）。（《满谜》）

此例用了排比的修辞手法，虽然没有固定的句型，但都按照需要表达的语义对语言形式进行了规范，在结构上做到相同或相似。例句结构统一，形式规范，构成了……动词 + ᡩᡝ ……ᡩᡝ 动词 + ᡩᡝ ᠪᠣᠵᠣᡴᡳᠨᠠᡴᡡ（有……而不能……）句式，属于排比类型中的单句排比。四个句子排列使用，起到突出主题、层层递进的作用，内容上侧重物体存在形式，注重对外形的描述，点明奇花由药、纸、火、光等物质构成，为谜底的揭晓提供更多细节参考。

例2. ᠠᠪᡴᠠ ᠨᠠ ᠸᠠᡴᠠᠯᠠᠴᡳ，ᠮᡳᠨᡳ ᠵᡠᠸᠠᠨ ᠠᡳᠮᠠᠨ ᠊ᡳ ᡩᠣᡵᠣᠨ ᡝᠵᡝᠯᡝᡥᡝ ᠪᡝᡳᠯᡝ，

　天　地　责备我的十　部落　的　礼　掌贝勒

ᠰᡝ ᠵᠠᠯᡤᠠᠨ ᡠᠰᠠᡥᠠᠴᡳ，ᡨᡠᡨᡨᡠ，ᡝᡵᡝ ᠰᡝᠨᡤᡤᡳ ᠊ᡳ ᠠᡩᠠᠯᡳ ᠰᡝᠩᡤᡳ ᡨᡠᠴᡳᡵᡝ，ᡝᡵᡝ ᠪᠣᡳᡥᠣᠨ ᠊ᡳ ᠠᡩᠠᠯᡳ，

　岁　寿　短　因　此血像　血　出　此土　像

ᠪᠣᡳᡥᠣᠨ ᡩᡝ ᡤᡳᡩᠠᠪᡠᡵᡝ，ᡝᡵᡝ ᡤᡳᡵᠠᠩᡤᡳ ᠊ᡳ ᠠᡩᠠᠯᡳ ᡤᡳᡵᠠᠩᡤᡳ ᡧᠠᠨᠶᠠᠩᠮᡝ ᠪᡠᠴᡝᠮᠪᡳ。

　土　被　压住此骨　样　骨　变白　死

译文：当受天地谴责，夺我十部执政贝勒之寿算，即如此血灭血、如此土蒙土、如此骨暴骨而死。（《内阁藏本满文老档》）

例句用了三个相同的"ᡝᡵᡝ ……ᠠᡩᠠᠯᡳ"句式构成排比修辞格，由此构成的三个词组在句子中充当了谓语成分，形成句中排比，起到加强语势的作

用，以排比格阐述道理能够将道理说得透彻严密。此处是努尔哈赤与蒙古部落结盟时的誓词，结构整齐、节奏和谐，强调了盟誓时同心协力的情感。

三、回文

回文指的是将一个句子中的每一个词，从后往前颠倒过来仍然成为一个完整的句子，并且语义通顺，能够产生首尾回环的趣味。满文文献中运用回文手法的例子很少，回文更类似于一种文字游戏，要求作者在字、词等形式上都对语言有深刻的理解和驾驭能力，不仅能够清楚明确地进行表述，而且更强调对语言的灵活掌控。官方刊刻的典籍更倾向于以消极修辞进行语言陈述，而不会用到这种结构很特别、形式很新颖的修辞手法，反倒在谜语中能够见到此种运用，增添了猜谜过程中的乐趣，达到引人入胜的效果。例如《满谜》中有一则谜面反正读都合乎逻辑且语义通顺的谜语，十分难得。

例 1.

此则谜语采用了十字形的编排方式，谜语旁边有汉语提示"反正读"。要读出十字形谜面内容，可以按照从上至下、从左至右的正面顺序进行解读，也可以按照从右至左、从下至上的反面顺序读起，均不影响对谜面的理解和对谜底的猜测。例句的读法可以是：

正读：

昏暗　若　光　　出

ᠣᠨᠴᠣ ᠰᠠᠴᠠ ᠪᠣᠴᠣ᠄ ᠰᠣᠯᠠᠶᠠ »

  少 说 多 落

自译：若说暗却出光，若说少却落得多。

谜底：盒灯。

反读：ᠰᠣᠯᠠᠶᠠ ᠮᠠᠶᠠ ᠪᠠᠨ ᠠᠴᠠᠨᠠᠨ᠄

  出 光 有 昏暗

ᠰᠣᠯᠠᠶᠠ ᠪᠣᠴᠣ ᠰᠠᠴᠠ ᠣᠨᠴᠣ »

  落 多 说 少

自译：若说出了光，却暗；若说掉得多，却少。

谜底：盒灯。（《满谜》）

这则谜语无论正读或反读，语法上皆合乎规则，语义上通顺正确，并且反读、正读虽然可以看作两条谜面，却都是同一个谜底"盒灯"，这样的谜语创作十分巧妙难得，在其他文献中这种修辞手法几乎是不存在的。

四、顶真和回环

顶真，又叫蝉联，就是邻近的句子首尾蝉联，上递下接，用前一句的结尾做下一句的开头。[①]顶真的作用是使句子结构严密、语气连贯，从而更好地表现事物之间的承接和递进关系。回环就是重复前一句的结尾部分，作为后一句的开头部分，又回过头来用前一句开头部分做后一句结尾部分。[②]这种修辞方法通过循环往复的表达形式，表现两种事物之间相互辩证的关系。《满谜》中有一条谜语同时满足了顶真和回环的修辞手法，且运用得非常和谐。

例1. ᠨᠢᠶᠠᠯᠮᠠ ᠪᠠᠪᠠᠨ ᠳᠠ᠄ ᠳᠠ ᠪᠠᠪᠠᠨ ᠨᠢᠶᠠᠯᠮᠠ »

  人 腿 高 高 腿 人

---

① 王希杰. 汉语修辞学 [M]. 北京：北京出版社，1983：216.

② 王希杰. 汉语修辞学 [M]. 北京：北京出版社，1983：219.

ᠵᠠᠰᠠᠨ ᠪᠤᠳᠠᠨ ᠵᠠᠰᠠᠨ，ᠵᠠᠰᠠᠨ ᠪᠤᠳᠠᠨ ᠵᠠᠰᠠᠨ》

　　打扮　走　玩　　玩　走　打扮

　　自译：人腿高，高腿人。打扮着玩，玩着打扮。

　　谜底：踩高脚。（《满谜》）

　　第二个分句采用顶真的修辞手法，以第一分句结尾的词 ᠵᠠᠰᠠᠨ 开始，并且第二个分句是将第一分句每一词都倒序书写，构成回环辞格，在语义上也刚好与第一分句有关联。第三、第四分句与第一、第二分句的表达方式相同。谜面描写了一个活动场景，尤其通过 ᠨᠢᠶᠠᠯᠮᠠ ᠪᠡᠳᠡᠨ ᠵᠠᠰᠠᠨ、ᠵᠠᠰᠠᠨ ᠪᠡᠳᠡᠨ ᠨᠢᠶᠠᠯᠮᠠ（人腿高、高腿人）的特色描述，可推测谜底为踩高脚的活动。

　　例2. ᠰᠠᠨ ᠴᠠ ᠰᠠᠢᠨ ᠪᠡ ᠭᠤᠷᠤᠨ，ᠭᠤᠷᠤᠨ ᠴᠠ ᠰᠠᠢᠨ ᠪᠡ ᠰᠠᠨ ᠰᠠᠨ》

　　汗　的　好　对　国　国　的　好　对　汗　啊

　　ᠪᠡᠢᠯᠡ ᠴᠠ ᠰᠠᠢᠨ ᠪᠡ ᠵᠤᠱᠢᠨ，ᠵᠤᠱᠢᠨ ᠴᠠ ᠰᠠᠢᠨ ᠪᠡ ᠪᠡᠢᠯᠡ ᠰᠠᠨ》

　　贝勒的　好　对　诸申　诸申　的　好　对　贝勒　啊

　　译文：君贤乃国治，国治乃君成；贝勒善良而有诸申，诸申贤能而有贝勒也。（《内阁藏本满文老档》）

　　顶真修辞格突出形式上将前一分句结尾的词作为下一分句开头的词，以 ᠭᠤᠷᠤᠨ（国家）作为上一分句结尾词，又以 ᠭᠤᠷᠤᠨ 作为下一分句起始词，同理 ᠵᠤᠱᠢᠨ（诸申），环环相扣，起到准确、严谨的作用。

　　结构修辞是一种比较容易识别的修辞手法，因为结构修辞重视语言在结构上的关系，它更侧重形式上的规律性和整齐性，是人们对语句理解在视觉上最直观的反映。结构修辞有时往往与语音修辞发生关联，多种修辞手法的联合运用更能突出语言辞藻的丰富华丽。

第四节　语义修辞

　　修辞除了可以从语言的声音、词汇、句子结构方面表现，还可以通过内容上的调整来表现，这类修辞可以称为语义修辞。它虽然没有在形式上明显地表现出来，但是依然通过自身在句子语义内容上的特殊表述，为语

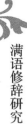
言表达增添了意境和情趣。像这类着重将内容作为重点润色对象的语义修辞主要有夸张、引用、类比、比喻、拟人、对比、析字等修辞手法。

一、夸张

夸张是一种有意超出事物真实性质的修辞方式，它表现得言过其实，却又不会使读者误会果真如此，夸张的内容务必包含真实的因素。夸张修辞手法避免了语言平铺直叙，能够达到描述上的顶点和极致，强调出奇制胜，将话说得过于饱满旨在引起语言接收者的注意。夸张涉及的内容既可以是数量多少、体积大小，也可以是时间空间方面，具体手法可以是扩大夸张，也可以是缩小夸张。在语言实际应用中，夸张和比喻等修辞格配合使用，往往能收到更强的表达效果。

例1. ᠠᠮᠪᠠ ᠪᠢᠴᠠᠨ ，ᠪᠢᠴᠠᠨ ᠠᠯᠢᠨ ᠶ ᠪᠢᠴᠠᠨ ，ᠠᠮᠪᠠ ᠶᠠ ᠠᠮᠪᠠ ᠶᠠᠮᠪᠠᠨ， ᠠᠮᠪᠠᠨ ᠠᠮᠪᠠᠨ
　 我　山　的　山谷 山峰　 的 隐蔽处 在　住　生活　八十　万

ᠠᠮᠪᠠᠨ， ᠠᠮᠪᠠᠨ ᠠᠮᠪᠠᠨ ᠠᠮᠪᠠᠨ，ᠠᠮᠪᠠ ᠠᠮᠪᠠᠨ ，ᠠᠮᠪᠠ ᠶᠠ ᠠᠮᠪᠠᠨ ᠠᠮᠪᠠᠨ ᠶ ᠠᠮᠪᠠᠨ ᠶᠠᠮᠪᠠᠨ ᠶᠠ
汉人　四十　万　 蒙古 大　国　对我　一小　　指甲　　像　罪　把

ᠠᠮᠪᠠᠨᠠᠨ ᠠᠮᠪᠠᠨ》
不做　 曾

译文：我居山谷峰荫为生，与八十万明及四十万蒙古大国毫无开罪。（《内阁藏本满文老档》）

句中 "ᠠᠮᠪᠠ ᠶᠠ ᠠᠮᠪᠠᠨ ᠶᠠᠮᠪᠠᠨ ᠶ ᠠᠮᠪᠠᠨ ᠶᠠᠮᠪᠠᠨ ᠶ ᠠᠮᠪᠠᠨ ᠶᠠᠮᠪᠠᠨ ᠶ ᠠᠮᠪᠠᠨᠠᠨ ᠠᠮᠪᠠᠨ" 直译为 "我不曾犯过小指甲一样大的罪过"，这里运用了缩小夸张的修辞手法，将罪过往小处说，使之更小、更加弱化，同时运用了比喻修辞手法，将罪过的大小比喻成指甲的大小，两种修辞格叠加使用，烘托主旨气氛，在表达上突出强烈的情感。

例2. ᠠᠮᠪᠠ ᠶᠠ ᠶ ᠠᠮᠪᠠᠨᠠᠨ ᠶᠠᠮᠪᠠ ᠠᠮᠪᠠᠨ ᠶ ᠠᠮᠪᠠ ᠠᠮᠪᠠᠨ》
　 那　 树　的　叶子　 车　车轮　 一样　大

译文：大树的叶子像车轮那样大。（《尸语故事》）

句子中同时包括比喻和夸张两种修辞手法。将 ᠶᠠ ᠶ ᠠᠮᠪᠠᠨᠠᠨ（树叶）的样态比喻成 ᠠᠮᠪᠠ ᠠᠮᠪᠠᠨ（车轮）更具有形象的直观性，同时在 ᠶ ᠠᠮᠪᠠ（像……

一样）后接写了形容词 ᠮᠠᠩᡤᠠ（大），突出 ᠠᠪᡩᠠᡥᠠ（树叶）"大"的特点。词语"（ᠢ）ᠠᠳᠠᠯᡳ / ᡤᠡᠰᡝ"后面有时会接写表示性质的形容词，"（ᠢ）ᠠᠳᠠᠯᡳ / ᡤᠡᠰᡝ"前面仍然是名词，构成"名词 +（ᠢ）ᠠᠳᠠᠯᡳ / ᡤᠡᠰᡝ + 性质形容词"形式，语义为"像……一样具有……的性质"，性质形容词的运用主要为了指出事物的精神实质，贴合例句夸大夸张的手法，在事物的特征、程度等方面起着夸大的作用。（ᠢ）ᠠᠳᠠᠯᡳ / ᡤᠡᠰᡝ 的结构与比喻修辞格很相似，但是仔细分析可以发现，句中有时出现本体，有时则没有。如有一个句子有能够构成比喻格的本体、有夸张格，那么此时句子同时包括了比喻和夸张两种修辞手法，如果不出现本体，则此句通常只运用了夸张的手法。

二、引用

引用的手法是在话语中插入典籍、故事、成语或者俗语，这样做的目的首先是提高语言的权威性，用他人观点证明自己的论点，增强说服力。引用的内容少而精，表述上能起到四两拨千斤的效果。其次，听者对于经典的话语接受程度高，易于信服。引用最常用的形式即为指明出处或作者，引用原文的原貌。满语引用的内容多是汉语的警句箴言、古语古训、历史事件等内容，突出客观性与权威性，也令语言表述更加生动灵活。

例 1. ᠨᡳᠶᠠᠯᠮᠠᡳ ᡤᡝᠪᡠ ᠪᡝᠪᡝ ᠰᠠᠴᠠᠮᠪᡳ ᠠᠯᡳᠮᡝ ᠪᡝᠰᡝ ᡝᠮᡝᡴᡝ ᠰᡝᠮᡝ ᠸᠠᠵᡳᡥᠠ ᠪᠠᡳ，

人 名字 损害 与其 骨头 折断 说 曾经

ᡳᠯᡥᠠ ᡶᡠᡨᠠ ᠪᡝ ᠰᠠᠪᡠᡶᡳ，ᡥᠣᡵᠣᠩᡤᠣ ᠮᡝᠢᡥᡝ ᠠᡩᠠᠯᡳ ᠰᡝᠣᠯᡝᠮᠪᡳ，ᠵᡝᠶᡝᠨ ᠮᡠᡴᡝ

花 绳子 把 看见 威猛 蛇 一样 想 疙瘩 水

ᠪᡝ ᠰᠠᠪᡠᡶᡳ，ᠮᡝᡩᡝᡵᡳ ᠮᡠᡴᡝ ᠠᡩᠠᠯᡳ ᠰᡝᠣᠯᡝᠮᠪᡳ》

把 看见 大海 水 一样 想

译文：古人云，宁使折其骨，勿使损其名。若见花色的绳子，而疑其为猛蛇。见融冰之水，而联想其为大海。（《清太祖朝老满文原档》）

例句选自清入关前重要史料《清太祖朝老满文原档》，直接引用古人之语 ᠨᡳᠶᠠᠯᠮᠠᡳ ᡤᡝᠪᡠ ᠪᡝᠪᡝ ᠰᠠᠴᠠᠮᠪᡳ，ᠠᠯᡳᠮᡝ ᠪᡝᠰᡝ（宁使折其骨，勿使损其名）借以表达作者自己的情感态度，能够在阐明问题时增强说服力，旁征博引，起到证明的作用。

例2.（满文）

汗 的 写 翻译 政 的 经 在 说

年 月 上 文 祖 汗 的 庙 在 末 把 接受

接受 说 此 话 舜 汗 的 例 的 篇 在 有

汗 的 写 翻译 诗 的 经 在 说 日

茅 取 晚 绳 拧 说 此 话 豳 国 的

风 的 篇 在 有

译文：《御制翻译书经》有曰："正月上日，受终于文祖庙，语在舜典。"《御制翻译诗经》有曰："书尔于茅，宵尔索绹，语在豳风。"（《清文指要·字音指要》）

此句出自《清文指要》，它是一部有助于八旗子弟满语学习的对话体文献，作者为了说明自己的观点，分别引用了汉族古籍《尚书》和《诗经》中的名句。其中"舜典"为《尚书》篇章之一，记叙舜的功绩；"豳风"是《诗经·国风》之一，是豳地一带民歌。作者从经典到民歌的引用，均为了使对满洲八旗子弟的教化更具说服力。

例3.（满文）

古代 我们 金 大定 汗 在 朝鲜 赵 唯忠

名字 臣 四十 余 城 把 拿 叛 来 把 我们

金 大定 汗 说 汉 的 赵 徽宗 赵 钦宗 汗

我们 金 国 的 征战 时候 朝鲜 汗 任何 对 不降

ᠣᠮᡝᠩᡤᡝ   ᠣᠶᠣᠩᡤᠣ   ᠨᡳᠶᠠᠯᠮᠠ   ᠨᡳᠶᠠᠯᠮᠠᡳ   ᠰᡳᠨᡳᠶᠠᠯᠠᠮᠠ   ᠣᡠᡵᠠᠴᠠᠩᡤᠣ   ᠨᡳᠶᠠᠯᠮᠠ ……

公正　国　称　领　　不受　　使回来

译文：曾闻，昔我金大定汗时，朝鲜大臣有赵唯忠者叛而率四十余城来投。我大定汗曰："我金国征宋赵徽宗、赵钦宗时，朝鲜王无所倒向，乃是公正之国也。"遂不纳而却之。（《内阁藏本满文老档》）

此例句是对具体历史事件的引用。通常将对具体典故、事例的引用称为用典，它同样归属于引用修辞手法之类。用典的应用增加了语言的含蓄性并充满对语言接收者的启发性。句中谈话背景是努尔哈赤针对朝鲜王在萨尔浒大战中助明攻满，但是两国本应毫无衅隙，希望朝鲜王不要协助明朝作战，在这种情况下缮写了这样一封文书。努尔哈赤充分援引宋金时期历史典故，以金大定汗与宋朝赵徽宗和赵钦宗、朝鲜间关系，类比于今日满洲之于明朝、朝鲜之间关系，虽未说明，却给朝鲜王以启示，丰富而含蓄地表达了努尔哈赤的战略内容和外交思想，令其观点更具说服力。

例4. ᠠᡳᠴᠠ   ᡠᠨᡳᡳ ᠵ   ᠠᡩᠠᠯᡳ   ᠰᡝᠩᡤᡳ   ᠴᠠᠯᡳᠶᠠᠨ   ᡶᡠᠯᡠᠨ   ᠵᡝᡨᡝᡵᡝ，

如果　偶像　像　白　钱粮　俸禄　吃

ᠠᠨᡳᠶᠠ   ᠰᡳᠨᡩᠠᠮᠪᡳᡥᠠ   ᠶᠠᠪᡠᡵᠠᡴᡠ   ᠪᡳᠴᡳ   ᠨᠠᠨᠠᡴᠠ   ᠨᠠᡴᠠᡵᠠ   ᠣᡥᠣᠪᡳ »

年　包　不行　若　尚且　停止　应该　罢了

译文：要是尸位素餐，整年家不行走，还是当退的罢了。（《清文指要·当差行走》）

此句"尸位素餐"亦为引用之中的用典手法。"尸位"指空占职位，不尽职守；"素餐"指白吃饭，形容空占着职位而不做事，白吃饭。此词出自东汉班固《汉书·朱云传》："今朝廷大臣，上不能匡主，下亡以益民，皆尸位素餐。"对古籍的引用表明作者对此类行为的反对态度。

例5. ᠣᠴᠣᡥᠣ   ᠨᡳᠶ ᠪ   ᠪᠠᡳᡨᠠ   ᠪᡝ   ᡠᠴᠠᡵᠠᠴᠠᠩᡤᡳ   ᠠᠮᠪᠠ，   ᠨᡳᠨᠠ

只这样　事情　对　遇到　之后　自然

ᡳᡳᠨᡝ   ᡥᡝᠨᡩᡠᠮᠪᡳ   ᠠᠩᡤᠠᠨ   ᠶᠠᠰᠣᠪᡠᡵᠠᠩᡤᠠ，   ᠴᠠᠯᡳᠶᠠᠯᠠᠮᡝ   ᡥᡝᠨᡩᡠᡵᠠᡴᡠ   ᠪᡝ

说　不可以　嘴　痒　　说　　不可以　对

ᠮᠠᠨᠵᠠ᠂ ᠮᠠᠨᠵᠠ ᠪᠠ ᠮᠠᠨᠵᠠ ᠮᠠᠨᠵᠠ »

说 话 把 失误 说

译文：但只是遇到这样的事情，不由的嘴痒痒，有"不可与言而与之言，失言"的话。（《清文指要·直言》）

引用部分出自孔子《论语·卫灵公》，原文表述为"可与言而不与之言，失人；不可与言而与之言，失言。知者不失人，亦不失言"，意思是：可以同这个人讲的话你却没有讲，这样就失掉了朋友；不可以同这个人讲的话你却告诉给他，这样就说了错话。有智慧的人能够既不失掉朋友，又不说错话。用在《清文指要·直言》篇中，强调了说话要恰当合适的论点。

例6. ᠮᠠᠨᠵᠠ ᠮᠠᠨᠵᠠ ᠮᠠᠨᠵᠠ ᠮᠠᠨᠵᠠ᠂ ᠮᠠᠨᠵᠠ ᠮᠠᠨᠵᠠ ᠪᠠ ᠮᠠᠨᠵᠠ

下 腿脚 取 想必 去年 何 罪

ᠮᠠᠨᠵᠠ᠂ ᠪᠠ ᠮᠠᠨᠵᠠ ᠮᠠᠨᠵᠠ »

没看 何 苦 经过

译文：岂不是走到四达运气里了吗？去年什么罪没受过？什么样的苦没经过呢？（《清文指要·买衣》）

此句"四达"出自《尔雅·释宫》"四达谓之衢"，又《孙子·九地篇》"四达者，衢地也"。"衢"的意思是"四通八达的道路"，本应是运气极好，在此做反义用，形容运气极差。

例7. ᠮᠠᠨᠵᠠ ᠌ ᠮᠠᠨᠵᠠ ᠌ ᠮᠠᠨᠵᠠ ᠮᠠᠨᠵᠠ ᠌ ᠮᠠᠨᠵᠠ

汗 的 第四 子 皇 太极 贝勒 张 铨

ᠪᠠ ᠮᠠᠨᠵᠠ ᠮᠠᠨᠵᠠ ᠮᠠᠨᠵᠠ ᠪᠠ ᠮᠠᠨᠵᠠ ᠮᠠᠨᠵᠠ᠂ ᠮᠠᠨᠵᠠ ᠮᠠᠨᠵᠠ ᠮᠠᠨᠵᠠ

把 喜爱 养 例 把 深究 说 古 你们 汉 的

ᠮᠠᠨᠵᠠ ᠮᠠᠨᠵᠠ ᠌ ᠪᠠ ᠮᠠᠨᠵᠠ ᠮᠠᠨᠵᠠ ᠮᠠᠨᠵᠠ ᠮᠠᠨᠵᠠ ᠌ ᠮᠠᠨᠵᠠ ᠮᠠᠨᠵᠠ

宋 国 的 赵 徽宗 钦宗 父 子 二 汗 是 古

ᠮᠠᠨᠵᠠ ᠌ ᠮᠠᠨᠵᠠ ᠮᠠᠨᠵᠠ ᠮᠠᠨᠵᠠ ᠮᠠᠨᠵᠠ ᠮᠠᠨᠵᠠ ᠮᠠᠨᠵᠠ ᠮᠠᠨᠵᠠ

金 的 太宗 天会 汗 被 擒拿 跪 叩头

满语修辞研究

ᡥᠠᡨᠠᠨ、 　ᡤᡠᠩ 　ᠪᡝ 　ᠪᠠᠨᠵᡳᠮᠪᡳ 　ᠪᡳ »　ᠪᡳ 　ᠰᡳᠮᠪᡝ 　ᠪᠠᠨᠵᡳᠮᠪᡳ 　ᠰᡝᠮᡝ

见面　公侯　做　生　啊　我　把你　生

ᠰᡝᡥᡝᠪᡳᡥᡝ、 　ᠰᡳ 　ᠠᡳᠨᡠ 　ᠨᡳᠶᠠᠨᠴᠠᠮᠠᡳ 　ᡥᠠᠮᠠᠨᠠᡵᠠᡴᡡ 　ᠰᡝᠮᡝ 　ᠰᡝᡥᡝ ……

提醒、开导　　你　为何　跪拜　不见　　说　之后

译文：四王怜之而不忍杀，乃援古说之曰："昔宋徽钦二帝为先金天会皇帝所擒，尚尔屈膝叩见，受封公侯，吾欲生汝，故以此言提醒尔，何执迷而不屈乎？"（《清太祖武皇帝实录》）

此段是《清太祖武皇帝实录》中努尔哈赤攻取辽阳，生擒御史张铨，劝降不成欲杀之时，四贝勒皇太极援引宋徽宗、钦宗二帝臣服于金，得高官厚禄而生之史实，想提醒张铨在面临相似的境地之时尽早抉择，臣服于满洲统治者保全性命。对此话的引用，一方面表明皇太极熟读历史，了解各个王朝的发展脉络，另一方面皇太极适时地引古述今，表示对汉族降将的拉拢，不同于努尔哈赤欲杀张铨的做法，皇太极希望用一种比较温和的方式处理擒将问题，侧面反映了其军事思想和用人思想。

三、类比

类比修辞借助一种熟知的事物去推断与其在性质上具有相似性的另一事物，这种由此及彼的推论基于二者性质上的相似和人们的联想心理。类比强调用已知推及未知，运用逻辑推理与读者产生互动共鸣，以浅显的事物加深对本体事物的理解，烘托气氛。

例1. ᠰᡠᠯᡝ 　ᠪᡝᡤᡳᠯᡝ 　ᡥᠠᠨ 　ᡥᡝᠨᡩᡠᠮᡝ、 ᠰᡠᠸᡝ 　ᠮᡠᡴᡝ 　ᡳ 　ᠪᠣᠴᠣᠨᡤᠣ

淑勒　恭敬　汗　说　你们　水　把　浮面

ᡠᠰᡝᠮᠪᡝ 　ᡤᡝᠰᡝ 　ᡠᠮᡝ 　ᡥᡝᠨᡩᡠᡵᡝ、 ᡩᠠ 　ᡳ 　ᠪᠠᠨᡳᡥᠠᠨ 　ᡥᡝᠨᡩᡠᡵᡝ、 ᠠᠮᠪᠠ 　ᠮᡠᠸᠠ 　ᠮᠣᠣ 　ᡳ

旨　像　勿　说　底　把　尽　说　大　粗　树　把

ᠰᠣᠨᡨᠣᠨᠰᠣ 　ᠪᡳᡨᠠᠯᠠᠮᡝ 　ᡤᠠᠵᠠᠮᡝ 　ᠴᡝᠨᡩᡝᠮᠪᡳᠣ、 ᠰᡠᡴᡝ 　ᡳ 　ᠰᠠᠴᡳᠮᡝ、 ᡥᡠᠸᠠᠯᡳᠶᠠᠰᠠ 　ᡥᡠᠸᠠᠯᡳᠶᠠᠮᡝ 　ᠪᡝᡳᡩᡝᡵᡝ 　ᡤᠠᠵᠠᠮᡝ

立刻　折　折　折断吗　斧子　用　砍　刀子　用　削　划破　折

ᠪᡝᡳᡩᡝᠰᡝᡤᡝ、 ᠠᠮᠪᠠᠯᡳᠨᠠ 　ᠠᠮᠪᠠ 　ᡤᡠᡵᡠᠨ 　ᡳ 　ᡝᠮᡠ 　ᠮᡠᡩᠠᠨ 　ᡩᡝ 　ᠰᠠᠪᠠᡨᠠᠯᠠᠮᡝ

折断　相当　大　国　把　一次　在　完成

ᠴᠣᠮᠪᠣ，ᠳᠤᠯᠢᠮᠪ ᠸᠠᠳᠠᠢ ᠪ ᠪᠠᠸᠠᠨ ᠸᠠᠰᠠᠮᠪᠢ ᠰᠠᠮᠪᠢᠷᠠᠨ，ᠮᠠᠨᠠᠨ ᠰᠠᠮᠰᠠᠨ ᠷ ᠴᠠᠮᠸᠠᠷᠠᠨ ᠸᠠᠷᠠᠨᠴᠠ，
完吗　外　国　把　全　裁剪　取　大　村　只　有

ᠮᠠᠨᠠ ᠮᠠᠵᠠᠢ，ᠰᠠᠵᠠᠨ ᠮᠠᠰᠠᠮᠢᠷ ᠴᠣᠮᠪᠣᠷᠠᠨ，ᠷᠠᠵᠢᠨᠢ ᠴᠠᠮᠸᠠᠷᠠᠨ，ᠸᠠᠰᠠᠷᠢ ᠮᠠᠰᠠᠮᠢᠷ
奴才　完　　主人　如何　　生　诸申　完　贝勒　如何

ᠪᠠᠵᠠᠷᠠᠨᠢ ᠮᠠᠰᠠᠷ ᠵᠠᠮᠢᠷᠠᠨ　ᠷᠠᠮᠢᠰᠢᠮᠪᠢ》
生　　说　　不可以

译文：淑勒昆都仑汗说，你们不要说如浮面取水相似，应取其根基。欲伐粗大的树木，岂能即刻折断？必须斧砍刀削，然后才可折断。相等的大国，欲一次攻灭，就可以灭亡吗？要把外国的城寨皆削平攻取，仅存有大城。奴隶皆没有了，主人何以生存。人民若没有了，贝勒何以生存？因此不允他们攻击的请求。（《清太祖朝老满文原档》）

句中以伐木之法类比治国之道，将道理由浅入深进行剖析，更能突出努尔哈赤训诫臣下用兵征战要做到釜底抽薪，善于逐步瓦解敌人的战略思想。他用浅显的例证阐明与其在性质上相似的道理，以逻辑推理的形式传递信息，加深臣下对其治国思想、战略思想的理解。

例2. ᠷᠠᠨ ᠵᠠᠮᠢᠷᠠᠨᠢ，ᠵᠠᠮᠢᠷᠢ ᠸᠠᠳᠤ ᠷᠠᠳᠠᠷᠤ ᠸᠠᠰᠠᠨ ᠵᠠᠷᠠᠳᠤᠮᠢᠷᠢ ᠵᠠᠷᠠᠨ ᠷᠠᠳᠤᠵᠣ ᠴᠤ，
　汗说　人　都　往往　好　德　人　多少　有

ᠸᠠᠳᠤ ᠵᠠᠷᠠᠮᠢᠷ ᠷᠠᠳᠤᠴᠠ ᠸᠠᠳᠤ ᠷᠠᠮᠢ ᠷᠢ ᠴᠠᠮᠸᠠᠷᠠᠴᠠ，ᠸᠠᠳᠤ ᠷᠠᠮᠢ ᠷᠢ ᠷᠠᠮᠢᠸᠠᠷᠠᠴᠠ，
一　人　自己　一物　把　知晓　一物　把　不知晓

ᠸᠠᠳᠤ ᠴᠠᠳᠢ ᠵᠠᠷᠠᠮᠢᠷ ᠴᠣᠮᠸᠠᠷᠠᠨ，ᠸᠠᠳᠤ ᠴᠠᠳᠢ ᠷᠢᠨ，ᠴᠠᠮᠢᠮ ᠷᠢ ᠷᠢᠴᠠᠮᠣ ᠵᠠᠷᠠᠮᠢᠷᠢ，ᠵᠠᠮᠢᠷᠢ
一　处　好　若　一　处　坏　战争　在　勇士　人　村

ᠷᠢ ᠷᠢᠸᠠᠷᠠᠢ ᠷᠢᠷᠠᠨ ᠴᠣᠮᠸᠠᠷᠠᠳᠤ ᠷᠠᠳᠤ，ᠵᠠᠮᠢᠷᠢ ᠴᠣᠮᠸᠠᠳᠤᠴᠠ ᠷᠢᠷᠠᠨ ᠵᠠᠷᠠᠷ ᠵᠠᠷᠠᠮᠢᠷ ᠴᠣᠮᠸᠠᠳᠤᠮᠣ
在　生　时　无用　笨拙　村　在　生　时　宴会　在　派遣

ᠴᠣᠮᠸᠠᠷᠠᠳᠤᠮ ᠵᠠᠷᠠᠮᠢᠷᠢ，ᠷᠢᠷᠠᠨ ᠷᠢ ᠴᠣᠮᠸᠠᠳᠤᠮᠣᠴᠠᠨ ᠷᠢᠨ ᠴᠠᠮᠢᠳ ᠷᠢᠮ，ᠵᠠᠷᠠᠮᠢᠷ ᠴᠠᠮᠢᠮᠣ ᠷᠢ
执事人　战争　在　无用　也　有　　人　颜色　把

ᠷᠠᠣᠴᠠᠨᠢ ᠷᠠᠮᠢᠸᠠᠷᠠᠨᠢ ᠴᠠᠮᠢᠷᠢ ᠷᠢ ᠵᠠᠳᠠᠮᠣᠨᠢ》
看　各自　工　在　使任职

译文：汗说："大国的人全能者有几个呢？一个人，若是能做这个事，必拙于另一个事呀！若是有一处善，而另一处不善。勇于战阵者，管理村中的事务必拙而无用呀！但是能够办理村中事务，便于筵飨时差使的人，又于战阵中无用了。所以要视各人的才干予以合适的事情任用之。"（《清太祖朝老满文原档》）

这是努尔哈赤在教诲臣下时说的话语，阐明国家的用人标准，即需要根据个人擅长的差异安排不同职务的道理。句子没有直接说明观点，而是以熟知事实引入，将"能办理村中事务，便于筵飨时差使的人"与"勇于战阵者"进行类比，目的是说明要知人善任的道理。

四、比喻

比喻是在人们联想心理的基础上，将两个在内涵上有关联的事物相比。这两个事物之间必定存在相似的地方，但同时也一定存在相异之处。相似之处越大，这个比喻受到人们接受的程度越高，而相异之处越大，这个比喻的表达效果则越好。无论是相似还是相异，比喻通常都会有一个本体和一个喻体，尽管有些时候它们未必同时在句中出现。比喻的方法要求抓住不同事物间的相似之处，用他者来描绘所要表现的事物。比喻使文章表现得形象生动，一般来讲，会有一些明显的标志性词语，如同汉语的"好像、仿佛"一样。满语中常用的标志明喻的词语有" ᠭᠡᠰᡝ……ᡝᠮᡠ "" ……ᡝ ᠠᡩᠠᠯᡳ "" ……ᡳ ᡤᡝ� "，也有一些隐喻是没有喻词的，但是否出现喻词并不是明喻和隐喻唯一的区别，明喻和隐喻的根本区别在于明喻依据属性上的相似性，隐喻依据结构上的相似性。明喻是两个现成事物之间属性相似性的比较，隐喻是借助已经形成的结构去表述未成的结构。

例 1. ᠮᡠᡴᡝ ᠪᡳ ᠸᡝᠩᡤᡳᠶᡝᡥᡝ ᠮᡠᡴᡝ ᠪᡳ ᠪᠠᠨᠵᡳᠷᠠᡴᡡ，
水 在 活水 在 不生

ᡝ�dᡠᠨ ᠪᡳ ᠰᡝᠮᡝᡥᡝ ᡝᡩᡠᠨ ᠪᡳ ᡳᠰᡳᠨᠠᡵᠠᡴᡡ，
风 在 刮风风 在 不及

ᡳ ᠠᠯ ᠠᡳᠰᠠᠮᠪᡳ ᠪᡳᠮᠠᠯ ᠪᡳᠮᠠᠨ，
地 在 行 地在 不粘

ᡷᡠᠮᠠᠨ ᠠᠯ ᠠᡳᡥᠠ ᡷᡠᠮᠠᠨ ᠪᡳ ᠠᡴᡡᠮᠠ》
球 对 像球 在 不到

自译：水中活却不在水中生，随风起却经不住风吹，地上走却不落在地上，像球样却还不是球。

谜底：水泡。（《满谜》）

例句以 ᠠᡳᡥᠠ 表示"像……一样"，构成明喻的修辞手法。谜语将水泡与球相比，本体为水泡，喻体为球，通过比喻词 ᠠᡳᡥᠠ（像）连接在一起，二者在形状上均为球体，存在相似之处，但在内涵上又不是同一类属。在这四句中，前三句是对现象的描述，最后一句才通过二者在形状上的相似性运用了比喻的修辞手法。

例2. ᠠᠪ ᠪᡝᡳᠯᡝ ᠰᡠᠨᠵᠠ ᡨᠠᠩᡤᡡ ᠴᠣᠣᡥᠠ ᠪᡝ ᠠᠯᡳᡥᠠ ᠠᠯᡳᠨ ᡳ
弟 贝勒 五 百 兵 把 领 山 的

ᡶᡝᡴᡳ ᡳᠯᡳᠪᡠᡥᠠ ᡨᡝᡵᡝᡳ，ᠵᡠᠸᡝ ᠠᠵᡳ ᠶᠠᠰᠠ ᠨᡝᡳᡥᠠᡴᡡ ᠨᡳᠶᠠᡥᠠᠨ ᠠᡩᠠᠯᡳ ᠵᡠᠸᡝ
根 立 留下 那样 眼 未开 小狗 一样 二

ᠪᡝᠶᡝ ᠵᡠᠰᡝ，ᠰᡠᠨᠵᠠ ᡨᠠᠩᡤᡡ ᠴᠣᠣᡥᠠ ᠪᡝ ᠠᠯᡳᡥᠠ，ᠠᠯᡳᠨ ᡳ ᠨᡳᠩᡤᡠᡳ
小 孩子 五 百 兵 把 领 山 的 上

ᠠᡶᠠᠮᡝ ᠠᠨᠠᡩᠠ……
攻打 去

译文：弟贝勒领兵五百，留于山下。其二子，幼似初生之犬崽，尚各领兵五百，攻上山顶。（《内阁藏本满文老档》）

此句本体是 ᠵᡠᠸᡝ ᠪᡝᠶᡝ ᠵᡠᠰᡝ（两幼子），喻体是 ᠶᠠᠰᠠ ᠨᡝᡳᡥᠠᡴᡡ ᠨᡳᠶᠠᡥᠠᠨ（未睁眼的小狗），比喻词 ᠠᡩᠠᠯᡳ，将孩子比喻成小狗，为了说明其子年纪尚小之义。

例3. ᡤᠠᡳᡨᠠᡳ ᡝᠮᡠ ᠰᡠᠪᡠᡵᡳ ᠨᡳᠶᠠᡥᠠᠨ ᡳᠮᡝᠨ ᠪᡝ ᡠᠴᠠᡵᠠᡥᠠ》
忽然 一 厌烦 烂 肉 把 遇见

译文：忽然遇见一块讨人嫌的烂肉。（《清文指要·款待客人》）

这是一个运用隐喻手法的句子。ᠨᡳᠶᠠᡥᠠᠨ ᡳᠮᡝᠨ 本义为"烂了的肉"，此处比喻"讨厌的人"。一方面在句子形式上并没有出现明显的比喻词，另一方面在句子深层内涵上，"讨厌的人"这层隐含意义并不是直接体现在句子之中，它借助句中已经明确出现的 ᠮᡳᠶᠠᠨ ᠶᠠᠯᡳ（烂肉）得以言说，二者在本质上具有相似的内涵，实现了由此及彼、由有形到无形的一种构建。

例4. ᠰᡳᠨᡳ ᡨᠠᠴᡳᠷᠠᠩᠨᡳ ᠯᠠᠪᠳᡠ ᠨᠣᠨᡤᡤᡳᠮᡝ，ᠮᡝᠶᡝᠨ ᠮᡝᠶᡝᠨ ᠠᠴᠠᠪᡠᠮᡝ，
　　　　你的　学的　　多　　增加　　话　　每　　顺

ᡥᡝᡵ� ᡥᡝᡵᡤᡝᠨ ᡤᡝᠨᡳᠨᡤᡤᡝ，ᠮᠠᠵᡳᠨ ᠮᠠᡠᠮᠠ ᠴᠣᠮᠪᠣᠨ ᠠᡴᡡ"
　字　　写　　清清楚楚　一点　疙瘩　　全然　无

译文：你学得大长了，句句顺当，字字清楚，没有一点乞星。（《清文指要·学翻译》）

此句仍然运用了隐喻的修辞手法，句中没有出现明显的比喻词，ᠮᠠᡠᠮᠠ 原义为"疙瘩、肉核、乞星"，可以引申为"（行文）不通顺，做事不干脆，疙疙瘩瘩"，这里在其引申义所指概念的基础上，隐喻为具有瑕疵，这是在隐性的条件下建立起两者之间的关系，用已经存在的现实得以显现尚未形成的事实。

例5. ᠠᠪᡴᠠ ᡶᡠᠯᡤᡳᠶᠠᠨ ᠨᡳᠣᠸᠠᠩᡤᡳᠶᠠᠨ ᡧᠠᠩᡤᡳᠶᠠᠨ ᡝᠯᡩᡝᠨ，ᠮᡝᠶᡝᠨ ᠵᡠᠸᡝ
　　　　天　　红　　　绿　　　　白　　　光线　　兵　　二

ᠴᠠᠰᡳᠯᠠᠮᡝ ᡝᠯᡩᡝᠨ ᡨᡠᠴᡳᠮᡝ，ᡤᡝᠯᡳ ᠨᡳᠩᡤᡠᠨ ᠮᡠᡥᡝᠯᡳᠶᡝᠨ ᡩᡠᡴᠠ ᠪᠠᠨᠵᡳᠮᡝ，
　旁边　　光线　　出　　又　　六　　　圆　　　门　　　成

ᠮᡝᠶᡝᠨ ᠠᠮᠠᠷᡤᡳ ᡝᠮᡠ，ᠮᡝᠶᡝᠨ ᠵᡠᠯᡝᡵᡤᡳ ᡝᠮᡠ ᠪᠠᠨᠵᡳᠮᡝ……
　兵　　后　　一　背　兵　　前　　一　　背　　成

译文：天上有红、绿、白光，垂于我军两侧，成圆门六座，一端在军前，一端在军后。（《内阁藏本满文老档》）

此句同样是一个运用了隐喻修辞手法的比喻句。不同于带有明显比喻标志"ᡤᡝ�、ᠮᡝᡨᡠ"等词的明喻句，在这一例句中没有出现比喻词，但是实义动词 ᠪᠠᠨᠵᡳᠮᡝ（成为）此时却充当了比喻词的作用。在此例句中，本体是 ᡶᡠᠯᡤᡳᠶᠠᠨ ᠨᡳᠣᠸᠠᠩᡤᡳᠶᠠᠨ ᡧᠠᠩᡤᡳᠶᠠᠨ ᡝᠯᡩᡝᠨ（红、绿、白光），喻体是 ᠨᡳᠩᡤᡠᠨ ᠮᡠᡥᡝᠯᡳᠶᡝᠨ ᡩᡠᡴᠠ（圆门六座），通过表示隐喻的动词 ᠪᠠᠨᠵᡳᠮᡝ 进行连接，将红、绿、白光形成轨迹

的形状比喻成六座圆门。在语言资料整理的过程中，隐喻不像明喻一样明显，对隐喻修辞格的判定，不能仅靠动词 ᠣᠮᠪᡳ 及其形态变化，而要将句子视为一个整体，找到这个句子中是否同时存在本体和喻体，进行综合分析。

五、拟人

拟人，顾名思义，是将事物人格化，将本来不具备人的动作或人的情感的事物赋予人的动作或情感。拟人的修辞手法因为能够使所描写的事物具有人格化的特征，所以能够达到逼真生动的效果，从而更好地烘托气氛，抒发语言使用者的感情。

例1. ᠠᠰ ᠺᠣᠪ ᠰᠧᠨ，ᠰᠣᠨᠣᠨ，ᠵᠣᠣᠨᠪ ᠺᠠᠶᠰᠨ ᠰ ᠰᠠᠰᠨᠣᠨᠪ

 你 不要 战 若战 兵 人 的 射

ᠰᠠᠨᠪ ᠺᠣᠨ ᠣᠮᠪᡳᠨ，ᠶᠠᠨ ᠪᠰᠣ ᠰᠠᠨᠪ ᠺᠰ ᠰᠣᠨᠣᠨ，

 箭 把你 认识吗 眼睛 没有 箭 被 中

ᠪᠰᠣᠨᠣᠨ ᠰᠠᠨ 》

 死 啊

译文：望尔勿战，战则我兵所发之矢岂能识尔，若为无目之矢所中，必亡也。（《内阁藏本满文老档》）

此句是《内阁藏本满文老档》中为数不多的运用拟人修辞手法的句子。动词 ᠣᠮᠪᡳ（认识）本指人对事物的认识，但此时 ᠣᠮᠪᡳ（认识）的主语却成了 ᠵᠣᠣᠨᠪ ᠺᠠᠶᠰᠨ ᠰ ᠰᠠᠰᠨᠣᠨᠪ ᠰᠠᠨᠪ（我兵所发之矢）。短语 ᠶᠠᠨ ᠪᠰᠣ ᠰᠠᠨᠪ 中，更是直接用了只有在活体上才有的 ᠶᠠᠨ（眼睛）一词，修饰 ᠰᠠᠨᠪ（箭），说明"两军交战，刀剑不长眼"的情况。这样将箭赋予人的特点，就使语言表达更加生动逼真。

《满文老档》作为一部官修、具有重要历史价值的史书，在其语言使用过程中，极少用到拟人修辞手法。按照史料体例的要求，历史语言的记录讲求严谨、朴素、准确的特点，普遍以消极修辞为主，但是在《满文老档》中出现了拟人的手法，将事物赋予人的特点。如果说类比、引用、对偶或

对比的修辞手法更有利于主要论点的阐述，那么拟人手法的运用就为历史的记载增添了文学色彩。同时也可以看到，《满文老档》形成于满族入关前期，此时的语言使用更偏向于具有口语特色，不同于满族入关后各朝实录语言质朴、严肃的特点。

例2. ᠰᠣᠩᡤᠣᠵᠣᠨ ᡝᠮᡠ ᡥᠣᠵᠣᠨ ᡶᠠᠰᠠ ᠮᠣᠷᡳᠨ ᠵᠠᡴᠤᠨ ᠪᠣᠴᠣ ᡤᡝᠨᡤᡳᠶᡝᠨ
　　　　挑选　得　结实　马匹　八　颜色　鲜亮　一样

ᠠᡴᡡ，　ᡝᡵᡩᡝᠮᡠ ᠪᠠᠨᡳ　ᠪᠠᠨᡳᠨ　ᠵᠠᠪᠠᠯᠠᠩᡤᡝ，　ᠨᡝᠴᡳᠨ ᠣᠴᠣᠩᡤᠣ
无　虽然　德行　性情　非常　牲畜驯服　虽然　灵活

ᠪᡳᡨᡠᠪᡠᠴᡠᠩᡤᡝ　ᠵᠣᠩᡴᡳᠶᠠᠷᠠᠩᡤᠠ　ᠪᠠᠨᡳ　ᠨᠠᠨᡳᠨ，　ᠰᡝᠮᠪᡳ　ᡶᠠᠨᡳᡥᡳ　ᡴᠠᠢ
神奇　出类拔萃　情形　虽然　尚且　骑马　时

ᠰᠣᠩᠵᠠᠨᠠ　　　　ᡶᠠᠨᡳᠩᡤᠠᠴᠠᠩᠠ　ᡥᡝᠨᡩᡠᠷᡝ　ᡨᠣᠪᡨᠣ »
牲口站立不稳　马失前蹄　失误　少

译文：选就善马八匹，毛色莫一，德行颇驯，虽非权奇偶傥之才，尚少泛驾失蹄之轶。（《光绪朝锡伦奏折》）

此句对马匹的描述用了多个形容词，例如 ᠵᠠᠪᠠᠯᠠᠩᡤᡝ（专指牲畜驯服）、ᠪᡳᡨᡠᠪᡠᠴᡠᠩᡤᡝ（专指马匹灵活）、ᠵᠣᠩᡴᡳᠶᠠᠷᠠᠩᡤᠠ（出类拔萃）；动词例如 ᠰᠣᠩᠵᠠᠨᠠ（形容牲口站立不稳当）、ᡶᠠᠨᡳᠩᡤᠠᠴᠠᠩᠠ（马失前蹄）；名词例如 ᠨᠠᠨᡳᠨ（德行）等。其中有些词语是专门修饰牲畜用语，有些词语则并非如此。如 ᠨᠠᠨᡳᠨ 在《御制清文鉴》中释义为："ᡤᡡᠨᡳᠨ ᠵᡳᠴᡝ ᠪᡝ ᠰᠠᠷᡴᡳᠶᠠᠨᡳ ᠶᠠᠪᠤᠨ ᠠᠴᠠᠨ ᠪᡝ ᡝᠷᡩᡝᠮᡠ ᠵᠠᠨᡳ ᠨᠠᠨᡳᠨ ᠰᡝᠮᠪᡳ"（思合理，行适道，谓之德）；ᠵᠣᠩᡴᡳᠶᠠᠷᠠᠩᡤᠠ 的释义为："ᠪᠠᠨᡳᠨ ᡶᡳ ᡥᠣᠵᠣᠨ ᡩᠣᠩᠵᡳᠨ ᠪᡝ ᠵᠣᠩᡴᡳᠶᠠᠷᠠᠩᡤᠠ ᠰᡝᠮᠪᡳ"（超出谓之卓越）；ᡥᡝᠨᡩᡠᠷᡝ 的释义为："ᠶᠠᠶᠠ ᡝᠨᡩᡝᠪᡠᠨ ᡶᠠᠨᡳᠩᡤᠠᠨᡳ ᠪᡝ ᡥᡝᠨᡩᡠᠷᡝ ᠰᡝᠮᠪᡳ"（任何过错皆称失误）。这几个通常都是用于形容人品格或性情的词语，在例句中用来形容马匹的脾气秉性，认为马具有人一样的性格，将其人格化，体现拟人的意味。这样的修辞手法增强了语言的生动性，使读者能够更深刻地理解作者意图，即对所需马匹的性格特征提出要求，突出说话人的态度，加强听话人的理解。

六、对比

对比是将具有明显差异或对立的二者放在一起进行比较的修辞手法，有时对比手法是将几组需要对比的事物并列在一起，用来说明同一个问题。对比的事物之间矛盾冲突要明显尖锐，比如好与坏、善与恶等，对比选择的参照物要典型，要能够充分揭示事物之间的矛盾本质。在词语选择上，对比手法更倾向于利用诸如反义词等语义相反或相对的词。反义词本身即表达矛盾对立的概念，这类词语意义鲜明，更易突出被描述事物的本质特征，使读者印象深刻。

例1.

    地 若上 下 有

    颜色 若 红 白 有

    样子 说   圆 长 有

    东西 说 硬   软   有

自译：地里分上下，颜色有红白。样子有圆有长，东西有硬有软。

谜底：地瓜。（《满谜》）

此则谜语用了四组语义相对的词，（上／下）、（红／白）、（圆／长）、（硬／软），看似对立不相容，但将这些矛盾双方安置在一定条件下就形成了相辅相成的呼应关系，突出了谜底地瓜的本质特征，增强了谜语的趣味性。

例2.

    淑勒 恭敬 汗 他的 孩子 把 教导 说

    好 正 人 把 不举荐   不升 好 正 人 如何

ᠰᡳᠴᡝᠨ᠂ ᡴᠩ ᡴᠴᡳᠩ ᠪᡳ ᡠᡥᠠᠶᠴᡝᠮᠪᡳ ᡠᡩᠠᡵᡝᡴᡝᡴᡝ᠂ ᡴᠩ ᡴᠴᡳᠩ ᡴᡝᠴᡝ ᡴᠴᡳᠴᡝᠨ᠂

兴盛　坏人把　不降　不杀　坏　人　如何　畏惧

ᡥᠢᠨᡝ ᠪᡳ ᡠᡨᡝ ᠴᡳᠶᡝᠴᡝ᠂ ᠴᠮᡝ ᠪᡳ ᠴᡝᠴᡝ᠂ ᡠᡨᡝ ᠪᡳ ᡠᡨᡝ ᠴᠶᡝᠴᡝ᠂

得到　把　勿　争夺　公正　把　争夺　财物　把　勿　想

ᡴᡝᠴᡝᠨ ᠪᡳ ᠴᡝᠴᡝ᠂ ᡴᡝᠴᡝ ᡩᠴᠴᠴᡝ ᡨᡝᠴᠴᡝ ᡝᡴᠴᡝ᠂ ᠴᡝᠴᡝ ᠴ ᠴᡝᠴᡝ ᡝᠨ᠂

德行把想　天　下　生　大　国　的　道时

ᠴᠮᡝ ᡴᠴ ᡴᡝᠴᠴᡝ ᡴᠴ ᡝᠴᡝ ᡝᠨ ᠪᡳ »

公正　比　德行　比　上　什么　有

译文：淑勒昆都仑汗训诫他的儿子们说："若是贤良正直的人而不举用，不择升，贤良正直的人由何而兴。恶人若不降黜、不诛杀，恶者何惧？勿争利而争正直，不思财而思德。天下大国生存之道，除正直德义为上外，他无所有了。"（《清太祖朝老满文原档》）

对比修辞手法是将具有明显区别的矛盾两者放在一起比较，令人直观区分善恶好坏。例句将贤良正直的人与恶人相比，淑勒昆都仑汗为了告诫臣下以正确的方式对待善恶，突出他对善的推崇和对恶的憎恶，以强烈的对比增强语言表达效果。

例 3. ᠴᠮᠴᡝ ᠪᡳ ᠴᡝᠴᠮᠴᠴᡝ ᠴ᠂ ᡴᠴᡝᠴᡝ ᡝᡝ ᠪᠴᠴᡝᠴᡝᠴᡝ ᡝᠴᡝ »

虎把　抓　易　人对　求　难

译文：擒虎易，告人难。（《清文指要·盘缠银子》）

例句以一对反义词 ᠴ（易）和 ᡝᠴᡝ（难）点明两种动作行为的对立之处；ᠴᠮᠴᡝ（虎）与 ᡴᠴᡝᠴᡝ（人）也是在意义上相对的双方，展示二者间的冲突和矛盾关系。选择对比鲜明的两类词能够突出反差大。此句除了运用对比的修辞手法，在结构上，前后两分句词性相同、格式一致，符合对偶修辞手法的特点，在语音上同时押头韵 /ɑ/、中韵 /ə/、尾韵 /ɑ/，在语音上和谐上口。对比、对偶以及音韵同时出现在一个句子中对语言进行调整或修饰，既突出了说理的主旨，又易于传播记忆，这是多种修辞手法共同作用于同一个句子带来的最佳表达效果。

七、析字

汉语析字格是根据汉字的形、音、义，进行化形、谐音、衍义等的修辞手法。满语析字格与汉语类似。例如《满谜》中出现了代换析字格，它强调对语义的调整。满语析字格是谜面对谜底表达语义的另一种同义表述形式，谜面往往解释细致而又稍显隐晦，谜底则简洁利落以扣谜面。

例1. ᡨᠣᡠᠨ ᡨᡝᡳ ᡝᠮᡠᠨ ᡳᠨᡝᠩᡤᡳ ᡠᠩ ᡶᡳᠨᡳᠨ 》

　　二十　一日　干旱　在　成

自译：旱了二十一天了。

谜底：旱三七。（药材名）（《满谜》）

此条谜语是以满语谜面打一汉语谜底。谜面语义为"已经旱了二十一天了"，"二十一"根据数字对应可以分解为"三七"，因此谜底为"旱三七"，这是对其中一个词组进行的同义转换。

例2. ᠨᡝᠨᡝ ᡳᠯᡥᠠ ᠨᡝᠨᡝ ᠠᠵᡳ 》

　　梅　花　早　啊

自译：梅花早啊。

谜底：占花魁。（《满谜》）

谜面描述梅花在众花之中开放时节最早，梅花素有"花魁"之称，取其百花之首、独占花魁之义。同时"占花魁"也是明末白话小说《醒世恒言》中的一个故事，将其作为谜底，再结合满族对占花魁的理解形成谜面，也带有双关意味。

析字格谜语的谜底通常是满族受汉族文化影响而采纳的专名，比如词牌名、中草药名、典故等，并非满语独有词语。将这些专名借用作为满语谜语谜底，运用析字手法进行满语翻译，翻译的方式或者按照专名字面意义，或者按照专名内涵概念重新整合，表述成具有满语特色的谜面形式，类似注释。析字手法创造的谜面只能很接近谜底，谜底的正确解读还有赖于猜谜者对汉族文化的接受程度，接受程度越高，猜到专名谜底的准确性越大。

八、反问

句子并非各个部分平分秋色，突出重点是语言美的一个表现方式，因此语言会讲究侧重。反问是以疑问的语气表示肯定意义的手法，目的就是进一步加强语气，它不要求回答，句子本身已经包含了肯定的含义。

例 1. ᠮᡝᠩᡤᡝ ᡳᠯᠠᠨ，ᠠᠪᠺᠠ ᠨᠠ ᠣᠨᠴᠣᠯᠠᠮᠪᡳᡴᠠᡴᡡ，ᡥᡠᡨᡠ ᠸᡝᠴᡝᠨ

　　　这样的　人　天地　　不容　　鬼　神

ᡝᠮᡠᠨ ᠺᠣᡵᠣᡵᠣ ᠪᡳ ᠣᠯᠠᠮᡝᡳ，ᠠᡳᠪᠠᠨ ᠪᠠᡥᠠ ᠰᠠᡳᠨ ᠸᠠᠵᡳᠮᠪᡳ》

共同　痛恨　　既然　　如何　得到　好　以　终

译文：这样的人，天地不容，鬼神共恨，焉得善终呢？（《清文指要·孝道》）

例 2. ᠰᠠᡳᠨ ᡝᡥᡝ ᠪᡝ ᡳᠯᡤᠠᠷᠠᡴᡡ，ᡤᡳᠶᠠᠨ ᡤᡳᠶᠠᠨ ᠪᡝ ᡩᡝᠨᡩᡝᡵᠠᡴᡡ

　　　好坏把　　不分　道道理把　　不分

ᠣᠴᡳ，ᡠᠯᡥᠠ ᡩᡝ ᠠᡳ ᠠᡩᠠᠯᡳ》

若　　牲畜 比　什么 不同

译文：为人要不辨好歹，不分道理，与畜类何异？（《清文指要·贱货》）

例 3. ᠠᠪᠺᠠ ᠶ ᡶᡝᠵᡝᡵᡤᡳ ᡩᡝ ᠠᡳ ᡥᠠᠴᡳᠨ ᠶ ᡤᡠᡵᡠᠨ ᠠᡴᡡ，ᠠᠮᠪᠠ

　　　天的　下　什么类的　国家　没有　大

ᡤᡠᡵᡠᠨ ᠶ ᡨᡝᡳᠯᡝ ᠪᠠᠨᠵᡳᠮᠪᡳᠣ，ᠠᠵᡳᡤᡝ ᡤᡠᡵᡠᠨ ᠪᡝ ᡤᡝᠮᡠ ᠠᡴᡡ ᠣᠪᡠᠮᠪᡳᠣ》

国　以 尽是　生存吗　　小　国把　都　没有 成吗

译文：普天之下，何国不有，岂大国独存之而小国尽之耶？（《内阁藏本满文老档》）

例 3 以两个动词的疑问形式 ᠪᠠᠨᠵᡳᠮᠪᡳᠣ（生存吗）、ᠣᠪᡠᠮᠪᡳᠣ（成吗）表达了反问的语气。虽然在满语语法中，此种形式普遍认为是需要回答的疑问语气，但在具体的语言环境中还需要具体分析。此例句中，表达的并不是需要听话人做出回答的疑问，而是以反问的语气表达了肯定的意义。此时它虽然在形式上仍然是动词疑问的形式，但是其语法意义已经扩大到整个语句的层面，从句子整体上表达反问的语气。例 1 和例 2 则没有运用动词的疑问形式，但依然能起到反问的表达效果。

通过以上例句可以总结出满语表达反问语气时的几个特点。第一，有些词语本身就含有反问语气，例如 ᠊᠊᠊᠊（何须）、᠊᠊᠊᠊（岂能、何妨）、᠊᠊᠊᠊（哉、吗、乎）、᠊᠊᠊᠊（怎么、岂能）、᠊᠊（岂）、᠊᠊᠊᠊（没有吗）；第二，有些固定词组可以表达反问语气，例如 ᠊᠊᠊᠊……᠊᠊᠊᠊（能有几个）、᠊᠊᠊᠊（何异）；第三，某些动词疑问形式在具体语境下可以表示反问语气。

以上通过对满语修辞现象的整理和归纳发现，满语存在比喻、排比、对比、对偶等其他语言中同样存在的修辞手法。除此之外，因满语自身特点，还有一些对语言调整和修饰的特殊方式，是专属满语的独特修辞。总体上满语修辞呈现出如下特点：

第一，能够同时押头韵、中韵和尾韵的满语音韵格。满语音韵可以分为头韵、中韵和尾韵，在与汉语的韵律对比时显得尤为突出。汉语中，当以词为单位时可以押头韵，例如琉璃、忐忑等；当以句子为单位时通常押尾韵，例如康熙年间《声律启蒙》按照尾韵分编，上卷第一篇"云对雨，雪对风，晚照对晴空。来鸿对去燕，宿鸟对鸣虫"即是押上平声尾韵，汉语唐诗、宋词经常对尾韵有要求。满语音韵不同于汉语，满语除了可以分别押头韵、中韵或者尾韵之外，最为特殊之处在于一个句子可以同时做到头韵、中韵和尾韵的和谐。例如 ᠊᠊᠊᠊ ᠊᠊᠊᠊ ᠊᠊᠊᠊ ᠊᠊᠊᠊，᠊᠊᠊᠊ ᠊᠊᠊᠊ ᠊᠊᠊᠊ ᠊᠊᠊᠊，᠊᠊᠊᠊ ᠊᠊᠊᠊ ᠊᠊᠊᠊ ᠊᠊᠊᠊，᠊᠊᠊᠊ ᠊᠊᠊᠊ ᠊᠊᠊᠊ ᠊᠊᠊᠊（你走我跟着，我走你跟着，我来你就去，你来我就行——谜底：淘井的），在这一条谜语中，头韵皆是元音 ᠊，中韵皆是音节 ᠊᠊，尾韵皆是音节 ᠊᠊，头韵、中韵、尾韵同时成立，在语音上更加和谐规整，反观汉语之中很少在音韵上做到这一点。满语的音韵情况与英语有相似之处，英语押韵遵循的原则是音节或某一元音、辅音相同，例如：hat（帽子）与 cat（猫）、passion（热情）与 fashion（流行）皆押尾韵；mouse（老鼠）与 mountain（山）、jacket（夹克）与 jet（喷气式飞机）皆押头韵；sister（姐妹）与 fiscal（财政上的）、house（房子）与 mouse（老鼠）皆押中韵；cat 与 coat（外套）、father（父亲）与 feather（羽毛）既押头韵又押尾韵。英语中也存在同时押头韵、中韵和尾韵的情况，因英语属于屈折语，与满语在类型上有相似的地方。

第二，满语独特的拆合格。研究满语修辞的过程中借鉴了汉语的修辞成果，尤其在研究满语拆合格之时。通过对比发现，汉语修辞研究只有拆用手法，拆词包含于拆用这一大类中，汉语拆用具体可以分为拆词、拆字、成语拆用、惯用语或句子拆用，其中拆词是汉语中最常见的形式。满语属于黏着性语言，它区别于汉语的语言特点，通常也不涉及成语、句子等的拆用，而满语由于具有音节上的特点，对满语单词的拆合形成了满语拆合格研究的重要方面。拆词与合词可看成是互逆的过程。在实际研究中极少出现拆合格，这种音节上进行的拆开或者合并只能出现在单词的范畴，不适用于词组或者句子，也不适合在史书等类型的文献中出现，而只能在类似谜语等特殊的文字游戏中运用。目前仅在《满谜》中找到了仅存的几个例子，同时有拆词形式和合词形式，展示了拆合格的使用特点。其中无论对音节拆分还是合并，都是为了满足语言形式的要求，既要具有谜语的体裁特点，体现趣味性、生动性，达到给人新鲜感的语言效果，又要能够符合满语自身的语言特点，因此非常难得。拆合的手法数量较少，但确实是满语修辞手法的新发现。目前的分析和研究只是基于《满谜》中现有的几个例子，随着搜集资料的全面深入，类似的满语修辞现象一定会得到更多发现，有助于更加全面地分析拆合格的特点和功能。

第三，满语特殊的音节倒置格。它是满语独有的修辞手法，在汉语中没有，这是由于两种语言分属不同的语言类型。满语为黏着语类型，汉语属于孤立型语言，汉语字序颠倒是在两个及以上字组成的词语范畴内进行的，虽然汉语修辞成果丰富且存在类似语言示例，但是缺少对此类现象概括的专业术语。音节倒置格是在满语单词音节范畴内产生的语言现象，目前也仅在《满谜》一书中发现唯一一例音节倒置格——哈吉（ᠬᠠᡤᡳ）。根据满语表现形式和其具有的功能，可以将其命名为"音节倒置格"。满语根据自身文字特点，将构成一个单词的音节前后颠倒，并且就目前仅存的一例来看，需要满足具有两个不同音节的条件，单个音节不涉及前后颠倒的问题，两个或两个以上不同音节是否依然能构成倒置格需要从具体的例子中进一步分析。

　　满语独特的修辞格是区别于他种语言使用手法上的特殊之处，这完全是顺应满语内部语言系统规律产生的结果。满语修辞运用方面还有一个突出的特点，即满语修辞可以两种甚至三种以上同时作用于一个句子。例如：单句对偶或排比手法常常伴随着音韵修辞，音韵大部分出现在中韵或尾韵；多句对偶既能与音韵修辞联系起来，又在形式上与排比产生关联；比喻修辞可以与夸张手法同时出现；等等。这是修辞运用时最常出现的几种修辞手法的组合形式。

　　多种修辞叠加使用往往更能加强语言的表达效果。音韵修辞嵌入对偶或排比手法，在确保语言形式工整对称的同时保证了语音上的和谐统一，对偶或排比使用范畴以俗语、成语等教化性语言居多，三者的共同作用大大提升了读者的接受程度，表现为阅读时朗朗上口，具有抑扬顿挫的韵律。人们乐于接受好读好念的句子，有助于句子的流传和民众接受，从而起到教化大众的目的。又如比喻与夸张的结合使用，比喻本身即产生自人们对两件事物在外观或内涵上具有相似性的联想心理。当对联想心理适当地夸大或缩小时，便会产生大于单纯联想制造的效果，这种夸张可以暂时让人们脱离现实，超越实际而又不显荒诞无理。所有的修辞，不论是单独使用还是几种结合使用，都能起到提升语言效果的作用，使读者产生良好的阅读体验，这是语言使用者与语言接收者间进行联系的载体。人们总能够以修辞的方式理解语言，在精神上产生共鸣。

　　综上而言，本章归纳、总结了满语常用修辞格及其使用特点。满语修辞根据语言自身特性，可以从语言的声音、词汇、结构、语义等层面进行调整或者修饰。修辞手法种类丰富、修辞角度多样，都是因为满语具有独特的语言系统，由其自身内部规律决定。虽然满语修辞格中的大部分在其他语言中也存在，是语言的共性特征决定了语言运用的相似性，但是仍然有几种修辞手法只存在于满语系统中，这是满语区别于其他语言的特殊之处，体现满语修辞具有的价值，反映满语语言特色（见表1）。

表 1 满语修辞格汇总表

类别	序号	辞格	定义	例句	译文	说明
语音修辞	1	音韵格	有规则地利用相同或者相近语音形式的手法。	*（满文例句）*	学唱的立门儧，学儒的坐对膝。（《清文指要·弹琵琶》）	满语音韵可以是元音间的，也可以是辅音间的，位置上可以是头韵、中韵或尾韵，有些情况下能够同时满足头韵、中韵和尾韵的和谐。
	2	摹声格	根据满语的语音系统对客观世界的声音进行模仿、改造的手法。	*（满文例句）*	怎长怎短的，容易不得完。（《清文指要·款待客人》）	
词汇修辞	1	同义连用格	指两个词在词性相同、语义相近的情况下连续出现。	*（满文例句）*	好学问，马步箭，大凡汉子的本事，他那博学的身分，不对他的年纪。（《清文指要·成才的孩子》）	满语独有修辞格。同义连用的两个词可以是形容词、动词、名词、副词、数词等。
	2	同义替换格	两个具有相似关联的词，在句中相互替换之后语义基本不受影响的修辞方式。	*（满文例句）*	第二天，汗发现那块如同自己的心一样的钦达瞒尼宝贝——也就是自己的灵魂，被女儿弄丢了。（《尸语故事》）*（满文）* 可以与 *（满文）* 同义替换。	词汇意义、语法意义范畴内均可。
	3	双关格	有意识地使用同一个词，在同一个上下文中可以兼有两层意思的修辞手法。	*（满文例句）*	吃完了的时候，仍就是光光的罢咧！（《清文指要·买衣》）*（满文）*"光光"之义，既可以是身子裸露，也可是身无一文。	必须从满语角度理解，不可单纯从汉译分析。满语双关格在词汇层面或句子层面均可运用。

续表

类别	序号	辞格	定义	例句	译文	说明
词汇修辞	4	拆合格	拆合，是拆词与合词的统称。满语拆词指的是将一个词拆分为几个词，合词指的是在音节能够合并的情况下，将几个音节合成一个新词。	（1）拆词： （2）合词：	（1）破瓢。谜底： （《满谜》） （2）谜底： （《满谜》）	满语独有的修辞格。在特定语境、特定体裁中产生。
	5	音节倒置格	前后两个音节互相颠倒构成新词的手法。	与	亲近与金钱（《满谜》）	满语独有修辞格。满足具有两个不同音节的条件。
	6	反复格	将同一个词连续使用或者某一短语、分句反复出现的手法。		人生在世，头等头，是为学要紧。（《清文指要·为学要紧》）	
结构修辞	1	对偶格	把两个字数相等、结构相同的语句并列在一起，以表现相关的语义。		剪草变马，洒豆变人。（《清文指要·看小说》）	
	2	排比格	排比是用两个或两个以上在语义上有联系、在结构上相同或相似的词组或句子构成的修辞手法。		有的抓着马的鼻子耳朵，有的揪着马的腿，有的拽着马的尾巴和鬃毛。（《尸语故事》）	
	3	回文格	将一个句子中的每一个词，从后往前颠倒过来仍然成为一个语义通顺、完整的句子的手法。	正读： 反读：	正读译文：若说暗却出光，若说少却落得多；反读译文：若说出了光，却暗；若说掉得多，却少。（《满谜》）	

续表

类别	序号	辞格	定义	例句	译文	说明
结构修辞	4	顶真格	邻近的句子首尾蝉联，上递下接，用前一句的结尾做下一句的开头。	（满文例句）	人腿高，高腿人。（《满谜》）	
	5	回环格	重复前一句的结尾部分，作为后一句的开头部分，又回过头来用前一句的开头部分作为后一句的结尾部分。	（满文例句）	打扮着玩，玩着打扮。（《满谜》）	
语义修辞	1	夸张格	是一种有意超出事物真实性质的修辞方式。	（满文例句）	汗的威望如天高，法令法律已经振兴。您怎么可以去呢？（《尸语故事》）	可与比喻格同时运用。
	2	引用格	在话语中插入典籍、故事、成语或者俗语的手法。	（满文例句）	要是尸位素餐，整年家不行走，还是当退的罢了。（《清文指要·当差行走》）	
	3	类比格	借助一种熟知的事物去推断与其在性质上具有相似性的另一事物的手法。	（满文例句）	你们不要说如浮面取水相似，应取其根基。欲伐粗大的树木，岂能即刻折断？必须斧砍刀削，然后才可折断。相等的大国，欲一次攻灭，就可以灭亡吗？要把外国的城寨皆削平攻取，仅存有大城。（《清太祖朝老满文原档》）	

续表

类别	序号	辞格	定义	例句	译文	说明
语义修辞	4	比喻格	在人们联想心理的基础上，将两个在内涵上有关联的事物相比的手法。	(满文)	阿哥提拔的，金玉一样的话呀。（《清文指要·盘缠银子》）	常用比喻词 (满文)
	5	拟人格	将事物人格化，将本来不具备人的动作或情感的事物赋予人的动作或情感。	(满文)	望尔勿战，战则我兵所发之矢岂能识尔，若为无目之矢所中，必亡也。（《内阁藏本满文老档》）	
	6	对比格	将具有明显差异或对立的二者放在一起进行比较的修辞手法。	(满文)	半信半疑。（《清文指要·成材的孩子》）	多以语义相反或相对的词出现。可与音韵格联合使用。
	7	析字格	根据字的形、音、义，进行化形、谐音、衍义等的修辞手法。	(满文)	旱了二十一天了。谜底：旱三七（《满谜》）	
	8	反问格	以疑问的语气表示肯定意义的手法。	(满文)	能有什么好东西？（《清文指要·款待客人》）	有些满语词本身即可表达反问语气。

第三章

满语修辞的历时发展

"文理自然而又姿态横生，这个境界不是随随便便就能达到的，是要经过长时间的锻炼才能接近的。"

——吕叔湘

修辞作为各种语言中普遍存在的语言使用现象是以人们共同的联想心理和逻辑思维心理作为基础的，这也是人类对客观事物普遍的认识规律。我国自古以来，即以思维的形式、规律和名实关系作为研究对象，发展成为中国古典哲学的一个流派。修辞正是在充分认识名与实之间的关系后，以恰当的表达方式对客观世界做出的进一步描述。这种描述已然超越了认识层面而向审美、价值判断等方向过渡。在满语修辞漫长的发展过程中，除了遵循自身内部语言的发展规律外，其他民族文化的冲击也在影响满族语言系统内的修辞观念及修辞手法。

第一节　修辞格的存在基础

修辞是语言应用的组成部分，是众多语言中普遍存在的语言使用现象，必定存在某些共同的客观基础确保了修辞的发生和发展。从客观角度而言，人们普遍拥有相似的心理基础和相近的逻辑思维基础。

一、修辞格的心理基础

心理是人们对客观世界的主观反映。人们的各种心理映像都需要通过社会活动、语言活动得以表现。修辞格的运用更是对人们不同心理的突出展现，心理基础成为修辞产生的基础条件。修辞心理可以分为个体心理和社会心理。个体心理是个人在认知过程中对客观世界的认识反映，它随着个体社会经验、个人思想性格的不同而产生差异，具有特殊性。诸如李白与杜甫虽处同一历史时期，但由于个人生活环境不同而在诗风创作、语言修饰上产生截然不同的风格。而修辞的社会心理，是不同社会阶层、不同民族、不同国家等社会团体中的人们在语言使用方面带有的某些共同、普遍的心理特征，它能从宏观上反映出某一群体在其历史文化传统影响下共有的修辞心理特征。社会心理直接影响个体心理的形成与发展，对二者研究仍然有不同的侧重点。人们更倾向于从普遍角度、满语修辞的社会心理角度去探究满族对世界的理解和认识，探究作为一个整体的满族的文化内涵。通过对修辞格的分析能够看到修辞手法来源不同，亦是在满族民族思维指导下的结果。

1. 基于联想和想象的心理基础

曾有学者表明，联想是记忆的基础。生理学上的观点认为："联想是暂时神经联系……暂时神经联系是动物界以及人类自己的最普遍的生理现象，同时也是心理现象，就是心理学家称为联想的东西，这种联想把各种各样的活动、印象或字母、词和观念联系了起来。"[1] 联想是一个过程，按照联想反映的事物间的关系可以分为相似联想和对比联想。

相似联想是由于记忆的存在和作用，人们会将两个具有相似性的事物或相似的感知经验放在一起进行比较，通过对某一事物或感觉的熟知去加深对与其有共同特征的另一事物或经验的认识。通过联想的心理基础，人们可以做到由此及彼地认知。这种认知不仅是对客观事物的认知，也可以是心理上、经验上的深度认知。比喻修辞手法产生的基础即源于人们的联想心理，尤其是带有 ᠣᠮᡳ 或 ᠮᡝᡳᠨ 等明显比喻词的时候，这两个词有时用在名词后，有时用在动词的形态变化后，正说明联想的对象或是具体事物或是某种动作经验。联想可以有科学不曾达到的高度，可以存在想象的成分，但必须要求内在具有相似性的特点。除了比喻修辞手法，类比修辞也属于相似联想的范畴。

对比联想是指对事物在性质、形态、经验等方面具有的相异特征所产生的联想。既可以是矛盾对立的反向联想，也可以是共性与差异性共同存在的正向联想。例如对偶或者对比修辞产生的基础就是对比联想心理，而且大多数情况都是矛盾对立的反向联想。满语修辞中常常以一些反义词作为对比的对象，"好"与"坏"、"多"与"少"、"软"与"硬"、"贫穷"与"富裕"等等，这些常常用于俗语等阐述道理的语言偏向于运用矛盾对立面的直接对比来突出所要表达的主题，而且这样对比产生的语言效果往往很好。在语言形式上整齐的同时，在内容上同样对比强烈。

正向联想常常是由一个事物联想到这一事物继续发展后会产生的某种情景，例如想到"好"继而联想到"更好"，想到"坏"继而联想到"更坏"。满语中常常用词的形态变化来表示这种程度上的加深，词语能够通过形态上的变化表示语法意义，其前提就是首先承认有这样一个原始的状态。从这样的角度来看，涉及满语形容词比较级的内容都属于正向对比联想的范畴。

---

[1]　转引自吴礼权. 修辞心理学 [M]. 广州：暨南大学出版社，2013：33.

与联想相近的想象也是能够产生修辞的心理基础。如果说联想心理是从语言发出者的角度对语言进行修饰和润色，积极增添语言表现力的话，那么想象心理则是让语言接收者在听到或看到语言发出者的语言表述后，能够还原并理解语言发出者所要表达的所有意义，是确保修辞成功的重要基础。联想心理和想象心理是此类修辞的两个必备条件，仅仅完成积极或消极修辞是不够的，语言接收者要根据他人的语言或文字描述，经过自己加工、再创造，再现出相应事物或场景。将语言信息转化为形象信息，主要根据他人刻画，调试为符合自身的理解。想象心理主要在于再现功能，它并非重新创造某种形象，而是需要在想象过程中融入自身经验、认识、情感，对他人的描述做出适当的加工调整，具有一定程度的自主性和创新性。例如清代档案类史料多以消极修辞描述战争场景，读者无法亲历现场目睹当时的战况，但是读者可以通过作者客观、清晰的描写，结合自身对战争的认识，在脑海中浮现出紧张、惨烈、惊心动魄的战争场面，这种转化的过程，即是读者对史料文字内容理解、感知等想象的心理活动。

由联想和想象心理构建出的满语修辞方式显示出满族拥有超常的心理活动特征。联想与想象从另一方面而言是对现实的一种超常发挥，不受局限的思维与大胆的创新和想象，才可以造就出巧妙的比喻修辞，以及与比喻手法常常同时出现的夸张手法。满族既有整齐有序、相对平稳的思维方式，同时又具备了这种充满创造性和活力的思维特征。

2. 基于强化和突出的心理基础

强化是心理学上的概念，是关于理解和修正人行为的一种学说。强化可以通过反复刺激达到预期目标，修辞者往往需要通过强化来引起语言接收者注意，最终目的是要提高修辞文本的表达效果，唤醒读者的好奇心，突出、强调作者的主要观点。特别是夸张、反复等满语修辞都属于典型的基于强化心理而构建起来的修辞模式。

夸张是从语义角度做出的修辞。陈望道先生曾在其著作《修辞学发凡》中指出："说话上张皇夸大过于客观的事实处，名叫夸张辞。说话上所以有这种夸张辞，大抵由于说者当时，重在主观情意的畅发，不重在客观事实的记录。我们主观的情意，每当感动深切时，往往以一当十，不能适合客观的事实。所以见一美人，可以有'增之一分则太长，减之一分则太短。著粉则太白，施朱则太赤'……之感；说一武士也可以有'力拔山兮气盖世'……的话。所谓夸张，便是由于这等深切的感动而生。"[1] 从这段话中可知，修辞的发生一定是由于在情感上处于一种"感动深切"的状态，从生理学和心理学角度而言，人在处于此种情感的强势状态时，认识活动、理智分析、思维状态等方面往往受到抑制或影响作用，为了满足自身对情感的抒发需求，语言表达者需要用到一种违背客观事理或逻辑的表达方式。语言接收者在面对不合正常逻辑、违背客观情况的表述时必然产生困惑，唤起好奇心，产生想要深入了解的心理，通过对语言内容上夸大或缩小的注意转向为对夸张修辞投入更多的关注。当表达强烈情感、深切感动之时，夸张手法往往为修辞者所运用。比如在形容"高"的时候可以扩大夸张为"像山一样高"，说"大"则会夸张为"像天一样大"，说"小"会缩小夸张为"像指甲一样那么小"。这些都是超出事实的说辞，明显违背逻辑和事理，但作为一种修辞方式其无疑是成功的，它强烈地突出了事物的程度属性。语言接收者自然也会意识到此种"言过其实"的表述，从主观意愿上乐于去寻找夸张表述的原因，分析后才能真切体会语言发出者要表达的感情，才能真正理解修辞要反映的情感，从而与作者产生共鸣。

反复同夸张一样，也是基于强化心理产生的修辞方式。不同于夸张所蕴含的强烈感情基础，反复则是在形式上通过将相同的字或词接二连三地重复用在一起，力图通过增加刺激物次数来强化修辞在读者心里的深刻印象，使双方能够达到情感或思想上的共鸣。反复可以分为单字反复和短句反复。单字反复指对一个单字反复运用，满语中这样的例子有很多，比如 ᠵᠠᠴᠢᠨ ᠵᠠᠴᠢᠨ ᠢ（各种各样的）、ᠡᠮᡠᠨ ᡝᠮᡠᠨ（一个一个地、逐一）、ᠮᠠᠷᡳᠨ ᠮᠠᠷᡳᠨ ᡳ（再三再四地、反反复复地）、ᡝᠯᡥᡝ ᡝᠯᡥᡝ ᡳ（逐渐地、渐渐地）等，这些叠字虽然在文本中只运用一次也能表达语义，但叠字反复出现不仅从语音上

① 陈望道.修辞学发凡 [M].上海：上海教育出版社，1997：128.

增加了音韵美，而且蕴含着作者对事物的强调之情，同时对于读者而言也形成了强烈的信息刺激，加深印象。短句反复以《尼山萨满》中的唱词为例，尼山萨满在营救塞尔古岱·费扬古的途中，有多处对话都用到了萨满唱词。例如1992年由俄国学者K. C.雅洪托夫在《〈尼山萨满〉研究》一书中公布的最新手抄本（新本）中出现了两首"空齐曲"。"'空齐曲'是一种地道的满族传统民歌形式。一般都在喜庆日子演唱，并有一人演唱，众人以'空齐'二字相和的特点。"① 《尼山萨满》中的"空齐曲"在塞尔古岱·费扬古娶媳妇的婚礼上演唱，表达尼山萨满对塞尔古岱·费扬古的美好祝愿。反复出现的 （空齐、空齐）已经不仅是毫无意义的歌曲衬词了，它已经被赋予了意义，代表着满族社会传统的民俗习惯，是在婚礼、寿宴等大型宴会等喜庆场合上助兴的表演形式。（空齐）二字反复出现也强调了语言接收者的参与程度，将语言使用者和接收者联结为一个整体，达到情感上的相互连接。空齐曲尽管在每次唱词的内容与格式上都不相同，但一次唱词内的格式和内容是相同的，也就是说尼山萨满在每一阶段因需要表达的情感不同会运用不同的唱词，唱词或是间隔反复，或是连续反复，都具有很强的语言表现力和感染力。

3. 基于平衡和审美的心理基础

朱光潜先生曾经指出："美的形体无论如何复杂，大概都含有一个基本原则，就是平衡（balance）或匀称（symmetry），这在自然中已可见出。比如说人体，手足耳目都是左右相对称的，鼻和口都只有一个，所以居中不偏。原始时代所用的器皿和布帛的图案往往把人物的本来面目勉强改变过，使它们合于平衡原则。……如希腊瓶以及中国彝鼎都是最能表现平衡原则的。在雕刻、图画、建筑和装饰的艺术中，平衡原则都非常重要。"② 均衡思想一直在中国传统哲学中存在，"不患寡而患不均"即是对均衡的

---

① 《尼山萨满》全译 [M]. 赵志忠，译注. 北京：民族出版社，2014：13.

② 朱光潜. 近代实验美学 [M]// 朱光潜. 朱光潜美学文集：第一卷. 上海：上海文艺出版社，1982：301–302.

要求，传统阴阳二元思维也会在社会生活中得以体现。相应地，人们会去寻求平衡原则以保持均衡状态。满族作为中华民族多元一体中的一员，其对语言的运用方式能够体现满族平衡心理。平衡既可以说是一种心理，也可以说是一种表象，深层次又与审美紧密相关。

平衡心理能够阐释语言活动中的修辞心理。涉及的主要修辞手法有对偶、排比、回环、回文等，重视从语言形式方面做到平衡。这些修辞手法的运用，都能够达到一种均衡和谐的效果，提高文本审美价值。对偶或排比在结构上有规律，当读者接触到其中一部分就会自然地去预期另一部分，其预期结果与实际恰好一致的时候，语言接收者不需要格外投入更多注意力便可以体会到语言的美感，语音上齐整、平衡，很自然地产生情感上的轻松感，从而实现美的享受。由于世界上各个民族在心理发展上的共同性，都会从自然客观的启示中发展出对自然理解的定式，因此几乎在各种语言中都会有对偶、排比等修辞手法，尤其在诗歌、散文、谚语、俗语之中，通过形式上的规整平衡吸引阅读者的关注。

回环或回文在满语修辞中出现频率并不十分高，其作用也并不完全在于对事理的阐释，更多的是一种语言使用上的情趣，巧妙的文字游戏能够增强语言表现力。回文的正读或反读在视觉效果和听觉效果上都有一种相对平衡和谐的美感。回环或回文的产生也包含了满族对四时运转、兴衰盛亡等自然、社会周而复始、循环往复的深刻理解。

以审美为心理基础的修辞更为明显地体现为语音修辞形式。声音是语言的物质外壳，大部分语言交流使用都以语音作为媒介。除了陈述、描写语言等消极修辞的使用方式之外，其余大部分语音上的积极修辞都会考虑到语音和谐与规整。从中国古代第一部诗歌总集《诗经》到唐宋时期处于鼎盛阶段的唐诗、宋词，均有严格的语音韵律要求。此外流传范围广泛、对大众影响深远的俗语等语言形式，即便对平仄要求不十分严密，也常以朗朗上口、便于传颂的方式进行创造。满语语音修辞中的音韵格与汉语相似，乐于以相同音节作为句子的韵脚，从而令满语语音悦耳动听，达到美的追求和享受。这是大众普遍存在的一种审美观，人们更趋向于吸收乐音，因此又反作用于音韵创造，在循环往复地吸收—创作中形成发展链条，逐渐构建起满语语音修辞特点。

结构修辞重视语言在结构形式上的变化，可以是匀称的，可以是有规律的。在一些情况下，语音修辞与结构修辞往往同时产生作用，这种重叠的修辞手法增强了语言表现力。比如中国传统的《三字经》《声律启蒙》《弟子规》等即符合这样多种修辞手法叠用的特点，加之其作为幼儿国学启蒙读物具有的社会属性，一直以来都产生着深远的影响。无论是语音修辞或是结构修辞，人们都在追求一种更加便捷的语言流传方式，将一种均衡、和谐的审美注入语言修辞使用之中。

基于平衡和审美心理基础构建出的满语修辞方式彰显了满族整齐有序的心理特征，表现在修辞上正好反映为语言整齐划一、排列有序，满语也比较偏重于运用对偶、排比修辞，讲究篇章布局上的前后照应、句式匀称，语音上也比较注意行文韵脚等音韵修辞。

二、修辞格的逻辑基础

通常而言，修辞以逻辑为基础。正确的逻辑是人们进行语言表达和修辞的前提条件，修辞是对语言的艺术加工，虽然未必完全反映逻辑规律，但是可以在逻辑基础上附加情感、想象等因素。

1. 以概念为基础的修辞格

人们对客观事物的认知通常以概念形式存在，不管概念的形成是以何种方式，作为结果，概念都是人们认识事物的主要途径，并且是人们普遍认同、没有歧义的一种约定。一个概念有意义，并不在于它能够提供一个规范的定义，而在于它能够被人理解、使用。修辞首先是对某一概念的认同、理解，然后是对这一概念的运用。满语修辞格有些即是以概念为逻辑基础，其中比较突出的为双关修辞格。尽管满语应用中很少出现这一修辞手法，其运用并不普遍，但它是典型的以概念为基础的修辞格，体现修辞产生的不同来源。

双关的本质内涵即是利用语音或者语义关顾双方彼此，从而形成一句话语含有表里两层语义的语言表现手法。通常利用词语与逻辑概念产生联系，表现为一个词语同时与两个概念发生关联。当词语指向一个概念的同时，在同一情况下它又指向了另一个概念，这个词语已经不是固定在一个概念之上，而是又转向了另一个概念，双关修辞手法恰好利用这一特点，以逻辑概念为基础。由此也可以推论，如果一个实词能够反映多个相似概念，那么就可以从概念的逻辑分析上尝试创造双关修辞格。满语中有许多同音词可以作为双关修辞的选用词汇，但要求同音词在词性上一致、皆能反映概念。而类似作为人称代词的"我（ᠪᡳ）"与表示实义动词的"有、存在（ᠪᡳ）"虽然同样为同音词，但是二者词性不同、内涵不同，是不能用于双关修辞手法的。满语中还有一词多义现象。在具体的语言环境中，一个词可以从语言参与者双方的不同层面上暂时拥有两个意义，针对不同语言使用者代表不同意义或内涵，而在对方理解的概念中又成为这个词语代表的另外一个意义。这就是由同一个词语所蕴含概念的不同而产生对语言理解的不同，这种修辞方式的实现完全是以概念为基础，它为语言运用增添了更多趣味，可以称得上是一种精妙的语言运用手法。

除了双关的修辞手法，比喻修辞格中隐喻的形成也与概念具有关联。隐喻是一种基本的概念构成方式。[①] 按有些学者的理解，大多数概念都包含隐喻概念，整个概念体系本身在很大程度上就是隐喻式的。这种观点夸大了隐喻与概念之间的关系，毕竟有一些隐喻如果用概念去解释稍显牵强，但从中不能否认概念与隐喻的确具有重要关系。不同于明喻明确依据事物属性上的相似性，隐喻手法更侧重对结构相似性的突出。在隐喻关系中，涉及的事物两项是前后、彰隐的联系，它不是两个现成事物现成属性之间的相似，而是未成形的结构借助已成形的结构而成形，对需要明确的概念加以确定，概念是认识结构的基础。从这一层面而言，隐喻修辞手法要在概念的基础上进行。借助概念，使得隐喻利用在语言层面上形成的经验，去形成尚未成形的经验并将其表述出来。采用哪种隐喻方式因文化而不同，

---

① 陈嘉映. 简明语言哲学 [M]. 北京：中国人民大学出版社，2013：230.

这不仅关乎语言层次上的不同，更关乎思考方式、行为方式的不同。

2. 以判断为基础的修辞格

有些修辞格的逻辑基础体现在对事物的判断上，这是从另一个角度对修辞得以实现的探讨。这里以比喻修辞格中明喻手法为例。比喻是在逻辑上判断出不同类别却具有相似性的基础上进行的，相似性为比喻的构成提供了逻辑依据，尤其以比喻中明喻为代表。这种修辞格是各个民族共同使用、共同认同的语言表达方式，不仅具有逻辑上而且具有心理上的存在基础，逻辑与心理基础间存在相互关联的作用。只有正确的联想心理才能保证逻辑思维的无误，确保逻辑基础准确，完成语言参与双方对客观事物的深刻理解。比喻修辞手法在满语各种修辞方式中是唯一一种能够转化成固定语言结构的修辞手法，其他修辞手法例如排比或对偶均是在具体的例句中归纳出适用于彼时那一句的修辞结构。比喻中的明喻修辞格能够利用"本体＋喻体＋( ) ᠠᡩᠠᠯᡳ / ᡤᡝᠰᡝ "的通用固定形式，普遍适用于两个具有相似本质属性的事物间的相互比较，明喻修辞手法具有"什么是什么""什么像什么"的意义，构成逻辑上的判断，确定两者在属性上的相似性，是两个现成事物现成属性之间的相似。当然，比喻内容也未必完全合乎科学事实，但其联想需要在具备逻辑的基础上完成，这样比喻修辞就可以运用得千变万化，能够吸引语言接收者的极大关注。

再以对偶修辞手法为例，对偶在形式上工整，在内容上更要求前后两个词语或句子在意义上存在相关或相对关系。当对偶以句子或短语形式、以相对应的语义内容出现时，它以判断为逻辑基础的特点显示得最为充分，因为对偶的内涵即在于客观事物间存在某种相互适应或相互排斥的规律，例如"大"自然对应"小"，有"多"就必然有"少"等等具有相互对应特征的逻辑关系，这种逻辑判断总是以概念为前提。那些可以在概念上相对划分出层次的词语才能更好地运用到对偶修辞手法中，这并非人们主观臆造或者随意安排，而在于其本身即存在这样一种内在联系，才使对偶修辞成为可能。

3. 以推理为基础的修辞格

满语修辞格的形成有依靠概念、判断的，也有一部分修辞手法以推理作为逻辑基础，比如回文、顶真、回环、拆合、析字格等。这些修辞格形式和表示的意义特殊，不像对偶、对比等看起来那样直观，对它们的理解更多要运用推理的思维方式。

回环或者回文修辞手法的产生既存在心理基础又与逻辑推理密不可分。心理层面源于人们平衡和谐的审美情感，但在内容编排上，回环或回文等修辞手法的构成并不是随意组合，其客观事物间存在着彼此相连的推理关系，它们通过回环或回文等手法得到更好的表现。

顶真格构成首尾相继的形式，从逻辑上能够反映出事物之间存在承接关系，有些承接带有前因后果的关联性。顶真格反映因果性的时候其逻辑基础更加明确。这样既有逻辑严密性，又在语音平衡和谐性上构成了统一。

析字是针对文字组成特点进行的化形、组合或衍义。析字在表达上显得含蓄婉约，读者不能直接从语言呈现形式上得到作者想让读者知晓的内容，此时需要调动读者思维的积极性，通过语义上的对应进行逻辑推理，提高读者的参与度，更增添语言的表现力。

满语修辞存在广泛的心理基础和逻辑基础。修辞不是一种个别、偶然的现象，而是一种大量、经常存在的现象，被人们普遍应用。修辞是提升满语表达效果的一种方式，也是满族认识世界、把握世界的手段。萨丕尔指出："每一种语言本身都是一种集体的表达艺术。其中隐藏着一些审美因素——语音的、节奏的、象征的、形态的——是不能和任何别的语言全部共有的。"[1] 满语修辞正是在客观存在的基础上得到了民众的认同，反映出语言交际的需求，从而成为一种集体表达的艺术形式。

---

[1] 爱德华·萨丕尔.语言论 [M].陆卓元，译.北京：商务印书馆，1985：201.

第二节　满语修辞的时代变迁

满语由最初创制到大规模使用再到逐渐衰落历经了几百年的时间，从这种历时发展过程中能够找到语言发展变化的规律。语言并非一成不变，在确保满语基本语言规律的同时，它的内部发展，以及外部与其他民族的接触融合，对其他民族文化的吸收势必会使原有语言系统发生改变，在语言表述上会有清晰的反映。

一、满语修辞在本体范畴内的历时发展规律

满语修辞是一个完整的系统，拥有自身特点和规律，不同体裁运用不同修辞。随着满语文学语言形式的发展，修辞手法种类逐步得到扩充。

1.满语修辞手法数量由少到多

满语早期修辞手法并不十分丰富，这是因为早期以满文原文写就的官修史书、工具书较多，文学作品相对较少，受文章体裁要求，文章更偏向于应用消极修辞，以平实准确为主要语言特点，史书记载也不适宜辞藻过于华丽，否则冲淡了历史记载的严肃性，也不符合史书严谨朴素的风格。即使文章体裁属文学作品类，其使用的积极修辞手法也主要以比喻、排比、音韵等辞格出现频率较高。

例1.

满洲　国　的源头　长　白　山　的太阳　升

边　布库里　名字　山　布儿湖里　名字　湖　出　那

布库里　山　的　根　有　布儿湖里　的　湖　在　天

女儿 恩古伦 正古伦 佛古伦 三个 洗澡 来 水

从 出 衣服 穿 时 最小的 女孩 衣服 上

神鹊的 放 红 果子 把 得到 地 在 放 喜爱

口 在 衔 衣服 穿 时 衔 果子 嗓子 到 直接 进

突然 瞬间 在 身 在成 上 去 不可以 说 我的

身子 不舒服 成 如何 留下 说 之后 二 姐 说

我们 灵丹 药 吃 曾 死 例 无 你 天命 有

不舒服 成 身体 轻 成 后来 说

说 去 佛古伦 从此 就 男孩 生 天 的

天命 生 子 因 就 说 久 不大 成

后 母 说 子 把你 天 混乱 国 把 治理

生 令生 你 去 乱 国把 治理 定

生 说 天 的 天命 生 原因 把 详细 详细

教导 船 给 此 河 经 向下 去 说 母

ᡥᠣᠯᠣᠨ ᠨᠠᠨ ᠠᠢ ᠸᡝᠰᡳᠮᠪᡳ》

就　天　向　升上

　　译文：满洲原起于长白山之东北布库里山下一泊，名布儿湖里。初，天降三仙女浴于泊，长名恩古伦，次名正古伦，三名佛古伦。浴毕上岸，有神鹊衔一朱果置佛古伦衣上，色甚鲜妍，佛古伦爱之不忍释手，遂衔口中，甫着衣，其果入腹中，即感而成孕。告二姊曰："吾觉腹重，不能同升，奈何？"二姊曰："吾等曾服丹药，谅无死理，此乃天意，俟尔身轻上升未晚。"遂别去。佛古伦后生一男，生而能言，倏尔长成。母告子曰："天生汝，实令汝为夷国主，可往彼处。"将所生缘由一一详说，乃与一舟："顺水去即其地也。"言讫，忽不见。（《清太祖武皇帝实录》）

　　例2. ᠨᡝᡥᡝ ᠮᠠᡶᠠ ᡩᡝᠰᡳᡴᡠ ᠠᡳ ᠪᠠᠨᠵᡳᡥᠠ ᠰᡠᡥᡝᠴᡳᠨ，ᡩᠠᡳᡶᡠ，

　　　大　祖　德石库　在　生　苏黑臣　代夫　谈吐

ᠨᡳᠶᠠᠩᡤᡠ ᠪᡠᠶᠠᠨ》ᠵᠠᡳ ᠮᠠᡶᠠ ᠯᡳᡠᠸᠠᠨ ᠠᡳ ᠪᠠᠨᠵᡳᡥᠠ ᠯᡠᡥᡠᠴᡳᠨ，ᠮᠠᠨᡳᠩᡤᡝ，

　　娘古　最小　第二　祖　刘谙　在　生　禄胡臣　麻宁格

ᠮᡝᠨᡨᡠ》ᡳᠯᠠᠴᡳ ᠮᠠᡶᠠ ᠴᠣᠣᠰᠠᠩᡤᠠᠨ ᠠᡳ ᠪᠠᠨᠵᡳᡥᠠ ᠯᡳᡨᠠᡳ，ᠪᡠᡨᠠᡳ，ᠴᠣᡳᠴᡳ

　　门土　第三　祖　曹常刚　在　生　李太　武太　绰气

ᠠᠵᡠᡤᡠ，ᠯᡠᠩᡩᡠᠨ，ᡶᡝᡳᡳᠩᡩᡠᠨ》ᡩᡠᡳᠴᡳ ᠮᠠᡶᠠ ᡤᡳᠣᠴᠠᠩᡤᠠᠨ ᠠᡳ ᠪᠠᠨᠵᡳᡥᠠ

　　阿朱古　龙敦　非英敦　第四　祖　觉常刚　在　生

ᠯᡳᡩᡠᠨ，ᠪᠠᡨᡠᡵᡠ，ᡝᠯᡳᠶᡝ，ᡤᡳᠶᠠᠩᡴᠠᠨ，ᡨᠠᠰᡳ，ᡨᠠᡳᠶᡳ》ᠪᡠᠶᠠᠨ ᡥᡠᠸᠠᠩᡤᠠᡵ

　　李敦　巴图鲁　厄里衮　界坎　塔石　塔义　最小　第五

ᠮᠠᡶᠠ ᠪᠠᠣᠯᠠᠩᡤᠠᠨ ᠠᡳ ᠪᠠᠨᠵᡳᡥᠠ ᡩᡠᡳᠴᡳᠨ，ᠯᡝᠩᡩᡝᠨ》ᠨᡳᠩᡤᡠᠴᡳ ᠮᠠᡶᠠ

　　祖　豹郎刚　在　生　对秦　棱得恩　第六　祖

ᠪᠠᠣᠰᡳ ᠠᡳ ᠪᠠᠨᠵᡳᡥᠠ ᡴᠠᠩᡤᡳᠶᠠ，ᠠᡥᠠᠨᠠ，ᠠᡩᡠᠴᡳ ᡩᠣᠯᠣᡥᠣᠴᡳ》

　　豹石　在　生　康嘉　阿哈纳　阿都栖　朵里火栖

　　译文：长祖德石库生三子，长名苏黑臣代夫，次名谈吐，三名娘古。二祖刘谙生三子，长名禄胡臣，次名麻宁格，三名门土。三祖曹常刚生五子，长名李太，次名武太，三名绰气阿朱古，四名龙敦，五名非英敦。四祖觉常刚生五子，长名李敦把土鲁①（把土鲁华言英雄也），次名厄里衮，

──────────
① 把土鲁即巴图鲁。

三名界坎，四名塔石，五名塔义。五祖豹郎刚生二子，长名对秦，次名棱得恩。六祖豹石生四子，长名康嘉，次名阿哈纳，三名阿都栖，四名朵里火栖。（《清太祖武皇帝实录》）

以上两段均选自《清太祖武皇帝实录》，此书修于天聪年间，成于崇德元年（1636 年）。虽然内容主要根据《满文老档》，但是现存的《满文老档》最早的记事是万历三十五年（1607 年），武皇帝实录的记载开始于万历十一年（1583 年），比现存《满文老档》要早二十四年，也是太祖实录各种版本中最早的一种，其语言形式更接近满族早期语言使用特点。例 1 记录了满族起源传说，在内容上更具故事性和文学欣赏性，在语言上更突出叙述的清楚明白，通过故事内容吸引读者而并非运用过多修辞手法。例 2 更明显地强调了叙述语言的平实，力求对某个事实进行完整、清晰的阐述，不使读者在阅读过程中产生疑惑，两个例句都主要运用了消极修辞手法，符合官修史书体裁特点。

例 3.

　　数珠　在　也　德　有　蛤蟆　在　也

　　戏法　有

译文：素珠有才技，蛤蟆有戏法。（《同文广汇全书》）

此句选自康熙年间刊刻的满语俗语分类整理图书——《同文广汇全书》。该书第二卷中单独列出俗语一类，收录 43 条满语俗语。俗语要符合大众认知和品味，能够易于流传，因此俗语的修辞手法更多使用对偶、排比、对比等辞格，此时期满语修辞手法逐渐丰富起来，有时还会有两种或两种以上辞格在一个句子内同时出现，增强语言的表达效果。根据直译内容，此句含有"人不可貌相"之义。上下两分句形式工整一致，内容两两相对，语音上又同时押中韵和尾韵。一个句子在形式、内容、语音层面综合运用了对偶、对比和音韵等多种修辞手法，将句子表达效果做到最佳。

除了叠加运用已有的修辞手法，满语修辞系统还会根据实际情况需要，

适时创造出新的修辞格，例如目前发现光绪年间刊刻的唯一一本满语谜语书《满谜》当中有一些全新的修辞手法。《满谜》既表现了满语语言形式的丰富性，展现了满族在精神世界上对艺术、对美好生活的追求，同时在客观上也显示出满族语言表述、满语修辞的特殊性。满族在创作满语谜语过程中，根据满语自身语言系统特点，如满语属于黏着语类型、单词由音节构成等语言现象，形成了满语独特的音节倒置修辞格，这完全是在满语语言系统内部发展形成的修辞手法，是满族在创造语言形式时产生的，并非受到其他语言影响的结果。语言间除了普遍存在共性特征外，一种语言区别于他者是由语言特殊性所决定的，也正是语言系统内部的特殊性，才决定了语言表述的差异性。尽管特殊修辞的例子数量很少，但是特殊的例证能突显满语修辞在语言内部所具有的特征，是从语言内部按照发展规律形成的满语独特修辞手法。

2. 满语修辞手法在应用中不断完善

满语早期修辞手法数量少，加之满语创制时间不长，语言上还存在很多有待提升的空间。随着对满文使用的重视，乾隆朝在满语词汇等方面都进行了规范，有助于进一步完善修辞手法。

例 1. ᠊᠊᠊᠊᠊᠊᠊᠊᠊᠊

关　关　　　雎　鸠

᠊᠊᠊᠊᠊᠊᠊᠊᠊᠊

河　洲　　在　有

᠊᠊᠊᠊᠊᠊᠊᠊᠊᠊

端庄　俏丽的　　好　孩

᠊᠊᠊᠊᠊᠊᠊᠊᠊᠊

君子　　喜爱　　成婚

例 2. ᠊᠊᠊᠊᠊᠊᠊᠊

鸟鸣声　鸟鸣声　雎鸠

河的洲　　在 存在

端庄的　　大方的　　聪明的　　女孩

君子　　的 好　配偶　成为

译文：关关雎鸠，在河之洲，窈窕淑女，君子好逑。（《御制翻译诗经》）

例 1 和例 2 均为满文翻译的《诗经·关雎》中"关关雎鸠，在河之洲，窈窕淑女，君子好逑"一句，不同之处在于两例句的翻译年代。例 1 是顺治十一年（1654 年）《诗经》最早的满文译本，例 2 是乾隆年间重新整理翻译的《诗经》文本。通过对比可以发现，乾隆年间版本首先在满语用字上进行了规范，根据满语语言特点创造出许多满语新词替换了顺治朝版本中诸多汉语借词，比如 规范为 、 规范为 ，词语使用更加书面化、更加文雅。其次，在句法上更加合乎满语语言习惯，而不再单纯地将原文内容进行对译，不再过多受汉语结构影响。最后，也是变化最大之处在于，乾隆朝版本更加注重语言修辞手法，更加讲究诗歌韵律，运用排比等积极修辞，语篇节奏感更强。《诗经》虽为汉文，但满族能够积极发扬传统经典，早期顺治时期译文语言简练，随着满族对汉族文化认识加深以及满语自身内部发展，乾隆时期重新整理的《诗经》已然在语言上有了更大改进，无论在消极修辞方面还是积极修辞方面都有了很大提升。

另外一些独特修辞手法的使用则贯穿了满语发展的不同时期，例如同义连用现象。同义连用辞格的使用由来已久，入关前记载的文献即有这一语言现象。它最突出的特点在于善于将满语词汇系统内部意义相似的两个名词、动词、副词、形容词或后置词等放在一起连续使用，这与满语词汇系统特点密切相关。一方面，满语词汇系统内词语数量有限，未必能做到用很多的词去表达某一种意义，这样不符合语言经济原则；另一方面，当语言表述者希望通过词汇手段突出、强调某一语义、某个重点时，同义连用是最直接、最有效的表达方式，它具有重复效果而又无重复使用单一词语的冗繁，既达到了表述效果，又避免了形式上的拖沓。此外，并不是所有同义连用的两个词语都具有单一语义，在有些情况下，同义连用的两个词语中有一个具有单一或相对较少的义项，而搭配的另一个单词则是具有众多义项的多义词，为了达到预期语言效果而不使读者产生疑惑，此时同义连用又具有限制词义、避免歧义的作用，确保语义表达通顺、有效。同义连用现象不仅在清朝早期有所应用，因其兼顾了多方面实用功能而一直出现在清朝各个时期、各类满文文献中。它应用时间长久、应用范围广泛，无论是满文著述或是翻译文献，同义连用修辞手法都能够起到调节、平衡语句作用，成为满语修辞系统中使用频率较高而又十分具有代表性的满语修辞手法。

通过以上分析可以看出，满语修辞在语言系统内，会遵照语言本体特点与规律，产生适于这一语言系统的修辞手法。由人类语言共性特点而产生的修辞手法，也会不断调整以更好地适应语言系统，并会随语言系统的变化而做出反应。满语会在一个动态、连续的历史过程中，逐渐衍生出全新适合的修辞手法并逐渐建立自身的修辞体系。这些都是满语内部遵循满语语法规则和满语表述方式的结果，满语在没有受到外部文化冲击的情况下，依然可以保持自身活力与发展，而外部文化影响直接导致了满语修辞手法的丰富以及满语修辞体系的进一步建立。

二、满语修辞在其他民族文化影响下的转化

清朝初期满语保存情况较好，自康熙朝开始以满文大量翻译汉文散文、小说、佛经等典籍，翻译过程中不断有汉语词汇、写作方式、修辞方式等语言观念进入满族思维中。自乾隆朝开始，满语使用开始呈现衰落趋势。满族作为拥有学习与借鉴能力的民族，开始不断吸收汉族思维方式和汉语表达方式，与此同时，也使得其他少数民族文化在满语中得到了传播发扬。

1.满语修辞观受其他民族影响

满语在发展过程中，有一些词语的比喻意义发生了转变，更多体现在感情色彩的褒贬方面。这种比喻义的转化极有可能是受到其他民族文化的影响，当一个民族接受了另一个民族的文化内涵时，便会在语言表述方式中显露出来。这是一个长期动态的变化过程，会从某一阶段的语言表达中得到印证。以"狗"的比喻义为例。

满族历史上除了对自然界的崇尚与信奉，对日常生活中的特殊事物也有信仰，"狗"是其中具有代表性的例子。满族对"狗"的信奉可以追溯到义犬勇救努尔哈赤的故事，这既是对祖先的尊崇，也是对"狗"所象征的忠肝义胆精神的赞扬。满族不吃狗肉、不衣狗皮，此现象折射的内涵是满族对忠义的信仰，突出鲜明的民族性格。因此，相较于一些"狗具有奉承、谄媚的情感"认识，早期满语中绝对不会出现"狗仗人势""狼心狗肺""狗眼看人低"等这类对狗贬损憎恶的语言。相反，在修辞运用中则处处体现出对狗的喜爱之情。

例1. _{满文}

　　　　弟　贝勒　五　百　兵　把　领　山　的

_{满文}

根　立　留下　因此　眼睛　不开　小狗　一样　二　小　孩

_{满文}

五　　百　　兵　把　　领　　山　的　上　攻　打　去

译文：弟贝勒领兵五百，留于山下。其二子，幼似初生之犬崽，尚各领兵五百，攻上山顶。（《内阁藏本满文老档》）

例句运用了比喻修辞手法，其中本体是 _{满文}（两幼子），喻体是 _{满文}（未静眼的小狗），比喻词为 _{满文}，将孩子比喻成小狗，可以说明努尔哈赤之子年纪尚小之义。这里没有像汉族类似"犬子"一般自谦的成分，对幼子的称谓不选择其他动物类词语而唯独选择 _{满文}（小狗），说明狗在满族人心中地位很高，满族人乐于以代表忠义的狗称呼其子。《内阁藏本满文老档》成书时间早，正处在明末清初、满族入关前夕，在这一阶段无论是语言使用还是文化都是满族最具代表性的时期，语言蕴含的文化内涵最为鲜明，具有特色，因此在满族前期形成的文献能够比较清晰地反映出满族文化、信仰、思维方式等。对喻体"狗"的使用最能反映满族对"狗"代表意义的态度。

此外，早期的"狗"除了象征忠义之义，还可以代表某种超越自然的力量。例如：

例 2. ᠠᠯᠠ ᠪᠢ ᠢᠨᡩᠠᡥᡡᠨ① ᠨᠠᡵᠠᠨ ᠪᡝᠶᡝ ᠴᠣᡥᠣᠮᡝ ᠪᡳᡥᡝ"

太阳 把 狗 吃 稍微 余 有

译文：天狗食日，所余甚微。（《内阁藏本满文老档》）

这是文献中对古代自然现象日食的描写。句子直译为"狗把太阳吃了，稍微余下些"，这种对自然现象的描写生动形象，而以"狗"作为自然现象发生的主体，彰显了"狗"具备了驾驭自然的能力，这是对"狗"力量的赞扬，这种情感依然来自对"狗"的尊崇与热爱，因此赋予其超越自然的力量。这是满族对"狗"原生的理解和认识。"天狗"这一词语的说法来源已久，它作为神话传说中可以抵御凶害的神兽最早可以追溯到先秦时期的《山海经·西山经》，但是《山海经》直到顺治十一年（1654 年）才用满语翻译过来，传入满族社会，因此在此之前，满族不可能有"天狗"的概念，对 ᠢᠨᡩᠠᡥᡡᠨ（天狗）的描写只能源自满族在自身传统文化发展过程中，从情感上对"狗"的认知。句中 ᠢᠨᡩᠠᡥᡡᠨ 并非指某一具体的狗，它作为"狗"的上义概念代表了对某一类事物概括性、抽象性的说明，从官修辞书中即能印证这一点。在《五体清文鉴》中，除了有上义词" ᠢᠨᡩᠠᡥᡡᠨ（狗）"之外，还有诸多具有个性的下义词，例如" ᠨᡳᠶᡝᡥᡝ（牙狗）、ᠪᠣᡥᠣ（母狗）、ᠴᠣᡥᠣ（长毛细狗）、ᠶᠣᠯᠣ（哈巴狗）、ᠨᡳᠶᠠᡥᠠ（狗崽）、ᡥᡝᡥᡝ（小狗）、ᠨᠠᡥᠠ（四眼狗）"等具体分类。上义词与下义词的概念充分说明满族能够在诸多具体、个性化的事物基础上，抽象出一种能够代表共性的总体类属。

满族入关后开始以满文大量翻译汉文经典。由汉语到满语的翻译并非

---

① 原文为 ᠢᠨᡩᠠᡥᡡᠨ，现代满语写作 ᠢᠨᡩᠠᡥᡡᠨ，词义为"狗"。

语言间的单纯转化，它的深层意义在于两种文化的传递。满族将其文化输出给汉族，因此汉语中产生了诸多满语借词，比如东北地区很多地理名称皆以满语音译得以流传下来。同时汉族将优秀的汉文化输入满族社会，汉族较高的文学艺术水平在满族社会中沉淀凝结，逐步形成了具有东北地域特色的语言文化格局。满族与汉族在文化上更多的接触，势必产生接纳融合、交流吸收，当面对相同事物时，由于人们认识角度不同、心理基础不同，其认知就有可能产生截然不同的结果。

例 3. ᠌᠌᠌᠌᠌

　　　我的　其他　福晋　狗　猪　　一样

译文：我的其他福晋，长得猪狗一般。（《尸语故事》）

　　例句选自满文本《尸语故事》，来源于印度古代故事。根据季永海先生等人的比较研究，推测满文本《尸语故事》极有可能是经蒙文本传入满族地区，从满文字体和语言特点来看，《尸语故事》应该是清初以前的写本，最晚不会超过康熙朝中期。[①] 既然此书从外部传来，原文并非出自满族本民族，对比清朝初期"狗"的正面、褒义形象，能够推测出外来文化的冲击改变了"狗"所具备的比喻意义。不同于其他故事中将狗描述为忠诚护主、勇敢无畏的形象，此句中的喻体 ᠌᠌（狗）、᠌᠌（猪）明显是贬义概念，"狗"代表的不同价值判断也能够说明满语修辞中有些喻体的文化价值并非一成不变。这种多角度的理解赋予单一词语更多层次，也使得一个词所具有的象征意义更加宽泛，比喻义具有了更多样的变化，多种文化共同作用造就了这样的结果。

例 4. ᠌᠌

　　　狗　　　像狗叫　把　　人　都　厌烦

᠌᠌

不听　成　啊

译文：像狗龇着牙叫一样，人都厌烦不听了。（《清文指要·贱货》）

---

① 季永海，白立元，赵炳文. 尸语故事——满族佛传故事二十一篇 [M]. 北京：中央民族大学出版社，2002：前言.

例句中依然选择 （狗）作为比喻修辞的喻体，将人比喻成像狗一样地龇着牙叫，以贬义感情色彩表示对此类人等的厌恶之情。例句选自《清文指要》，此书是清朝晚期嘉庆年间刊刻的一本满汉合璧对话体文献，产生时间较晚，此时再看 （狗）的比喻义已经由清朝初期的喜爱、尊崇转变为清朝晚期的厌恶、鄙夷。在历史发展的过程中，（狗）的比喻意义已然完成了从褒义色彩到贬义色彩的转变。满族对汉族乃至其他民族作品的转译，势必造成文化间的传播与吸收，这种变化会使原有语言系统产生变化，在词语本义或比喻义等方面得到了体现。

2. 满语表述符合汉语表达方式

满汉民族间的相互交流与影响会在语言表述上产生明显的改变。尤其在清朝晚期，满语使用日趋衰退，满族趋向使用汉语。在此历史环境下，一些为了提升满族满语水平的对话体文献便应运而生，虽然其目的是提倡满族加强对本民族语言的学习和使用，但其中不可避免地渗入诸多汉语表达习惯，满语表述方式展现出经过重新调整的特点。

例 1. 生 怪样 把 看 肚子 大腹便便 全然

呆 完了 且 不懂装懂 学 又 何其 人 把 肉

使肿胀

译文：看那长的怪样儿是呢！鼓着个大肚子，竟是个呆人，又学充懂文脉，好叫人肉麻呀！（《清文指要·贱货》）

《清文指要》是嘉庆年间刊刻的一部对话体文本，清朝晚期满语表述受汉语影响较大。例句中，如果根据满语造句规则， 与 属于并列关系从句，两分句间以连词 （并且、而且）进行连接即可，但同时句子又使用了 （完了）一词，从满语语法规则角度而言，该词完全不必增加就能表达完整语义，虽然增加 并不影响句子的语法逻辑，但是 ᠊᠊᠊ 大多数情况下用在动词形态变化之后或者副词之后，在句中充当主要谓语动词，具有"某种动作或行为完成"之义。也有一些情况 ᠊᠊᠊ 用在名词之后，此时语义为"亡故、逝世"。例句 ᠊᠊᠊ 为名词"呆人"之义，᠊᠊᠊ 用在其后并非表达"亡故"语义，按照例句想要表达的意思，是想说明此人不仅呆而且还充有学问，这一词的增添是参照了汉语语言习惯的结果。汉语口语有时常常以"完了、完了呢"作为一个句子的停顿，它并没有实在的语义，却起到调节语篇节奏、停顿、引起下文或者递进的语法作用。例句中的 ᠊᠊᠊ 即起到了同样的作用。

3. 满语中其他民族语言借词

满语修辞从来都不局限于使语言表达锦上添花的积极修辞手法，除了语言表述方式，对词语的选择也应归入修辞范畴。词语选择一种是在本民族语言范畴内选择，另一种是对其他民族语言词语借用。满族入关后与汉族等其他民族有广泛接触，当几种民族语言交流时，词汇成分很不稳定，词汇系统最先容易受到影响。借用也分为两种形式，以汉语为例，一种是将汉语音译直接转换为满语词语，另一种是汉语音译和满语意译共同构成合成词。

直接借入满语的词汇首先要适应满语语音系统，一般用最接近音标记汉语借词。[①]借入词语涵盖了政治制度、社会生活、宗教文化等诸多方面，满族早期从汉语中借用了许多词语，乃至发展成为满语基本词汇，例如 ᠊᠊᠊（钥匙）、᠊᠊᠊（麦子）、᠊᠊᠊（茶）、᠊᠊᠊（绿豆）等，这些词一直稳定地沿用于整个清代。

汉语音译和满语意译词汇构成合成词是指在汉语借词前或后增加一个表示这个汉语借词属性的满语意译词，起到一种解释、确定语义的作用，例如 ᠊᠊᠊（恩诏）、᠊᠊᠊（榜文）、᠊᠊᠊（表文）等。但是自清代中期开始，满语开始呈现衰落趋势，于是乾隆年间为保持满语"国语"地位，开展诸多抢救措施，从语言上规范满语中的大量汉语借词。例如：

---

① 晓春. 从《大清全书》看满语中的汉语借词 [J]. 满语研究，2017（1）：13.

船: ᠵᠣᠴᡳᠨ —— ᠵᠣᠣᡴᠠᠨ

桥: ᡝᠣ —— ᠵᠣᠣᠨ

分: ᡶᡠᠨ —— ᠶᡠᡳᠨ

庙: ᠮᡳᠣᠣ —— ᡥᠣᡧᠠᠨ

牢: ᠯᠣᠣ —— ᠯᠣᠨ

题目: ᡨᡳᠮᡠ —— ᡰᠣᠨ

算盘: ᠰᠣᠸᠠᠨ —— ᡝᠨᠨ

元宝: ᡵᡠᠸᠠᠨ —— ᠮᡠᡵᡝᠨ

文章: ᡠᠨ ᠵᠠᠩ —— ᡰᠣ ᡴᡠᠨ

钦天监: ᠨᠴᡳᠨ ᡳᠨ —— ᡴᡝᠮ ᠶᡳ ᠺᡳᠯᠣᠯᠠᠨᠨ ᡳᡰᠨ

山海关: ᡧᠠᠨ ᠾᠠᡳ ᡠᠸᠠᠨ —— ᡤᡝᡥᡝᠨ ᠠᠯᡳᠨ / ᠵᠠᠰᡝᠨ

乾隆朝将一些汉语借词按照满语语音系统改造成全新的满语词汇，至少是在原借词语音基础上进行了音节或词缀的添加以更加适应满语词汇特点。一方面，汉语借词由清前期大量涌入到逐步得到规范、重新编纂，从中能看出满族对本民族语言的保护和发展，另一方面，从某一词的书写形式上即可以判断出这个词语所处的大致年代，长久看来，也是满族语言在词汇选择、使用上的一种变化，满语修辞更趋规范。

例1. ᠮᠣᠩᠬᠣ ᡳ ᠪᠠᠨᠵᡳᠨᠨ ᡴᡝᠮ ᡩᡝ ᡨᡠᠬᠠ ᠪᠠᠨᠵᡳᠨ ᠠᡤᠠᠨ ᡝᠮᡠ
    蒙古 的 生 天 在 云 生 下雨 一样

ᡤᡝᠰᡝ, ᠣᠨᠨ ᡥᠠᠴᡳᠨ ᠪᠠᠨᡴᠠᠨᠨ, ᠴᠣᠣᠬᠠ ᡳᠯᡳᡵᠠ, ᠮᡝᠨᡳ ᡶᡝᡴᠠᠨᠯᠣᡳ ᡤᡳᠨ ᡳᡳᠨᠨ,
啊 各众 全部 见 兵 立 我们 襄衣 披 住 他的

ᠪᠠᠨᡴᠠᠨ, ᠴᠣᠣᠬᠠ ᠪᠠᠨᡵᡠᠨᠠ ᡴᡝᠮ ᡨᡠᡴᠠ ᠪᠠᠨᡵᠠᠨᠨ, ᠠᡤᠠᠨᠯᠣᡳ ᡤᡝᠰᡝ ᠠᠨ,
全部 兵 散 天 云 离开 晴天 一样 啊 他的

ᠪᠠᠨᡴᠠᠨ, ᠴᠣᠣᠬᠠ ᠪᠠᠨᡵᡠᠨᠠ ᡨᡳᠨᠨ, ᠮᡝᠨᡳ ᡳᡳᠨ ᠮᠠᠨᡠᠨ ᠶᡳ ᠪᠠᠨᡴᠠᠨ
全部 兵 离开 之后 我们 他的 踪迹 把 跟随

ᡶᡝᡩᡝᠯᡝ ᡤᠠᡳᠮᠠᠨ 》

只管 取

译文：蒙古之势，犹天空云生而雨也。其合众而发兵，我则披襄而从。

其众兵散，我则蹑其踪而取之。（《内阁藏本满文老档》）

《内阁藏本满文老档》作为官修史书保证了版本的稳定性，官修正式发布文件中借用的词语则更具有代表性。例句中有一个词 ᠣᠶᠢᠯᠠ，是从蒙古语词借用而来，蒙古语称"全部、所有"为 ᠣᠶᠢᠯᠠ，满语并未将其转化为本民族词语进行对应，而是直接借用，是满族与蒙古族之间在语言、文字上的交流接触，足见满族在文化上的包容心态，满语词汇系统也充满多样性。

例 2. ᠨᠢ   ᠰᠠᠩᠲᡠ   ᠊ᠢ   ᠠᠮᠠ   ᡵᠣᠩᠨᡳᠶᠠᠨ， ᠮᠢᠨᡳ   ᠲᠣᠪᡠᡥᠠ   ᡠᠷᡤᡠᡩᠠᠢ

再　桑图　的　父　钟嫩　我的　安置　乌尔古岱

ᡥᠠᡩᠠ   ᠊ᠢ   ᠲᠣᡴᠰᠣ   ᠪᡝ，   ᡤᠠᠶᠠᠮᡝ   ᠮᠢᠨᡳ   ᠊ᠢ   ᠠᡴᡩᠠ   ᠪᡝ   ᠨᡳᠶᠠᠯᠮᠠ   ᡩᡝ   ᠪᡠᠮᡝ，   ᠠᠮᠠᠯᠠ

哈达　的　屯把　拦截　我的　聘把　别人　对　给　后

ᠠᡴᡩᠠ   ᠪᡝ   ᠪᡠᠮᡝ   ᡩᡝ，   ᠨᡝᠨᡝᡥᡝ   ᠠᡴᡩᠠ   ᠊ᠢ   ᠣᡳᠯᡝ   ᡤᡝᠯᡳ   ᠠᡴᡩᠠ   ᠠᠮᠪᠠᠯᠠᠮᡝ   ᡤᠠᡳᠮᡝ，

聘　把　给　时　先前　聘礼　的　上　又　聘礼　大大地　取要

ᠰᠠᡵᡤᠠᠨ   ᡩᡝ   ᠊ᠢ   ᡥᠠᠪᠠᠨ   ᠪᡠᡵᠠᡴᡡ   ᡨᡝᠮᡝᡧᡝᠮᠪᡳ »

女孩　对　份　不给　逞强

译文：至于桑图之父钟嫩，袭我安置之乌尔古岱哈达之屯，将我聘女许给他人。后嫁女时，于前聘礼之上复又多取且不给嫁妆逞强。（《内阁藏本满文老档》）

例句中 ᠣᠪᡝᡵ 是一个蒙古语借词，蒙古语中的释义为"份"。满语并未将其转化为本民族词语进行对应，而是直接借用，这是满族与蒙古族之间在语言、文字上的交流接触，客观上丰富了满语词汇系统的多样性。史书中借用的民族语言也突出了民族间交往密切，在部落之间互相征伐、势力此消彼长的时代，即使是以战争形式产生的接触，也会在语言中打下烙印，成为那个时代的语言使用特色。

例 3. ᠵᠠᠯᠠᠨᡴᠠ   ᠨᡳᠰᠠᠨ   ᠰᠠᠮᠠᠨ   ᠣᡵᠣᠨᡳᠶᠠ   ᠨᡳᠶᠠᠯᠮᠠ   ᡝᠨᡩᡠᡵᡳ   ᡠᠶᡠᠨ   ᠵᡠᠸᡝ

从此　尼山　萨满　魂众　神　九　双

ᡥᡠᡨᡠᡵᡳ   ᡝᠨᡩᡠᡵᡳ   ᠰᠠᡵᡤᠠᠨ   ᠵᡠᡳ   ᡶᡝᡴᠰᡝᠮᡝ   ᡤᡠᡵᡤᡠ   ᠵᡝᡵᡤᡳ   ᡤᠠᠵᡳᠮᡝ   ᠪᡠᠴᡝᡵᡝ   ᡤᡠᡵᡠᠨ

鬼祟　仙　女孩　跑　野兽　等　带　死　国

᠂ ᠣᡳᠨᠠᠩ ᠄ᠨᠠ᠋᠋ᠰ ……

向　去

译文：此后，尼山萨满的魂灵带着众神祇、九对鬼祟、仙女及走兽等，奔向阴间。(《〈尼山萨满〉全译》)

例 4. ᠪᠠᠠᠰ ᠂ ᠰᠠᠠᠰ ᠂ ᠪᠠᠠᠰ ᠂ ᠣᠵᠠᠰ ᠵᠠᠰ ᠂ ᠰᠠᠠᠰ

依库勒　叶库勒　洁净　敖麦　把　给　依库勒

ᠰᠠᠠᠰ ᠂   ᠣᠠᠰᠠ ᠰᠠᠠᠰ ᠂ᠠᠰ ᠣᠠᠰᠠᠠᠰ ᠉

叶库勒　　　活　世　在　　生长

译文：依库勒，叶库勒，送给一个洁净的敖麦神，依库勒，叶库勒，让她活在人间。(《〈尼山萨满〉全译》)

以上两个例句均选自《〈尼山萨满〉全译》版本之一的"新本"。"新本"中有两个词语是在其他版本中未曾出现的，其中之一为 ᠣᠵᠠᠰ（仙女），另一个为 ᠣᠵᠠᠰ（敖麦神，主管生育的神，又称作"敖米娘娘"）。根据赵志忠先生对其研究分析，ᠣᠵᠠᠰ 和 ᠣᠵᠠᠰ 两词均为达斡尔语词，间接证明"新本"的搜集地区可能在达斡尔地区。《尼山萨满》版本众多，流传地域也比较广泛，此版本中两个达斡尔语词的借用，充分说明了不同民族语言接触的结果，满语词汇系统呈现出开放、包容的特点，不断吸收其他民族语言词汇。

满语修辞在发展过程中，首先会遵循满语本体范畴内的发展规律。随着时间推移，满语修辞由普遍的消极修辞逐步过渡到丰富的积极修辞，这是语言发展不断吸收外部条件的结果，语言会完成由此及彼的完善过程。满语表达方式受到汉语等其他民族语言表达方式影响，更会受到其他民族语言蕴含的民族文化冲击，导致满语在修辞观念上产生改变。内部推进与外部融合，是满语修辞在历史发展过程中反映出的基本规律。

第三节　满语修辞格的历时发展特点

满文创制于 1599 年，在满文创立之初及清朝中前期，以满文原文写就的著述文献仅有官修史书《满文老档》《满洲实录》等、文学作品《尼山萨满》、个人随军笔记《随军纪行》、游记笔记《异域录》、对话体文献《百二老人语录》、官修辞书《御制清文鉴》等少量满文文献，主要涵盖满族历史地理类、语言文字类（文字类主要为用于满语学习的工具书）、满族文学类等。著述文献在数量上远不及清朝中期开始大量出现的满文翻译文献，翻译文献对语言的调整和修饰变得更加丰富。

一、满文著述文献修辞格单一

清朝前期，以满文原文创造的文献在数量和种类上并不十分丰富，以官修历史类文献、满文工具书或典章制度类文献居多，在语言使用方面更侧重于消极修辞，即重视一种以平实、客观表达事物概念，阐明事理为目的的修辞活动。消极修辞非常适用于阐述道理、讲解说明，因此在清代公文、档案、史料中多以消极修辞作为主要修辞手段，在内容上讲究意义明确无歧义、语序通顺无语病，在结构上要做到语句平匀且安排稳密。

例1. （满文）
　　　大明　把　征讨　义　以　征讨　罢了

译文：征明国，当以大义伐之。（《满洲实录》）

《满洲实录》是集满、蒙、汉三种文字为一体的实录，共四部，第一部成书于天聪九年（1635年），产生时间比较早。《满洲实录》语言风格以清晰、准确为要，其史料的特殊性质要求语言必须严谨质朴。例句在陈述事实过程中没有添加更多修饰、华丽的语言表述，只是阐明征战的战略意义。

例2. （满文）
　　　现　新　石　文　立　你们　柴河　法纳河　三叉拉　此　三　省
（满文）
种　粮　把　勿　收

译文：现在要立新石碑，你们的柴河、法纳河、三叉拉三处地方播种的粮食，不要再收了。（《清太祖朝老满文原档》）

《清太祖朝老满文原档》是一部以史料记载为主的官修文献，在文体、风格上与《满洲实录》相似，语言表述以平铺直叙、准确朴实为主。例句明确地叙述了事件出于何种原因、需要如何对应解决，没有选择华丽词语，而是简洁明了地说明一件事情。这是早期满文著述文献语言的普遍特点，尤其像此类满文史书，语言风格更是凝练、清晰。

由于清朝中前期满文著述类文献中的文学作品寥寥，仅以《尼山萨满》《百二老人语录》《御制盛京赋》等为代表，其绚烂风格特征则通过积极修辞手法，形象、生动地表达说话者内心情感及生活体验。积极修辞常用于诗歌、散文等文学作品之中，良好的修辞手法能够在作者与读者之间产生强烈共鸣。虽然满语有各种语言都普遍存在的积极修辞，但是满语修辞手法在清朝中前期也仅有比喻、排比、音韵等数量较少的修辞格，远没有汉语修辞手法种类丰富和数量众多。

例3. 德扬库　德扬库　咕咕嘟嘟的　色尔古岱

费扬古　的　手　把　牵　风　一样　玩　走　旋风

一样　奔跑　走　来

译文：尼山一下通灵变声唱、一下随鼓节奏唱着，把色尔古岱费扬古的手拉着，一会儿，像风一样边走边玩，一会儿，如同旋风一样奔跑而来。（《尼山萨满全传》）

《尼山萨满》是在满－通古斯民族内普遍流传的文学作品，版本众多，故事情节引人入胜。书中大量萨满唱词运用了音韵和排比等修辞手法。例句运用了比喻修辞格，比喻词为（像），喻体为（风）、（旋风），二者都是自然界常见的物理现象，以风作为喻体为了说明尼山萨满速度飞快。这是基于联想心理在表达上产生的修辞效果。同时，在结构上整齐，在词性、尾韵上也和谐一致。

例 4. ᠮᠣᠩᡤᠣ ᡨᠠᠩᡤᡡᡨ ᡳᠴᡳ ᡳᠨᡠ ᡝᠮᡠ ᠠᡩᠠᠯᡳ ᠰᠠᠯᡤᠠᠪᡠᡥᠠ ᠪᠠᠨᡳᠨ ᠪᡳ ᠰᡝᠮᡝ ᠴᡞ ᠃ "

      蒙古 唐古特 若 也 一样 天赋予 本性 有

译文：如蒙古唐古特，也有相同的秉性。（《百二老人语录》）

    《百二老人语录》是清代蒙古正蓝旗人松筠用满文撰写的口述文集，此书为松筠在任职期间走访一百二十位蒙古八旗老人后用满文编辑而成，于乾隆五十四年（1789 年）辑成书稿，乾隆五十六年（1791 年）经富伦泰审校后刻板出书。例句仅运用了比喻这一常见修辞手法。

例 5. ᠮᡝᠵᡳ ᡩᠣᠨᠵᡳᠮᠪᡳᠪᡳ，

    仍旧   听说

ᠠᠮᠠ ᡝᠮᡝ ᡳ ᠮᡠᠵᡳᠯᡝᠨ ᠪᡝ ᠮᡠᠵᡳᠯᡝᠨ ᠣᠪᡠᠮᡝ，

    父 母 的 心 把 心 成

ᠠᠪᡴᠠ ᡶᡝᠵᡝᡵᡤᡳ ᡳ ᠠᡥᡡᠨ ᡩᡝᠣ ᡩᡝ ᡥᠠᠵᡳᠯᠠᡵᠠ ᠠᡴᡡ ，

    天 下 兄 弟 对 友爱 不 无

ᠮᠠᡶᠠ ᡳ ᠮᡠᠵᡳᠯᡝᠨ ᠪᡝ ᠮᡠᠵᡳᠯᡝᠨ ᠣᠪᡠᠮᡝ，

    祖 的 心 把 心 成

ᠠᠪᡴᠠ ᡶᡝᠵᡝᡵᡤᡳ ᡶᡝᠵᡝᠨ ᡳ ᠨᡳᠶᠠᠯᠮᠠ ᡩᡝ ᠰᡞᠨ ᠠᡴᡡ，

    天 下 族 的 人 对 亲爱 不 无

ᠠᠪᡴᠠ ᠨᠠ ᡳ ᠮᡠᠵᡳᠯᡝᠨ ᠪᡝ ᠮᡠᠵᡳᠯᡝᠨ ᠣᠪᡠᠮᡝ，

    天 地 的 心 把 心 成

ᠠᠪᡴᠠ ᡶᡝᠵᡝᡵᡤᡳ ᡳᡵᡤᡝᠨ ᡨᡠᠮᡝᠨ ᠵᠠᡴᠠ ᠪᡝ ᠵᡳᠯᠠᡵᠠᡴᡡᠩᡤᡝ ᠠᡴᡡ ᠰᡝᠮᠪᡳ ᠃"

    天 下 民 万物 把 不爱 无

译文：尝闻以父母之心为心者，天下无不友之兄弟；

    以祖宗之心为心者，天下无不睦之族人；

    以天地之心为心者，天下无不爱之民物。（《御制盛京赋》）

    《御制盛京赋》是清乾隆皇帝撰写的一篇赋，他在赴盛京谒陵祭祖期间所作，追述了满族起源、列祖列宗的创业功绩，表达了对东北地区自然景观和人文景观的喜爱，赞扬了盛京宫廷建筑群的恢宏壮观。《御制盛京赋》也是为数不多的以满文原文写就的作品，此段运用了排比和音韵修辞手法。

排比和音韵修辞手法通常同时出现，在语音上朗朗上口兼顾形式规整，这两种修辞都是在满文著述文献中经常出现的修辞手法。

总体而言，结合以上所举例句，满文著述文献语言仍然是以平实、朴素的消极修辞为主，适应了清朝中前期史书、史料等体裁要求。文学作品中多次出现、运用成熟的积极修辞以比喻、排比、音韵等为代表，这些常见修辞手法几乎存在于各类语言之中，具有普遍性，也是人类对客观语言的基本认知。满语修辞是在这样的基础上，通过吸收其他民族语言修辞规律完善了本民族修辞体系的构建。

二、满文翻译文献修辞格丰富

满族善于学习和借鉴其他民族优秀文化和思想。在现存满文文献中有一部分即是对其他民族语言文献进行翻译的成果，其中主要翻译汉文文献。汉文文献内容丰富，涵盖政治、经济、历史、文化、文学、宗教等多个方面。清朝入关前已经翻译完成或开始翻译的汉文典籍有史料类、佛经类、四书五经类以及部分文学作品。清朝入关后，顺治朝是满文翻译文献的初步发展时期，自康熙朝开始，满族开始大量翻译汉文典籍，种类上增多，范围上扩大，其中翻译最多的当属文学作品。文学作品多注重语言表述，大量运用积极修辞确保语言华丽、引人入胜。满族在翻译汉文典籍过程中，将汉语修辞一并借鉴而来，满语修辞系统显得更加丰富。随着清朝康乾盛世的来临，满语修辞发展也迎来了崭新时期。此时期满语修辞总体特点表现为，修辞手法在数量上得到扩充并且修辞用法更加灵活。

例1. ᠊ᠡᠯᡥᡝ ᠠᠯᡳᠨ ᠊ᠣᠴᠢᠨ ᠶ ， ᠊ᠴᠢᠨ ᠊ᠢᠴᠢᠨ ᠊ᠶᠠᠨ ᠊ᠣᠨ ᠊ᠠᠨ，

　　精　　金　华丽　玉　　一样　尊贵　人　　成

᠊ᠣᠴᠢᠰᠴᠣᠨ ᠊ᠣᠴᠢᠨ ᠊ᠣᠴᠢ ， ᠊ᠣᠴᠢᠨ ᠊ᠣ ᠊ᠣᠴᠢᠨᠴᠣ ᠊ᠣᠴᠢᠰᠣᠴᠣᠨ»

　一定　燃烧　火　的　内　从　锻炼　燃烧

译文：欲做精金美玉的人品，定从烈火中锻来。（《菜根谭》）

例 2. ᠨᠠᠨ ᠪᠠᠰᠠᠨ ᠨᠠᠨ ᠰᡠᠯᡝᠨ ᠪᡝ ᠠᠮᠪᠠᠯᠠᠮᠪᡳᠮᡝ ᡤᠠᡳᠵᠠᡵᠠᠺ ᠣᠵᠣᡵᠠᡴᡡ �

　　　　一　补丁　一　丝　把　贪污　取　不行

译文：一缕一丝勿容贪冒。（《菜根谭》）

以上两个句子均选自《菜根谭》，此书是明朝人洪应明收集编著的一部论述修养、人生、处世的语录集，其文字简练，雅俗共赏。例 1 摘自《菜根谭·修身》，运用了明喻和借喻两种修辞手法，比喻词为 ᠠᡩᠠᠯᡳ（像），喻体为 ᡤᡠ（玉），构成明喻修辞手法；借喻是只出现用来代替本体的喻体，在句中专指 ᠳᠠᠮᡳᠨ ᠲᡠᠸᠠ（烈火），以烈火借喻困苦与磨炼，而并非真正指客观物体火焰，借喻中蕴含了火焰所带来的灼热感，在火焰煎熬即重围中得以锤炼，才能成为金玉一般的人。借喻在满族前期语言表述中出现不多，在翻译汉文典籍时，满语根据其语言特点做到了对汉语借喻的理解和翻译。借喻手法也就自然进入满语修辞系统中了。例 2 完全是一个借喻句子。ᠨᠠᠨ（一）ᠪᠠᠰᠠᠨ（补丁）ᠨᠠᠨ（一）ᠰᡠᠯᡝᠨ（丝）直译语义为"一个补丁、一根丝"，按照汉语表达方式译为"一丝一毫"，原文以此作为借喻喻体，突显出哪怕如此细小之物也不曾有所贪取。借喻的运用使抽象事物具体化，便于读者理解，提升了文章美感。

例 3. ᠰᡠᠩ ᡤᡠᠩ ᡳ ᠪᡳᡨᡥᡝ ᠳᡝ ᠰᡝᠷᡝᠮᠪᡳ，ᠮᡠᠵᡳᠯᡝᠨ ᠪᡳᠴᡳ ᠰᠠᡳᠨ ᠪᡝ

　　　宋　公　的　掌文篇章　心　有　善　把

ᠶᠠᠪᡠᠴᡳ，ᠰᠠᡳᠨ ᠣᠵᠣᡵᠠᡴᡡ ᠰᠠᠩᠨᠠᡵᠠᡴᡡ，ᠮᡠᠵᡳᠯᡝᠨ ᠠᡴᡡ ᠪᡝ，ᡝᡥᡝ ᠪᡝ ᠶᠠᠪᡠᠴᡳ，

行　虽善　不赏　心　无　时恶　把　行

ᡝᡥᡝ ᠪᡝ ᠣᠵᠣᡵᠠᡴᡡ ᠸᡝᡳᠯᡝ ᠠᡵᠠᡵᠠᡴᡡ ᠰᡝᡥᡝᠪᡳ ᠰᡝᠮᠪᡳ ᠊᠊

虽恶　罪　不做　　话有

译文：（宋）公文中有云："有心为善，虽善不赏，无心为恶，虽恶不罚。"（《择翻聊斋志异》）

此例选自《择翻聊斋志异》，成书于道光二十八年（1848 年），由翻译进士出身的正红旗扎克丹从原著《聊斋志异》中选取一百三十余篇故事编辑而成。例句首先采用了用典修辞手法，援古喻今增强表达效果，引用的汉语经典一般以名言名句、俗语居多，而此类句子最易以对偶、排比或

二者兼有形式工整出现。例句除了运用用典之外，还综合了对比、排比等多种修辞格，句子在结构上工整，在音节上抑扬顿挫具有节奏感，在内容上通过强烈对比突出主题。满语修辞由单一应用的形式逐步发展为多种修辞手法并用，句子表达效果更强，丰富了语言表现手法。

例4.ᠪᠠᠩᡨᡠᠩ ᠨᡳᠩᡤᡝ ᠨᡳ ᠪᠠᠴᡳᠨ ᠪᠠᠨ ᠨᡳ ᠨᡝ ᠸᠠᠰᡳᠮᠠᡥᠠ ᠠᠮᠠᠯᠠ，

　　　庞　统　的　　肝　脑　地　在　涂　之后

ᡨᡝᠨᡳ ᠮᡳᠨᡳ ᠮᡠ�᠊ᠠᠯᠠᠨ ᠨᡝ ᠠᠴᠠᠨᠠᠮᠪᡳ》

才　我的　心　对　满足

译文：庞统肝脑涂地，方称本心。（《三国志演义》）

例句选自《三国志演义》，它是清朝早期翻译的一部重要文献，也是清代翻译最早的一部小说。《三国志演义》并非作为文学作品用于民众欣赏，反而是作为兵书战策的典范供八旗官兵学习。例句中"肝脑涂地"就直接译成了ᠪᠠᠴᡳᠨ（肝）ᠪᠠᠨ（脑）ᠨᡝ（地）ᠸᠠᠰᡳᠮᠠᡥᠠ（被染上、涂），并没有将肝脑涂地引申义进行满语意译，这是许多满文翻译文献采取的翻译方式，例如乾隆年间《御制翻译诗经》中有诸多词语皆按照汉字字面——对应，成为满文消极修辞中的一种形式，即不破坏原文意境而只将字面词语按照满语语法规则进行对译。其可取之处在于对原文忠实度高，缺陷在于不能明确反映出原句要表达的内涵。

例5.ᡨᠠᠩᡤᡡ ᠮᡳᠩᡤᠠᠨ ᠪᠠᡳᡨᠠ ᠨᡝ ᠴᠠᠩᡤᠠᠨ ᠪᠠᠨᡳ ᠰᡳᠯᡳ ᠮᠠᠯᡥᡡᠩᠨ ᠴᡳᡥᠠᠨ，

　　千　　百　事　在　体面　成　讲情　与其

ᡝᠮᡠ ᠪᠠᡳᡨᠠ ᠪᠠᠰᠠ ᡨᠤᠸᠠᠨ ᠴᡳ ᡤᡠᡳᠯᠠ ᠨᡝ ᠠᠴᠠᡵᠠᡴᡡ》

　一　事　丑陋　看　从　免除　在　不如

译文：求百事之荣，不如免一事之辱。（《菜根谭》）

例句主要运用了对比的修辞手法。汉文原文并非专指具体、实际的某一件或成百上千的事情，而是借用一种概称，实际要表达，哪怕在很多的事情上获得了荣誉，也不如在微小的事情上防微杜渐、避免出丑。满语在数量上以ᡨᠠᠩᡤᡡ ᠮᡳᠩᡤᠠᠨ（千百）之多对比ᡝᠮᡠ（一）之少，由于满语中没有零的概念，因此ᡝᠮᡠ即为数字中的最小值。以表示性质的形容词ᠴᠠᠩᡤᠠᠨ（体面）

对比 ᠪᠣᠴᠣᡴᠣᠨ（丑陋），突出了多少、好坏之间的对立，利用事物间的矛盾属性突出事物本质特征，加强文章的艺术效果，给人鲜明的形象感。

满文翻译文献作为对其他民族语言转译形成的满文典籍，在翻译过程中不仅将原文精华内容吸收过来，而且将原文的语言形式按照满文自身语言系统的特点做出了调整和适应，表现出对汉语语言形式、语言表达、修辞手法的借鉴，将此吸纳进满族语言体系之中，这是民族文化间传播交流带来的共赢，有助于满语修辞体系的进一步完善。

本章从历时角度对满语修辞特点做了归纳总结。修辞作为对语言的调整与修饰，它随着语言在漫长的历史发展中产生诸多变化。有些变化来自语言系统内部，而有些变化则来自本民族语言与其他民族语言交流、接触的互动之中。语言是一个开放、非封闭系统，任何当时对满语修辞产生的借鉴作用，都在历史上成为满语修辞系统构建的一次助推，也成为民族间交往的印记。

第四章

满语修辞的风格

"才有庸俊，气有刚柔，学有浅深，习有雅郑。"

——《文心雕龙·体性》

修辞学不应单纯以修辞格为研究对象，"一是修辞格远不能概括和解决语言运用中的全部问题……；二是修辞格在研究方向和方法上有很大局限性……"①。修辞格是将语言艺术化的手段，属于语言运用中的一部分内容，它虽然是修辞研究的基础，但不是修辞研究的全部内容。要在修辞格基础上研究修辞体系，研究语言表达方式的构成和表达作用，探求语言系统如何运转，其中对修辞风格的分析能揭示语言的风格特点。

第一节　满语修辞的民族风格

语言使用会打上民族的烙印，它是一个民族对客观世界认识的反映，民族内部流通的语言是共享这一语言的个体之间进行信息交流、情感沟通的有效方式。同一民族在语言使用上会依照共同民族心理因素，遵循共同民族文化习俗，适应民族语言的使用特征。多种因素共同作用形成了语言

① 郑远汉 . 修辞风格研究 [M]. 北京：商务印书馆，2004：6.

的民族特点，它是区别于其他民族语言的显著之处，"民族韵味"决定了这个民族的人以这样而非那样的方式表达。满语表达方式与满族民族特点有密切关系，满语修辞也随之彰显了民族风格。

一、满语独有专名

一个民族的语言，能反映出这个民族能够认识世界的界限，只有被这一民族熟识并接纳的词语才有可能出现在这个民族的语言体系中。有一些词语专属于满语词汇系统，这些词语代表了满语与其他民族语言的差异。例如《尸语故事》中的人名、地名等专名多为满语。称呼父亲为"阿玛（ᠠᠮᠠ）"，称呼夫人为"福晋（ᡶᡠᠵᡳᠨ）"，称呼主人为"额真（ᡝᠵᡝᠨ）"，称呼地名为"布叶楚克（ᠪᡠᠶᡝᠴᡠᠺᡝ 可爱之义）"等，均是直接以汉字对满语进行音译。

以体现满族精神信仰的专名词语为例。《尸语故事》源自印度，在阿尔泰语系很多民族中广为流传，在汉藏语系一些民族中也有传播，满文本《尸语故事》是经蒙文本传入满族地区的。在流传的过程中，满文本在语言使用上对原语言进行了适时调整，以便更加贴近满族社会和满语使用特点。比如满文本中有三个故事是关于"猪头萨满"，但在藏文本和蒙古文本中则记载为"猪头大师""猪头卦师"。专名的转换来自满族原始萨满信仰，改"大师""卦师"为"萨满（ᠰᠠᠮᠠ�）"，符合满族精神信仰。北方通古斯民族普遍信奉萨满教，人们认为萨满能够在人、天与地之间进行沟通。人们受到自然界的限制，对客观世界认识不足，需要寻求一种超自然的手段或形式去理解生存现象，表达对自然的崇拜与敬畏，因此人们的原始信仰浓厚，在日常生活中会经常出现这种表示信仰的专名。满族按照民族特色对传入的文本在语言上进行了再加工，这种变异是对其他语言在本民族语言系统内的调整，以便与满族词语的运用、表达、接受程度等更加契合。

类似"萨满"等专名的产生与传统思维方式紧密相关。在原始信仰与哲学思想层面，满族与汉族有很大差异。满族历史上世代生存在白山黑水之间，以游猎为主，其生活方式决定了在满族群体中易于产生原始宗教萌芽，当满族和汉族同样面对自然、世界时会形成完全不同的认识，产生完全相异的表述。汉族对原始信仰的关注不如满族浓厚，汉族的哲学意识要更浓重。"他们在哲学里找到了超越现实世界的那个存在，也在哲学里表达和欣赏那个超越伦理道德的价值……根据中国哲学的传统，哲学的功能不是为了增进正面的知识……，而是为了提高人的心灵，超越现实世界，体验高于道德的价值。"①汉族习惯通过哲学达到某种价值。汉族自古以来，在地理环境、农业经济背景、艺术文化追求等诸多因素的影响下，最终在本土国家衍生出儒家、道家、墨家等诸子百家哲学。在汉族谈及对自然、宇宙等"大一"概念的认识与追求时，会经常运用"仁义礼智信""道，无名""兼爱、非攻、尚贤、节用"等词语，这些是专属于汉族哲学体系范畴内的语言表述。这种差异性才是民族特色的彰显，是一种语言区别于另一种语言、一个民族区别于另一个民族的真实客观反映。

二、表达方式简洁明了

满语在著述文献和翻译文献中都常常表现出简洁的语言风格。在词语运用上，满语常选择一些朴素、通俗的词语进行表达；句法上，满语句子结构是主语、宾语和谓语，有时不用冗长多层次修饰语，避免了烦冗之感；表述上，在消极修辞基础上发挥积极修辞优势，尽可能丰富语言表现能力又不妨碍句子直白、易于理解的风格特点。相比较而言，汉语表述更加强调意境上的共鸣，诸如中国古代哲学家著述，内容往往不相连贯，篇幅也十分简短精练，仿佛没有把道理说明点透一般。但这也构成汉语表述的一个特点，即语言表述的不明晰使得语言所含的暗示趋于无限。一句话越是明晰，其中暗示成分越少；把意义说尽，反而限制了语言的内在意境。汉语富于暗示是汉语艺术追求的目标，"言有尽而意无穷""只可意会不可

---

① 冯友兰.中国哲学简史 [M].赵复三，译.武汉：长江文艺出版社，2015：5.

言传"才是汉语追求的语言情趣，也是汉语语言表达的风格。

在进行满语阅读时，很少有如汉语一般晦涩之感。满语以其简洁、明了的语言表达特点为理解语义提供了很大便捷。满汉之间的对译严格说来，都不能从译文中完整掌握原文的思想和情感。翻译的文字，只是作为一种解释，它只是译者从对原文众多解读中选取的一种，译文往往难于保留原文中的丰富含义，因此若想领会意境，则还需要从原文角度理解。即便如此，依然能够从满语原文或满语译文角度看到满族在语言表述上一贯的简约风格。以乾隆年间编纂的《四库全书》收录《御制翻译诗经》为例，它翻译了中国古代第一部诗歌总集，在语言特点上突出体现了满语的精练风格。

例 1. ᠣᠴᠢᠷᠠᠨ　ᠣᠴᠢᠷᠠᠨ　ᠴᠠᠷᠠ，
　　　鸟鸣声　鸟鸣声　雎鸠

ᠣᠠᠷᠠ ᠴᠣᠣᠳᠠ　ᠪᠠ ᠣᠠᠷᠠ，
河的洲　　在 存在

ᠴᠣᠣᠣᠳᠣᠷᠠᠨ　ᠵᠠᠣᠳᠠᠣᠳᠠᠨ　ᠰᠠᠷᠠᠨ　ᠯᠠᠷᠠᠨ ᠳᠣᠨ，
端庄的　　　大方的　　　聪明的　女孩

ᠵᠠᠣᠳᠠᠨ ᠯᠠᠷᠠᠨ　　ᠯᠠᠷᠠ　ᠹᠣᠣᠳᠠᠨ　ᠳᠣᠣᠨ。
　君子　　　的　好　配偶　成为

译文：关关雎鸠，在河之洲，窈窕淑女，君子好逑。（《御制翻译诗经》）

满文将汉文进行了清晰的解释，"关关鸣叫的雎鸠，在那河洲之上，端庄聪明的女孩子，是好男孩的配偶"。满文采取直译的形式，在理解原文句义的基础上将两种语言在语义上进行对应，用满语词汇进行表述。从满文视角对句子理解更加便捷，"窈窕"翻译为 ᠴᠣᠣᠣᠳᠣᠷᠠᠨ ᠵᠠᠣᠳᠠᠣᠳᠠᠨ ᠰᠠᠷᠠᠨ（端庄、大方、聪明），"逑"翻译为 ᠹᠣᠣᠳᠠᠨ（配偶），满语译文清晰易懂，在内容上也做到了忠于原文。满语译文一方面展现简洁清晰的语言特点，符合满语表达习惯；但是另一方面，它并没有完全突出汉语诗歌典雅高深的意境，"意犹未尽"的阅读体验稍显欠缺。满语表述直白简明只能够令句义明晰，却无法产生像汉语古文一样对美更高层次的追求和体验，这由满语语言特点决定。

例 2. ᠪᠣᠴᠣᠩᡤᠣ ᠠᡳᠰᡳᠨ ᡨᡠᡤᡳ᠂ ᠰᠣᡥᠣᠨ ᡳᠯᡥᠠ ᠨᠠ᠂
　　　彩色的　云的　天　黄、葵黄　花　地

　　ᠸᠠᡵᡤᡳ ᡝ�dᡠᠨ ᠮᠠᠩᡤᠠ᠂ ᠠᠮᠠᡵᡤᡳ ᠨᡳᠣᠩᠨᡳᠶᠠᡥᠠ ᠵᡠᠯᡝᠷᡤᡳ ᠪᠠᡵᡠ᠂
　　　西　风　瘦　　北　　鹅　往南飞

　　ᠠᠪᡴᠠ ᡤᡝᡵᡝ ᠸᡝ ᡤᡝᧁᡝ ᠰᡝᠩᠨᡳ ᠪᡠᠵᠠᠨ ᠪᡝ ᡶᡠᠯᠠᡥᡠᠨ ᡳᠴᡝᠪᡠᡥᡝ᠂
　　天亮　谁　霜　的　树林　把　淡红　染

　　ᡝᠩᡤᡝᠯᡝᠮᡝ ᡤᡝᠮᡠ ᡶᠠᡴᠴᠠᡵᠠ ᠨᡳᠶᠠᠯᠮᠠᡳ ᠶᠠᠰᠠᡳ ᠮᡠᡴᡝ ᠮᠠᠨ ᡴᠠᡳ᠂
　　　总之　全都　分离　人　眼　泪　在　啊

译文：碧云天，黄花地。西风紧，北雁南飞。晓来谁染霜林醉？总是离人泪。（《西厢记》）

此段选自康熙四十九年（1710 年）满文刻本《西厢记》，翻译了崔莺莺唱词《正宫·端正好》。唱词曲折幽深，委婉深沉，充满了离别愁思。前四个分句采取写实手法描写大自然的景物，为最后两句抒情营造离愁意境，最后两句在情感上升华，将萧瑟秋景与悲凄心境化而为一，达到情景交融的艺术境界，长亭送别给人留下了深刻印象。满语翻译前四句比较容易，客观实体基本在各个语言中都存在，只是被称作不同的名称，易于对应。第四句中提到"雁"，雁属于大型候鸟，每年秋季都飞回故巢，因此常被赋予思念、伤感之情，诗人常借雁抒情，但是满语中没有"雁"的概念，没有表示雁的词语，而代之以"ᠨᡳᠣᠩᠨᡳᠶᠠᡥᠠ（鹅）"。一是因为满族生活地区没有雁，雁常群居水边，不适宜在东北地区生存；二是满语中没有哪个表示禽类的词语像汉语一样具有明显的象征意义，也不存在借某词抒发感情的情况，因此满语用一个相似词语进行了代替。最后两句翻译需要仔细斟酌，因汉语一个"醉"字充满韵味，满语表述虽然将原句要表达的意思基本译出，但难免仍觉有些不够厚重。当先读满语再重新品读汉语时，能够加深对汉语原文的理解，这也正说明满语表述是简洁易懂的。有研究者曾指明，"在清初来华传教的外国传教士都首先学习满语，然后通过满译汉文经典来学习和了解汉族文化。这也许是一条不错的捷径，否则那些高深的古汉语是很难让那些'老外们'理解的"①。

例 3. ᠋᠋᠋᠋᠋᠋᠋᠋᠋᠋᠋᠋᠋᠋᠋᠋᠋᠋᠋᠋᠋ ， ᠋᠋᠋᠋᠋᠋᠋᠋᠋᠋᠋᠋᠋᠋᠋ ᠋᠋᠋᠋᠋ ᠋᠋᠋᠋᠋ ᠋᠋᠋᠋᠋ ᠋᠋᠋᠋᠋ ，

　　这样　若　九十　岁　寿　把　增加　再

᠋᠋᠋᠋᠋᠋᠋᠋᠋᠋᠋᠋᠋ ᠋᠋᠋᠋᠋᠋᠋᠋᠋᠋᠋᠋᠋ ᠋᠋᠋᠋᠋ ， ᠋᠋᠋᠋᠋ ᠋᠋᠋᠋᠋ ᠋᠋᠋᠋᠋ ᠋᠋᠋᠋᠋ ᠋᠋᠋᠋᠋

加　　不生　成　色尔古岱　此后　六十　年

᠋᠋᠋᠋᠋ ᠋᠋᠋᠋᠋ ᠋᠋᠋᠋᠋ ᠋᠋᠋᠋᠋ ᠋᠋᠋᠋᠋ ， ᠋᠋᠋᠋᠋ ᠋᠋᠋᠋᠋ ， ᠋᠋᠋᠋᠋ ᠋᠋᠋᠋᠋ ᠋᠋᠋᠋᠋

疾病　无　百　年　补丁　无　屁股　周围　九

᠋᠋᠋᠋᠋ ᠋᠋᠋᠋᠋ ， ᠋᠋᠋᠋᠋ ᠋᠋᠋᠋᠋ ᠋᠋᠋᠋᠋ ᠋᠋᠋᠋᠋ ᠋᠋᠋᠋᠋ 》

孩子　养育　世代　动　八　子　看见

　　译文：如果是那样，增加九十岁寿限。如果再增加下去就不成事理了。色尔古岱从此之后将会六十年没有病痛，百年没有灾罹，九子承欢膝下。（《尼山萨满全传》）

　　例句中有两个词语非常特别：ᠮᠶᠣᠨᠣᠮᠪᠣ ᠰᠠ（九十岁）和 ᠶᠣᠨᠠᠨ ᠵᠤᠶᠢ（九个儿子）。这两个词语音形式完全一样，但是表达意义完全不同。满语通常用数量词直接加人称名词，人称名词一般不用复数，"九个儿子"通常表示为 ᠶᠣᠨᠠᠨ ᠵᠤᠶᠢ，从其后的 ᠵᠠᠬᠣᠨ ᠵᠤᠶᠢ（八个儿子）即可以得到引证，但是例句中却出现了 ᠶᠣᠨᠠᠨ ᠵᠤᠶᠢ 的用法，这在语法上是不符合规范的。结合前后文，将 ᠶᠣᠨᠠᠨ ᠵᠤᠶᠢ（九个儿子）与前文 ᠮᠶᠣᠨᠣᠮᠪᠣ ᠰᠠ（九十岁）连起来看，例句利用了满语谐音特点，利用谐音手法增添语言的奥妙和韵味，这是满语语音特点带给读者的阅读妙趣。汉语"九十岁""九子"的翻译虽然与满语原文进行了对应，语义正确，但是如果抛开原文而仅仅从汉译上理解，则无论如何也无法体会满语谐音所赋予语言的趣味和奇妙。汉语翻译无法完全表述出满语的精髓。

　　满语简洁明了的表述方式无论在著述文献或翻译文献中都多有体现，满语译文或汉语译文也都未必能够完全揭示出原文蕴含的情趣或意境，但也有部分句子能够同时做到二者的结合统一，无论是满语还是其汉语译文都能恰到好处地体现语言使用特点。

---

① 赵志忠．清代满语文学史略 [M]．沈阳：辽宁民族出版社，2002：125．

例 4. ᠊᠊᠊᠊ ᠊᠊᠊᠊᠊᠊， ᠊᠊᠊᠊ ᠊᠊᠊᠊᠊᠊ ᠊᠊᠊ ᠊᠊， ᠊᠊᠊᠊ ᠊᠊᠊᠊᠊᠊ ᠊᠊᠊ ᠊᠊᠊ ᠊᠊᠊ ᠊᠊᠊」

  别人 说 蟒 是 莽啊 杀将军 于 坏 说

译文：有人云："蟒者莽也，杀之，于将军不利。"（《随军纪行》）

《随军纪行》是作者曾寿在康熙十九年(1680年)至康熙二十一年(1682年)以平定三藩等军事行动为主要内容的一本满文日记。例句中将军名字为 ᠊᠊᠊᠊᠊᠊（莽吉图），清代称呼满族官员多用其名字第一个音节，因此 ᠊᠊᠊᠊᠊᠊（莽吉图）可简称为 ᠊᠊᠊，其第一个音节 ᠊᠊᠊ 与"蟒"字同音，所以有人认为，莽吉图杀蟒是不吉利的。满文原文表述为 ᠊᠊᠊᠊ ᠊᠊᠊᠊᠊᠊ ᠊᠊᠊ ᠊᠊，直接翻译为"蟒是莽啊"，词语数量少，单词也是普通常见的一般词汇，表述上简单清楚，利用汉语和满语谐音制造出的语言情趣在清前期满文著述文献中并不多见，却为语言使用增添了许多色彩，这也是满语语言特点、满族姓名文化二者共同作用的结果。

例 5. ᠊᠊᠊᠊ ᠊᠊᠊᠊᠊᠊ ᠊᠊᠊᠊ ᠊᠊ ᠊᠊᠊᠊ ᠊᠊᠊᠊ ᠊᠊᠊᠊ ᠊᠊᠊᠊

  蒙古 的 生 天 在 云 生 下雨 一样

᠊᠊᠊，᠊᠊᠊ ᠊᠊᠊᠊᠊ ᠊᠊᠊᠊，᠊᠊᠊᠊ ᠊᠊᠊᠊᠊ ᠊᠊᠊᠊ ᠊᠊᠊ ᠊᠊᠊᠊ ᠊᠊᠊᠊ ᠊᠊᠊ ᠊᠊᠊

啊 各众 全部 会合 兵 立 我们 蓑衣 披 住 他的

᠊᠊᠊᠊ ᠊᠊᠊᠊ ᠊᠊᠊᠊᠊ ᠊᠊᠊᠊ ᠊᠊᠊᠊ ᠊᠊᠊᠊ ᠊᠊᠊᠊᠊ ᠊᠊᠊᠊ ᠊᠊᠊，᠊᠊᠊

全部 兵 散 天 云 离开 晴天 一样 啊 他的

᠊᠊᠊᠊ ᠊᠊᠊᠊ ᠊᠊᠊᠊᠊ ᠊᠊᠊，᠊᠊᠊᠊ ᠊᠊᠊ ᠊᠊᠊᠊ ᠊᠊ ᠊᠊᠊᠊

全部 兵 离开 之后 我们 他的 踪迹 把 跟随

᠊᠊᠊᠊᠊ ᠊᠊᠊᠊᠊」

只管 取

译文：蒙古之势，犹天空云生而雨也。其合众而发兵，我则披蓑而从。其众兵散，我则蹑其踪而取之。（《内阁藏本满文老档》）

  例句选自《内阁藏本满文老档》，是太祖分析满洲与蒙古之关系时的一段话。可以直接从满文原文分析其语言表达特点。在论述两部落间关系时，太祖运用了对比手法，在谈到蒙古发展势头时，又运用了比喻修辞，所选取的喻体也是简单易懂的 ᠊᠊᠊᠊（天）、᠊᠊᠊᠊（云）、᠊᠊᠊᠊（下雨），说蒙古势头如果像天上产生云继而下雨的话，那么满洲采取相应的对策则是 𐊡𐊡𐊡 （蓑衣） 𐊡𐊡𐊡 （披着）。这些都是人们理解的日常知识，以蓑衣去抵御雨水是很司空见惯、普通平常的事情。满族就是善于利用这种很简单、很直接的方式去说明复杂问题，简洁的表达方式突显了满族与自然的联系更加紧密，其对自然的认识也更深刻，这是由满族历史文化传统所决定的。这种清晰的表述亲和力强，不同于以往及清朝后期史书记载的严肃性和公文用语的套路形式，《满文老档》语言表达除了具备史书记载史实的历史功能外，它也同样可以从文学角度进行赏析，语言兼具优美、简洁的特点，赵志忠先生曾给予《满文老档》"开满族作家文学之先河"[1] 的高度赞誉。

三、满语俗语的流传

每种语言都以特有、任意的方式把世界分成不同的概念和范畴。每种语言的运用，就是语言使用者对世界的理解方式。语言可以有不同形式，这是语言的外部表现，语言有时也可以用不同形式表示同一个意义，相异的表达方式是不同思维的体现，它与文化传统、民族特性等要素息息相关。俗语作为对经验的浓缩和概括，具有传播、教化等社会功能。它不仅承载着由历史凝结而成的文化属性，同时还兼有这一语言现象的民族特性。满语俗语就是满族人在长期社会生活中，在文化传统熏陶下，将本民族对自然、宇宙、人生的看法，概括整理而成的简单的语言，内容朴实却透出哲理，这也正是俗语最大的特点和价值。

俗语是一种通俗并且广泛流传的语句，其特点是简练、形象，它反映了人们对世界、对人生的观点和态度。俗语可以包括谚语、俚语或者口头常用的成语，总体呈现凝练而鲜明的特点，内容上反映人生观和世界观，体现民族处世智慧。语句在形式上善于运用丰富的修辞手法，形成独特的语言表现特点。满语俗语是依照满族思维、以满语原创的语言形式，因此

---

① 赵志忠.清代满语文学史略 [M].沈阳：辽宁民族出版社，2002：73.

无论在内容或是形式上都值得仔细品味。

例 1. ᠮᠪᠢᠣᠮᠮᠠᠨ   ᠵᠣᠮᠯᠠᠮᠮᠠᠨ，   ᠵᠣᠮᠠᠷᠠᠮᠠᠨ   ᠣᠵᠠᠢᠮᠠᠨ »（《同文广汇全书》）

　　　　衔着的　人的　　咽了的　本身的

自译：到手的才是自己的。

满语俗语记录当推康熙年间刊刻的《同文广汇全书》。此书共收录 43
条满语俗语，是具有满族文化特色的代表作品，因此也成为学者研究满语
俗语的首选资料。这个句子运用了对比和对偶的修辞手法。ᠮᠪᠢᠣᠮᠮᠠᠨ（衔着的）
与 ᠵᠣᠮᠠᠷᠠᠮᠠᠨ（咽了的）对比，ᠵᠣᠮᠯᠠᠮᠮᠠᠨ（人的）和 ᠣᠵᠠᠢᠮᠠᠨ（本身的）对比，同时，
这两组对比也形成了工整的对偶结构，名词性词语相对应，语音上和谐工
整。内容反映了满族人对事物的看法，突出人们对结果要求稳妥的性格。
在表达方式上能明显感觉到汉语和满语的差异，汉语更加直接，突出点明
主旨，强调结果，而满语虽然在内容上与汉语要表达的内容一样，却采取
了形象的修辞方式，它用"口里衔着的"和"肚里咽下的"，来分别对应"别
人的"和"自己的"。从思维方式来讲，满语更偏向于具体描述，而汉语
译文更突出抽象概括。这是满汉思维方式不同导致的语言表述的差异。

例 2. ᠪᠪ   ᠣᠭᠠᠨᠨ，   ᠵᠣᠣᠨ   ᠣᠨ   ᠬᠢᠮᠢᠭᠣᠮᠣᠨ »（《同文广汇全书》）

　　　　房子 完了　斧子　把　扔、抛

自译：用人朝前，不用人朝后。

这句话从字面上直接翻译表示的意思是"房子（盖）完了，（就）把
斧子扔掉了"，内涵要表达的是"需要的时候就用，不需要的时候就丢掉"
的意思，对应汉语中现有的俗语，翻译为"用人朝前，不用人朝后"的语义。
满语俗语更容易从具体事物中找到俗语的创作灵感，像房子、斧子都是日
常生活中的常见物品，满族善于从具体出发阐明深刻道理。而表达同样意
义的汉语俗语相比较而言，更倾向于利用隐晦而且含蓄的手法。最初使用
词语指称事物时，往往是用一个名称来指明具体实体事物，从个体属性拓
展到外延，这种认知是一个漫长过程，需要从语言回到思维，总结指称与
客观世界之间存在的联系，发展出对内涵的高度抽象。满族对世界认知不
断深入，发现事物本质，通过丰富的创造力建立起各种事物之间的联系。

例3. ᡥᠠᠰᡥᠠ ᠪᡳ ᠰᡝᠮᡝ ᡝᡵᡩᡝᠮᡠ ᠪᡳ, ᠸᠠᡴᡧᠠᠨ ᠪᡳ ᠰᡝᠮᡝ ᡶᠠ ᠪᡳ"(《同文广汇全书》)

　　数珠　在　也　德　有　　蛤蟆　在　也　戏法　有

自译：数珠也有德，蛤蟆也有法。

例句俗语前后两个半句运用了对比、对偶的修辞手法，形式工整，以 ᡥᠠᠰᡥᠠ（数珠）对应 ᠸᠠᡴᡧᠠᠨ（蛤蟆），以 ᡝᡵᡩᡝᠮᡠ（德、才）对应 ᡶᠠ（魔术、戏法）。按照原文字面理解，即无论数珠还是蛤蟆都有它们的可取之处，这非常类似汉语"人不可貌相，海水不可斗量"所表达的意义。汉语为了俗语的广泛传播，同样善于利用对比的、对偶的修辞手法进行创造。就此例表示相同内涵的两句而言，汉语用了"人""海水"的概念，而满语则用了"数珠""蛤蟆"的概念。汉语选取比较的事物范围更大，属于一个集合概念而并非某一具体指称；而满语选取的比较物则更加具体，属于概念范畴内的一个类属。同样是表达"人不可貌相"意义之俗语，满语除了在《同文广汇全书》中是这样表述外，在《庸言知旨》中则表述为 ᠶᠠᡵᡤᠠ ᠪᠣᠴᠣ ᠣᠯᠮᡳᠨ, ᠨᡳᠶᠠᠯᠮᠠ ᠪᠣᠴᠣ ᡩᠣᠯᠣ（豹的颜色在浮皮，人的成色在内里）。虽然表述不同，但都有不要徒看外表、勿以貌取人之义。满语俗语表述中对动物词语的运用体现了满族人骑射、狩猎的民族习惯。满汉两个民族在表达同样道理时运用不同思维方式，选择不同角度进行语言表述，突显民族特色差异。

例4. ᡩᡠᠪᡝᠨᡝᠮᡝ ᠠᠮᠪᠠ ᠪᠠᠶᠠᠨ ᡝᠨᡨᠣᠨ ᠣᡩᠣᡥᠣᠪᡠᠮᡝ, ᠵᠣᠪᠣᡶᠣᡩᠣ ᡝᡥᡝ,

　　究竟　　大　事情　把　经过　　折磨　老人

ᡝᡵᡝ ᡠᡨᠨᠴᠨᠮᡝ ᠠᡤᠠ ᠪᡝ ᡠᠰᡳᡥᡳᠪᡠᠮᡝ ᠨᠢᠶᠠᠯᠮᠠ ᠰᡳᠯᡝᠩᡤᡝ ᠪᡝ ᠣᠯᡥᠣᡵᠠᡴᡠ"

　　此　　就　　雨水　被　弄湿　　人　露水　对　不畏惧

译文：到底是经过大事受过折磨的老人家，这就像观于海者难为水。（《庸言知旨》）

俗语应用性很强，它的流传往往与语篇、语段相联系。俗语虽然数量不多，却成为语篇中阐明观点、增强论证的有效方式，能够为语言叙述增色不少。例句选自《庸言知旨》，它是一部成书于嘉庆七年（1802 年）的满汉合璧对话体文献，旨在督促旗人学习掌握满语、弘扬满族文化，延续本民族语言文化发展。行文过程中广泛运用满语俗语突出中心论点，也为俗语整理研究提供了宝贵的基础语料。

此句要表达人经过大风大浪便不格外在意小的失败挫折之义，句子引用满语俗语 〔满文〕，字面含义为"被雨淋湿的人不怕露水"，含有"经过大难不怕小烦"之义。《庸言知旨》将其译为"观于海者难为水"，指观看过大海的人难以被其他的水所吸引。此句出自《孟子·尽心上》篇，原文为孟子曰："孔子登东山而小鲁，登泰山而小天下。故观于海者难为水，游于圣人之门者难为言。"例句对俗语的引用突出强调作者想要表达之观点，起到点睛作用，比单单一句 〔满文〕，〔满文〕（到底是经过大事受过折磨的老人家）在感情色彩、表达效果上要生动得多。

除了由满族原创的满语俗语之外，满语也会翻译一些汉语俗语，扩充到俗语范畴内流传。虽然这些俗语非满族创作，但是在用满语转译汉语俗语时，满语对词语选择、对句子结构的设定均能体现其语言特点。

例 5. 〔满文〕，〔满文〕 〔满文〕 〔满文〕，〔满文〕
　　　贵　房　什么　　依靠　　生活过得去　　上、贵

〔满文〕 〔满文〕，〔满文〕 〔满文〕 〔满文〕》
对比　少　虽然　　下　　比较　　多

译文：贵府，凭怎么还能着过得，比上不足比下有余。（《庸言知旨》）

"比上不足比下有余"是一句汉语俗语，但是满族将其借入满语俗语系统重新翻译，形式上按照对偶结构，内容上两两相对。汉语中所说的"上""下"分别译成了〔满文〕（尊贵、兴盛）和〔满文〕（低贱、贫寒）。"上下"的汉语概念要更宽泛，可以是位置、阶层或者身份上的，满族所选词语其外延比汉语要浓缩，也反映其具象、详尽的思维过程，这使满语俗语的最大特点就是通俗易懂。满族在阐明一个道理时运用的词语都非常简单。其他转译汉语俗语所选词语，均是日常生活中常见常接触的，比如"〔满文〕，〔满文〕（天下无难事，只要有心人）"中 〔满文〕（山峰）、"〔满文〕，〔满文〕（拆了东墙补西墙）"中 〔满文〕（斧子）和〔满文〕（锥子），形容词比如"〔满文〕，〔满文〕（男子汉美，哈拉巴宽）"

中 ᠰᠠᡳᠨ（俊美）；ᠣᠨᠴᠣ（宽）、ᠰᡳᠶᠠᠨ（哈拉巴、肩胛骨）等。这些词都很贴近满族生活常态，是满族从日常生活中总结出的智慧，他们运用这些简单概念抽象出丰富的人生哲理，反映出对客观世界的认知。

第二节　满语修辞的时代风格

修辞是将语言进行合理调整的过程。语言总是带有时代烙印，修辞不能脱离语言单独存在，因此修辞方式往往也带有时代特点。修辞的时代风格是指一个民族的人们在某一历史时代运用语言的方式因受到时段因素影响而具有独特的修辞特点。处于同一时代、同一民族的人们，由于受到社会环境制约，往往拥有相似的表达方式，表现出相同的时代特点。修辞手法是社会发展的产物，具有时代特点。

一、新增词语在特定时代下产生

修辞由积极修辞与消极修辞两部分构成。在时代特点范畴内，消极修辞发挥了更大作用，它体现为词汇系统中新词的产生，既可以是新发明创造的词语，也可能是从其他民族语言中借用、不同于本语言系统的词语，无论是哪种情况，都是反映修辞时代性的重要方面。语言在随着社会发展而进步的过程中会始终彰显时代特色。政治改革、经济发展、文化进步都能够促使语言词汇系统的扩大和改进，甚至在特定历史时期产生和运用的词语会更加具有鲜明的时代特性。

清入关之前即接触到佛教，努尔哈赤和皇太极对佛教采取了尊崇政策，佛教在满洲内部得到传播发展，佛教文化逐步渗透于满族文化内部，当时便开始了满文翻译佛经活动。入关前官方史料《满文老档》记载达海用满文译汉籍有《万全宝书》《刑部素书》《三略》。始译而未竣者有《通鉴》《六韬》《孟子》《三国志》《大乘经》。①在尊崇佛教、翻译佛经的社会环境下，满语词汇系统迅速吸收了一部分佛教词语。

以满语"菩萨"一词为例。现在的满文词汇系统中有三个表示"菩萨"语义的词，即ᠪᡠᠰᠠ（pusa）、ᡶᡠᠰᠠ（fusa）和ᠪᠣᡩᡳᠰᠠᡨᡠ（bodisatu）。最早出现"菩萨"一词的满文文献为天命朝《满文老档》，书写形式只有一种，即ᠪᡠᠰᠠ，与其构成的词组多为ᠪᠠᠰᠠ ᡤᡠᠸᠠᠨ ᠪᡠᠰᠠ（观音菩萨）或ᠪᠠᠰᠠ ᠰᡳ ᡤᡠᠸᠠᠨ ᠪᡠᠰᠠ（观世音菩萨）；康熙二十二年（1683年）沈启亮编纂的清代第一部满汉文对照辞书《大清全书》中并未收录ᠪᠣᡩᡳᠰᠠᡨᡠ、ᡶᡠᠰᠠ，只收ᠪᡠᠰᠠ一词；康熙四十七年（1708年）清代官方编纂的第一部以满文解释满文的词典《御制清文鉴》中没有菩萨ᡶᡠᠰᠠ的写法，但是有ᠪᠣᡩᡳᠰᠠᡨᡠ和ᠪᡠᠰᠠ两种书写方式。因此可以确定，这三个词中，ᠪᡠᠰᠠ一词出现得最早。对ᠪᡠᠰᠠ的释义为ᡶᡠᠴᡳᡥᡳ ᠰᡝᡵᡝᠩᡤᡝ，ᡠᠯᡳ ᠪᠣᡩᡳᠰᠠᡨᡠ ᠰᡝᠮᠪᡳ（亦为佛之别号，也称bodisatu），ᠪᠣᡩᡳᠰᠠᡨᡠ语义也为"菩萨"，但在《御制清文鉴》中并没有收录满文释义。有学者研究指出，ᠪᠣᡩᡳᠰᠠᡨᡠ一词来源于梵语bodhi-sattva②，是在满译佛教经文过程中借来的梵语词。在《御制清文鉴》中有一个词为ᠪᠣᡩᡳᠰᠠ，释义为ᠮᠣᠣ ᡩᡝ ᠪᠠᠩᠠᠷᠠ ᡨᡠᠪᡳᡥᡝ ᡳ ᡤᡝᠪᡠ，ᠰᡳ ᡴᠠᠩᠠ ᠪᠠᡴᠴᡳ ᠴᡳ ᠠᠨᡤᠠᡵᠠ，ᡝᠮᡠ ᠪᠠᠯᡳ ᡩᡝ ᡝᠮᡠ ᡨᠠᠩᡤᡠ ᠵᠠᡴᡡᠨ ᠪᠠᡴᠴᡳ ᠪᠠᠩᠠᡵᠠ，ᠮᠠᡳᠯᠠ ᡥᡳᡵᡝᠨ ᡴᠠᠮᡩᡠᠨᠠᠴᡳᡥᡳᠨ（树上所接果之名，自西方传入。一只松塔上可得一百零八颗子，可做念珠佩戴）。ᠪᠣᡩᡳᠰᠠᡨᡠ（菩萨）、ᠪᠣᡩᡳ（菩提）与ᠪᠣᡩᡳᠰᠠ（菩提子）在语音和语义上都有对应规律，ᠪᠣᡩᡳᠰᠠ的释义中称其来自西方，ᠪᠣᡩᡳᠰᠠᡨᡠ借自梵文，再加上ᠪᡠᠰᠠ来自汉语读音"菩萨"，也就是说在清朝初期至康熙中期，满洲社会对佛教文化采取了接受态度，对佛教的认识途径分为两种：既可以直接从梵文中理解，也可以通过汉语翻译。随着佛教文化的不断传播，佛教用语也越来越规范。康熙二十二年（1683年）《大清全书》不收录ᠪᠣᡩᡳᠰᠠᡨᡠ，康熙四十七年（1708年）《御制清文鉴》收录此词，乾隆三十六年（1771年）以《御制清文鉴》为基础编纂的《御制增订清文鉴》中舍弃ᠪᡠᠰᠠ的书写方式而根据满语语音

① 中国第一历史档案馆，中国社会科学院历史研究所. 满文老档[M]. 北京：中华书局，1990：1332.

② 长山. 满语中梵语借词研究[J]. 满语研究，2014（1）：44.

系统规律改为 ᠴᡠᠸᠠᠨ 的书写方式。乾隆五十五年（1790 年）编修的《清文翻译全藏经》（一百零八函）已经将"菩萨"一词的满语写法全都统一规范为 ᠴᡠᠸᠠᠨ 形式。这是打上了时代烙印的词语，反映了词汇发展的时代特色。因此如果单从一个词语的书写形式上判断，就能大致推测其存在时间，有助于对文献、语言等问题的探究。

《尼山萨满》是在满族社会中普遍流传的文学作品，共有五个版本，每一版本由于发现时间和地点不同，在语言运用上都呈现出细微差别。赵志忠先生在翻译其中一个版本（《新本》）的过程中曾发现两个达斡尔语，"一个是 omie（敖麦神），为管生育的神，又称作'敖米娘娘'；一个是 dagina（仙女）。这两个词在其他手抄本中是没有的，也许是证明'新本'搜集地在达斡尔地区的旁证"①。通过对其他民族语言词语的借用，能够看出语言使用受到不同时期、不同地点的影响，它也是民族间文化交流产生的结果。尤其像《尼山萨满》这种口传文学，同样一个故事由于在不同地区、不同时代传播，语言虽然在总体上会保持相对稳定的状态，但个别涉及信仰等的词语会随着流传地区文化传统的不同做出适当调整，有一些干脆会将某一地区独具代表性的词汇直接补充到、流传到此地的版本中，通过其中细微痕迹，仍能看到语言变化的过程，而它们恰好为研究者留下了追根溯源的思路。

如果民族间词汇借用是在共时角度即能观察到的现象，那么对一个词语在不同时期的历时分析就是对词语时代特色做出的解释。消极修辞所体现的时代特点是当时满族精神的外在表现。就像满族入关之前，努尔哈赤、皇太极将佛法作为其统治思想，于是上行下效，民众一时纷纷尊崇佛家教义，佛教专有名称得到普及，无论是个人还是从国家层面编辑刊行的文献，都将佛教专有名称收录其中且不断修正规范，以适于满族语言系统规律，从流传下来的文字材料中即可得到印证。"词汇是语言中对时代社会发展变化的反映最为敏感的因素。大凡特定的社会生活和社会生活的变化都会

① 《尼山萨满》全译 [M]. 赵志忠，译注. 北京：民族出版社，2014：11.

在词汇中得到直接的反映。"① 这是满洲民众当时生活状况的反映，也是社会精神风貌的体现。

二、语言表述随时代背景而变化

语言总是处于变化之中。所处的历史时期不同，人们表述习惯便也不尽相同。清初时期，满语表述更倾向于利用消极修辞，以描写手段描述事物、叙述事件。而随着满族社会的发展和对汉族文化的吸收，满语表述方式逐渐发生了变化。从清朝不同时期满文文献中可以看到修辞的时代特征。

例 1.

淑勒　恭敬汗　甲叶甲　穿　大　白马　马

在　骑　众　兵　从　另外　出　前　乌拉　河　水　在

马　的　马胸　从　蹚水　立　怒　说　布占泰　把你　战争　于

得　杀　身体　把　养育　乌拉　国　对　遣送　主人　成　我的

三　孩　把　给　布占泰　你　七　次　发誓　话　把

天　把　高　地　把　厚　　改变　我的　所属　虎尔哈

路把　二　次　袭击　捉拿　你　养　父　我的　行

聘礼给叶赫的　女孩　把　布占泰　你　抢夺　取

说　你　我的　孩　把　不同　国　对　去　主　福晋

① 黎运汉.论语言的时代风格 [J].暨南学报（哲学社会科学），1988（3）：120.

成　生　　给　罢了　把你　骹箭　　给　有吗　我的

孩　恶　罪　做　对我　告诉　天　从　降　爱新　觉罗

姓　人　对手　至　例　把你　出　　百　世　把　不知

罢了　十　十五　　世　从　以来　不知　吗　我的　爱新

觉罗　姓　人　对手　至　　例有　布占泰　你　是

成　我的　兵　来　不是　成　爱新觉罗　姓　人　在

手　至　例　无　布占泰　你　什么　为　在　我的　孩

把　骹箭　此　骹箭　名　把　死　　此　名　把　背负　拿去吗

活　处　生　在　那　恶　名　把　心胸　在　抱住　　住吗

古代　人　说　人名　折　宁可　骨头　折　　说

花的　绳　把　知道　威武的　　蛇　像　想　疙瘩　水　把

知道　海　水　像　想　此　战争　兵　把　我　愿意　喜欢

来　不是　我的　孩　把　骹箭　听说　因此　怨恨　我

自己　　立　来　此　是　　说

译文：聪睿恭敬汗擐明甲，乘大白马，独出军前，至乌拉河水没及马前胸处站立，怒曰："昔养布占泰尔阵中应戮之身，遣归乌拉国为君，以我三女妻尔。布占泰尔以为天高地厚，七负盟言，二犯我属虎尔哈路，更声言夺养父我已聘叶赫之女。嫁我诸女与异国，当尊为其国君之福晋，岂与尔以鸣镝射之耶？若我女有过，当来告我。汝可举出殴以尔天生爱新觉罗氏人之例，百世之事或不知，十世、十五世以来之事岂不知耶。如有殴我爱新觉罗氏人之例，则以尔布占泰为是，以我出兵为非也。倘无殴击爱新觉罗氏人之例，则尔布占泰缘何以鸣镝射我女耶。此鸣镝之名，我生而拥其恶名于怀，死而负之而去乎。古人云：'宁折骨，毋损名。'见花绳似毒蛇，见涨水如海水。今此出兵，非我所愿，因闻以鸣镝射我女，愤而亲至，即此也。"（《内阁藏本满文老档》）

此段出自清入关前官修文献《满文老档》，这是努尔哈赤因布占泰背信弃义、以骲箭射女为由对布占泰训斥的一段话。此段大部分语言表述都以摆事实、讲道理为主。努尔哈赤从军前宽恕布占泰并以女妻之等恩养开始，到指责布占泰恩将仇报、违背天命，实在不能容忍其种种做法，都为了证实兴兵讨伐是正义且公道的行为。在这段语言表述中，努尔哈赤字里行间都表达了对布占泰的指责和愤怒，在陈述事实过程中连续用了三个疑问句式，语气层层加强，感情步步强烈。在话语最后，努尔哈赤更是引用一句古语，借以突出自己的观点，证实了自己所讲道理的准确性和正确性，一针见血，掷地有声。此段文字在总体上反映了叙事说理有条理、清晰，语言充满愤怒语气。

满族入关之前由于尚未大量接触汉族文字作品，满语表达能够比较客观、全面地展示其语言面貌，反映语言特点。诸如《满文老档》等满族前期史料中，由于其体裁的特殊性和满族语言运用的习惯，消极修辞占了很大比重，而积极修辞中则以比喻、引用等少量形式为主要修辞手法。

例 2. ᠴᠢᠩᠶᠠᠨ ᠪᡳ ᡨᡠᠪᡳᡥᡝ ᡨᡠᠪᡳᡥᡝ᠈

　　　卷耳　把　采　采

荆条　筐　在　仍然　缺少　知觉

　　我的　想念　人把　想

　　不如　大　旷野　到　抛

　　此　山　在登

　　我的　马　疲乏

　　我　暂且　金　的酒瓶　把　分

　　念念不忘　想念　把　稍微　放松

　　那　山脊　对　登

　　我的　马　疲惫

　　我　暂且　犀牛　角　的　杯子　把　分

　　念念不忘　伤心　把　稍微　放松

　　译文：采采卷耳，不盈顷筐。嗟我怀人，置彼周行。陟彼崔嵬，我马虺隤。我姑酌彼金罍，维以不永怀。陟彼高冈，我马玄黄。我姑酌彼兕觥，维以不永伤。（《御制翻译诗经·卷耳》）

　　此段出自乾隆朝《钦定四库全书》中收录的《御制翻译诗经·卷耳》一篇。康熙朝以来翻译了大量汉文经典及汉族文学作品，满语表达方式也发生了细微变化。满语翻译汉语有时按照字面意义直译，有时将汉语进行意译。第一句"采采"直译为两个动词 ᠣᠷᠠᠮᡝ ᠣᠷᠠᠮᡝ，满语中一般不将两个相同的动词以原形形式连用，但此句为了对应原文，也为了韵律上对应，特意将 ᠣᠷᠠᠮᡝ（采）连写两次；"金罍"应为盛酒的青铜器，满文将其直译为 ᠠᡳᠰᡳᠨ ᠰᡝ ᠮᠣᠯᠣ（金瓶子）；兕觥义为"用野牛角做的酒杯"，满文将兕觥直译为 ᡴᠠᡵᠠ ᡳᠬᠠᠨ ᠰᡝ ᡥᠣᠨᡴᠠᠯᡳ（犀牛角的杯）。满语翻译汉语文献在符合原文语义基础上，尽量贴合了原文韵律、节奏、形式，但是汉语语言模式又限制了满语表达。乾隆年间翻译文献中满语表达方式是在汉语框架下展现的，它越来越受到汉语修辞特点的影响，开始频繁地出现排比、对偶等积极修辞手法，而与清初直接、自然的语言特点形成了对比。语言不断发展，在不同时代，语法、词汇或者修辞特点的变化都能够反映时代面貌。

例 3. ᡠᠵᡠ ᠪᡳᠨ ᡠᠵᡠ ᠴᡳ ᠯᠠᠪᡩᡠ，

　　头　有　头　比　多

　　ᠶᠠᠯᡳ ᠪᡳᠨ ᠶᠠᠯᡳ ᠪᡝ ᠰᠠᠪᡠᠷᠠᡴᡡ，

　　肉　有　肉　把　看不见

　　ᡠᠮᡥᠠᠨ ᠪᡳᠨ ᡠᠮᡥᠠᠨ ᠪᡝ ᡨᡠᠴᡳᠷᠠᡴᡡ，

　　蛋　有　蛋　把　不出

　　ᠮᡠᡴᡝ ᠪᡳᠨ ᠮᡠᡴᡝ ᡩᡝ ᠪᡳᠷᠠᡴᡡ》

　　水　有　水　在　不栖息

译文：有头强于头，

　　　有肉不见肉，

　　　有卵不见卵，

　　　有水不栖久。

谜底：螃蟹。（《满谜》）

此例为光绪年间刊刻的满语谜语。满语的使用自乾隆朝已经开始呈现出衰落趋势，光绪时期汉语已经超越满语成为主要通用语言，但是在谜语中依然能够看到满语使用的一些特点。它大量应用排比、对偶句式以贴合体裁要求，多种形式的修辞手法同时出现在简短的篇幅中，使语言表达显得丰富饱满。

语言表述方式随着历史时代变迁而产生变化。清朝初期满族处于民族崛起、对外与明朝抗衡、对内兼并各个部落的战争时期。在战争阶段语言表述以清晰、明确、直白的消极修辞为主要方式，在阐明战争性质、国家大义，鼓励士气时兼顾诸如排比、比喻等基本修辞手法。满族入关后国家经过整顿进入平稳发展阶段，尤其经历康乾盛世时期，在政治、经济、军事上稳步提升，在吸收汉族文化、整合满族文化过程中，从语言应用角度做出新的尝试，语言表达转向丰富、表现力更强的积极修辞，满语表述更加具有语言特色。即使在清朝后期，语言已经进入衰退阶段，也能够在一些特殊语言形式中充分运用积极修辞或是消极修辞，说明语言的使用特点与使用习惯已然成为一种模式了。

语言与现实之间总是存在着千丝万缕的联系，语言反映了客观世界，世界以语言内容的形式得以呈现，借助语言完成了世界的个体化，使之从一片混沌中得以显现，与他者区分开来。语言不仅反映世界，语言也对客观世界做出反应。世界保持变化，语言紧随其后，适时做出各种调整以适应社会变化发展，世界发展会给语言改变提供动力，呈现出不同社会背景下语言使用的差异性。

第三节　满语修辞彰显的语言表现风格

文体特点的确立与修辞运用有很大关联。文体在某种程度上来讲就是表达，就是对语言的选择和整合，这一过程即为广义范畴的修辞。修辞差异导致文章语言表现风格不同。陈望道先生早就在其著述中提出过修辞显示的语言表现风格，本节也基本按照陈望道先生的思路及分类，分别加以阐述。

一、语言的口语风格

语言的口语风格通常体现在满文对话体文献中，口语体是在以口头方式进行语言交际的基础之上形成的。在日常生活中，遇到什么样的情境就会有与这种情境相适应的语言，运用的词语往往体现出自然贴切、亲近现实的特点，避免选择正式、生涩词语。语言的口语风格通过形象的表达方式，能够拉近作者与读者之间的距离。

例1. ᠊ᡳᠨᠠᠩᡤᡳ ᠊ᡳᠰᡳᠨᠵᠠᡥᠠ ᠊ᠪᡳ， ᠊ᡳᠰᡳᠨᠵᠠᡥᠠ ᡳᠨᡠ ᠊ᡝᠮ

把你 请 曾 狗 也 一

᠊ᡤᠠᡳᠪᡠᠨᠠᡥᠠ ᠊ᠪᡳ ᠊ᠠᡴᡡ 》

派 处 无

译文：请他去来着，狗也没打发一个来。（《清文指要·交恶》）

此句主句为 ᠊ᡳᠨᠠᠩᡤᡳ ᠊ᡳᠰᡳᠨᠵᠠᡥᠠ ᠊ᠪᡳ，分句为让步关系，为了强调主句语义以分句作为衬托。分句中为了表达"他"对邀请的不重视，以动物 ᠊ᡳᠰᡳᠨᠵᠠᡥᠠ（狗）"尚且没打发来，何况人又怎么能来"的语义表达了说话者讽刺和不满情绪，语言表达犀利强烈。

例2. ᡝᡵᡝ ᡤᡝᠯᡳ ᠊ᠪᡳ， ᠊ᡳᠰᡳᠨᠵᠠᡥᠠ ᡳᠨᡠ， ᠊ᡝᠮ ᠊ᡤᡝᠨᡤᡳᠶᡝᠨ

他 又 谁 是 穷 穷 啊 早 吃

᠊ᡳᠨᠠᠩᡤᡳ ᠊ᡳᠰᡳᠨᠵᠠᡥᠠ ᠊ᠪᡳ ᠊ᡴᡝᠮᠪᡳ， ᠊ᡳᠰᡳᠨᠵᠠᡥᠠ ᠊ᡴᡝᠮ ᠊ᡳᠨᠠᠩᡤᡳ ᠊ᡳᠰᡳᠨᠵᠠᡥᠠ，᠊ᡳᠰᡳᠨᠵᠠᡥᠠ

后 晚上 把 考虑 每天 游荡 魂 像 饥饿

᠊ᠪᡳ ᠊ᡴᡝᠮᠪᡳ， ᠊ᠪᡳ ᠊ᡴᡝᠮ ᠊ᡳᠰᡳᠨᠵᠠᡥᠠ，᠊ᡳᠨ ᠊ᡳᠰᡳᠨᠵᠠᡥᠠ ᠊ᡴᡝᠮᠪᡳ ᠊ᡳᠰᡳᠨᠵᠠᡥᠠ

把 忍耐 地 地方 着急 一 草芥 草 捡起

᠊ᡴᡝᠮᠪᡳ， ᠊ᡳᠨ ᠊ᡴᡝᠮ ᠊ᡳᠰᡳ 》

得到 都 稀罕 者

译文：他又是谁来着呢？穷的腥气，早起吃了，打算晚上的，终日游魂一样，饿着肚子，各处张罗，拾着一根草，都是稀罕的。（《清文指要·发迹》）

此句将人比喻成游魂，喻体 ᠊ᡳᠨᠠᠩᡤᡳ ᠊ᡳᠰᡳᠨᠵᠠᡥᠠ（游荡的魂魄）明显具有贬义色彩，突出人无所事事、不思进取的性格特点，表达强烈的鄙视、唾弃之情。

例3. ᠊ᡳᠨᠠᠩᡤᡳ ᠊ᡳᠰᡳᠨ，᠊ᡳᠨᠠᠩ ᠊ᡴᡝᠮ ᠊ᠪᡳ ᠊ᡳᠰᡳᠨᠵᠠᡥᠠ，᠊ᡴᡝᠮ ᠊ᡳᠨ ᠊ᠪᡳ

人 成 好 恶 把 分辨 道 道理 把

［满文〕……〔满文〕，

不分别　若　牲畜　比　什么　不同　　生　怪样把　　看

〔满文〕

肚子　腹大　全然　呆　完了且　冒充懂　学　又

〔满文〕，

何其　人把　肉　肿胀　狗　　像　狗叫　把　人

〔满文〕……

都　厌烦　不听　成　啊　　仍然　　恬不知耻　好像是

〔满文〕，"

谁　把他　夸奖　像　　这样　贱　生　唉

译文：为人要不辨好歹，不分道理，与畜类何异……看那长的怪样儿是呢！鼓着个大肚子，竟是个呆人，又学充懂文脉，好叫人肉麻呀！像狗龇着牙叫一样，人都厌烦不听了……还恬不知耻，倒像谁夸他的一样……养了这样的贱货，可叹啊！（《清文指要·贱货》）

例句中首先将不分好歹之人与牲畜做比较，强烈唾弃不知好歹之人，然后具体描述此类人具有的特征，比如〔满文〕（大腹便便或专指牲畜肚腹隆起）、〔满文〕（呆头呆脑、呆子）、〔满文〕（不懂装懂、冒充懂）、〔满文〕（像狗一样）、〔满文〕（厌烦、厌憎）、〔满文〕（恬不知耻、厚着脸皮装不知道）、〔满文〕（指下贱的人）等，一系列贬义色彩词语反复出现，语言犀利，一针见血，气势上咄咄逼人，突出强烈的感情色彩。

例4.〔满文〕，〔满文〕》

酒　　喝　说　他的　父亲　血　比　还　喜爱

译文：一说喝酒，比他阿玛的血还爱。（《清文指要·烂醉》）

例4用了对比的修辞手法〔满文〕（比他阿玛的血还爱），将一个酒鬼的形象表现得淋漓尽致。

例5.〔满文〕，〔满文〕……〔满文〕

什么　贱　也　有，人　的　崽子　不是　　怎么

ᠠᡳᠴᠠᠷᠠ᠂ ᡥᡝᠣᠯᠠ ᡥᠣᠣᠯᠠᠰᠣᠨ …… ᠶᠠᠨ ᠠᡳᠴᠠᠨ ᠪᠠ ᡥᠣᠣᠨ᠂ ᠴᠣᡥᠣᠨ ᡥᠣᠣᠨᡳ

| 看 | 怎么 | 讨厌 | | 淘气 | 看 | 地 | 无 | | 全然 | 天 |

ᠨᡳᠶᠠᠨ …… ᡝᠯᡝᡴᡝᠨ ᡝᠮᡤᡝᡵᡳ ᠪᠠᠨᠵᡳᡥᠠ ᠨᠠᡴᠠᡥᠠ᠂ ᠮᠣᠣᠴᠠᠨ ᠶᠠᠯᡳ

| 难缠的人 | | 稍微 | 一会 | 安静 | 不生 | 棍棒相打声 |

ᠮᠠᠨᡳ ᠪᠣᠨᠣᡴᠣᠶᠣᡥᠣᠨ 》

学猴子的样子

译文：什么下贱东西也有呢，不是人的崽子……怎么看怎么讨人嫌啊……淘气的很不堪，竟是个天生的恶人……一会儿不闲着，猴儿一样的跳躅。（《清文指要·天生的恶人》）

例5 在词汇选择上更加直接，用了 ~~ᡥᠣᠣᠨᡳ~~（崽子）一词， ~~ᡥᠣᠣᠨᡳ~~ 尤指对人的咒骂， ~~ᠪᠣᠨᠣᡴᠣᠶᠣᡥᠣᠨ~~（学猴子的样子）更是点明人上蹿下跳、没有安静时候的样态。诸如此类的语言描写真实自然，且大多都表示对人的痛骂和嘲讽，显得淋漓尽致、十分泼辣。

以上例句大部分都运用了积极修辞手法，修辞手法丰富多样，涵盖比喻、夸张、对比等修辞格。在词语选择上大胆直接，尤其对丑恶的不屑与批判极尽所能以贬义色彩词语描述，所用词语皆属于生活中最基本、最常用的词汇，犀利、辛辣的词语和恰当的修辞运用能够表明厌恶、讽刺、极其反感的情感，对这类词的严密把握本身即是满族追求美好、唾弃丑恶的价值观念的反映。

语言的口语风格是日常语言的主要特点，日常语言对应的正是日常生活。日常语言虽然不如科学语言那般精确严格，但变化多端的特点使其能应对多种多样的生活情境。生活总是不能按照预设的方式进行，也正因如此，日常语言才有了千变万化的可能，在一定限度内，在不追求严格且能满足沟通需求的层面上发挥作用，才会在语言表述中呈现自然、灵活的口语风格。每个词语的选择和运用，又与其他词产生内在联系，由词语到句子构成，再扩展到整个篇章，形成完整和谐的修辞风格。

二、语言的柔婉风格

语言的柔婉风格是指柔和、优美的风格，一般体现在对人物、景色的描写中，这是对语言的艺术创造，更偏重于读者的阅读体验和情感上的共鸣。因此选择描绘性的词语与舒缓的句式安排就显得格外重要。

例 1. ᠮᠠᠨᠵᡠ ᡠᠪᠠᠯᡳᠶᠠᠮᠪᡠᠨ，

　　　庙　在　香　点燃　去　女人　很　多

ᠮᠠᠨᠵᡠ　　　　，　　　　　　　　　　　　

　一　比　一　好看　九　重　从　下来　神仙

ᠮᠠᠨᠵᡠ　　　　　　，　　　　，　　　　　，

　格格　像　生　全　有　俊美　脸　雪白　雪白

ᠮᠠᠨᠵᡠ　　　，　　　　　　　　　　　　　

　黑　眉　细长　光滑　眼光媚态　好看　眼　秋　水

ᠮᠠᠨᠵᡠ　　　　　　　　　　，　　　　　　

　一样　　摇曳　细长　身体　春天　柳树　一样

ᠮᠠᠨᠵᡠ　　，　　　　　　　　　　，

　一　走　佩戴　玉　玛瑙　叮叮当当声　响　动

ᠮᠠᠨᠵᡠ　　　　　，　　　　　　　　》

　每　兰花　麝香的味　阵阵　来

译文：去寺里烧香的女人们真多，一个比一个标致，生的似九天仙女下凡尘的也有，俊美的脸庞，洁白，黑青的眉，细细长长，光润的媚眼，有如秋水，软颤苗条的身子，春柳一般，一旦移步，佩玉玛瑙，铿铿锵锵的响，每一行动，兰花麝香的香味，一阵一阵飘来。（《清文指要·人皮》）

这是一段对女性肖像的描写，对女子容貌、身材、眼神、动作描绘得入木三分，活灵活现，文辞整理优美细腻。在修辞上运用了对比（ᠮᠠᠨᠵᡠ 一个比一个标致）、比喻（ᠮᠠᠨᠵᡠ 天仙一般、ᠮᠠᠨᠵᡠ 秋水一般、ᠮᠠᠨᠵᡠ 春柳一般）等修辞手法，以积极修辞方式突出所要描写的人物形象。词语选择上运用了许多形容词，例

如 〇（好看、优美）、〇（俊美、标致）、〇（洁白）、〇（细长）、〇（光滑）、〇（媚眼）、〇（好看）、〇（摇曳）、〇（纤细）、〇（叮叮当当），分别从神态、色彩、声音、情态等多个方面进行描摹，这些词语都不是概念上的而是形象化的，含有描写摹状的成分，从艺术手段上通过语言的美感突出女性的柔美妩媚。

例2. 〇　〇　〇　〇　〇　〇
　　塞尔古岱　费扬古那　女　孩　把　仔细

〇　〇　〇　〇　〇　〇　〇
看　实在　世从　出　女人的　　内　侯

〇，〇　〇　〇　〇　〇　〇　〇
成　　生　形象　把　看　广　寒宫　的　女孩

〇　〇　〇　〇，〇　〇　〇　〇　〇
世　到　下　　成　　生　形象　月　内　嫦娥

〇　〇　〇　〇，〇　〇　〇　〇　〇
一样　双　二　眼睛　秋　水　　像　明亮　双　眉毛

〇　〇　〇，〇　〇　〇　〇　〇
好　出　月　像　　樱桃　样　口　在　笑　气色　把

〇，〇　〇　〇　〇　〇　〇　〇
躲藏　　三寸　的　小　脚　缓缓　移动　走步

〇　〇　〇　〇　〇，〇　〇
春天　时的　风　对　不胜　一样　塞尔古岱　费扬古

〇　〇　〇　〇　〇　〇　〇　〇
一　次　看　魂　魄　几乎　散　到　至

〇　〇　〇……
身体　都　麻木

译文：塞尔古岱·费扬古仔细看了那个姑娘，实在是绝代佳人之冠，其貌如广寒宫神女下凡，似月中嫦娥无双，眼似秋水，眉似弯月，樱桃小口，笑时掩面，三寸金莲款款小步，不禁春风。塞尔古岱·费扬古一见，魂魄已散，

身子麻木。（《〈尼山萨满〉全译》）

　　此段仍然是对女性的外貌描写，除了像例1一样重视对词语的选择，例2突出运用多个比喻修辞从具体的角度突出女人的优美，尤其对女性面容、眉眼等的描写更加细腻，整体上呈现 ᠊᠊᠊᠊᠊᠊᠊᠊᠊᠊᠊᠊᠊᠊᠊᠊᠊᠊᠊᠊᠊᠊᠊᠊᠊᠊᠊᠊᠊᠊᠊，᠊᠊᠊᠊᠊᠊᠊᠊᠊᠊᠊᠊᠊᠊᠊᠊᠊᠊᠊᠊（如广寒宫神女下凡，似月中嫦娥无双）、᠊᠊᠊᠊᠊᠊᠊᠊᠊᠊᠊᠊᠊᠊᠊᠊᠊᠊᠊᠊（不胜春风）之态，具体以 ᠊᠊᠊᠊᠊᠊᠊᠊（秋水）比喻眼睛之明，以 ᠊᠊᠊᠊᠊᠊᠊᠊（弯月）比喻眉毛之弯，以 ᠊᠊᠊᠊᠊᠊᠊᠊（樱桃）比喻嘴巴之小，更以塞尔古岱·费扬古 ᠊᠊᠊᠊᠊᠊᠊᠊᠊᠊᠊᠊᠊᠊᠊᠊᠊᠊᠊᠊᠊᠊᠊᠊᠊᠊᠊᠊（魂魄已散，身子麻木）的样子从侧面突出女人的貌美。整段描写轻快、柔和，充满美的感受。

　　例3. ᠊᠊᠊᠊᠊᠊᠊᠊᠊᠊᠊᠊᠊᠊᠊᠊᠊᠊᠊᠊᠊᠊᠊᠊᠊᠊᠊᠊᠊᠊᠊᠊᠊᠊᠊᠊，

　　　　不久　　月　升　明亮　光　照

᠊᠊᠊

　　就　日　太阳　　一样　缓慢　摇船　风的　顺

᠊᠊

　　下　去　山的　鼻把　转过　过　看　天　河

᠊᠊

　　颜色　全然　　不分　水大　实山　清　水

᠊᠊᠊᠊᠊᠊᠊᠊᠊᠊᠊᠊᠊᠊᠊᠊……

　　洁　　说　成

　　᠊᠊

　　忽然间　　钟的　声　蝇声　风的　　顺　耳　在

᠊᠊᠊

　　得　因　万　类的　心　　思虑　因此　到　立刻

᠊᠊

　　水　在　洗　一样　未洗净　　无　虽然　世代　比

ᠰᠣᠨᠵᠣᠨᠣᠨᠣ᠋ ᠸᠴᠰᠴᠷ ᠮᠵᠷᠴᠨᠸ ᠮᠴᠷᠸ ᠴᠷᠸ᠍᠍ ，ᠮᠴᠷᠸ ᠸᠳᠳᠨᠸ ᠷᠳᠨᠷᠨᠨ ᠸᠷᠸᠷ ……

超出　　出神　　　无非　　这样　快乐　罢了

　ᠷᠷᠷᠷ ᠷᠷᠷᠨ ᠷᠷᠨ ᠷᠷ ᠴᠷᠴᠴᠷ ， ᠷᠷᠷᠷᠷ ᠷᠷᠷᠷᠷ ᠷᠷᠨ ᠷᠨᠷ

　　　人　　世　　在　　生　　这样　洁白　月亮　好

ᠷᠷᠷᠷ ᠷᠷᠷᠷᠷ ᠷᠷᠴᠷ ， ᠷᠷᠷᠷᠷᠷ ᠷᠷᠷᠷᠷᠷ ， ᠷᠷᠷᠷ ᠷᠷᠷᠷ ᠷᠷᠷᠷ "

样子　　能几何　多少 ， 徒然　　度过 ， 可惜　无　有吗

译文：不多的时候，月已高升，光辉射照的，就像白日里一样，慢慢的撑着船，顺着风去，转过山嘴子去一看，竟是天水一色，大水无边，真可谓山清水秀……

到了那个时候，竟把那万宗的思虑，付与流水，无有不干干净净了。虽说是超凡出世的神仙，也不是那样的乐罢咧……

人生在世，能遇见几遭那样的美景明月呢？（《清文指要·明月》）

这是一篇描写月色月景的抒情散文。此段着重描写了明月高升带来的美景，并由景入情，联想到人生应摒弃烦恼，享受、珍惜自然美景带给人们的愉悦。此段文字在词语上多选择自然景观类名词，如 ᠷᠷᠷ（月亮）、ᠷᠷᠷᠷ（光）、ᠷᠷᠷᠷ（太阳）、ᠷᠷᠷᠷ（山）、ᠷᠷᠷᠷ（风），描绘的优美意境使人读起来心情畅快，豁然开朗。在篇章整体安排上由自然景观的描写，拓展到精神意识的超脱，最终达到人生境界的升华。篇章设计层次感强，内容上环环相扣，由浅到深。尤其对自然景色描写的一段，以几个连续动词 ᠷᠷᠷᠷᠷᠷ（升）、ᠷᠷᠷᠷᠷᠷ（照）、ᠷᠷᠷᠷᠷ（去）、ᠷᠷᠷᠷᠷ（转）、ᠷᠷᠷᠷᠷ（过）、ᠷᠷᠷᠷᠷ（看）展现出一幅动态画面。篇章连贯，一气呵成，由自然过渡到对精神世界的讨论，篇章始终处于一种协调、舒缓的节奏。

例 4. ᠷᠷᠷᠷᠷᠷ ᠷᠷᠷᠷᠷ　　ᠷᠷᠷᠷᠷ　ᠷᠷᠷ ᠷᠷᠷ ，

　　　长短不齐的样子　　荇菜　　菜　若

　　ᠷᠷᠷᠷᠷ ᠷᠷᠷ ᠷᠷᠷᠷ ，

　　　左　右　　流动

　　ᠷᠷᠷᠷᠷᠷ　ᠷᠷᠷᠷᠷᠷ　ᠷᠷᠷ　ᠷᠷᠷᠷ ᠷᠷ ᠷᠷ ，

　　　端庄　　大方　　聪慧　　女孩　把

ᠠᠮᡥᠠᠷᠠᠮᠪᡳ　ᡤᡡᠨᡳᠮᠪᡳ，
睡觉　　回忆

ᡤᡡᠨᡳᠮᡝ　ᠪᠠᡥᠠᡵᠠᡴᡡ　ᡩᡝ，
回忆　　不得　　时

ᠠᠮᡥᠠᡵᠠᠮᠪᡳ　ᠰᡝᡵᡝᠮᠪᡳ　ᡤᡡᠨᡳᠮᠪᡳ，
睡觉　　　醒　　　想

ᠠᡨᠠᠨᡤᡳ　ᠪᡳ　ᠠᡨᠠᠨᡤᡳ　ᠪᡳ，
何时　　　　何时

ᠪᡠᠵᡠᠯᡝᠮᡝ　ᡤᡡᠨᡳᠮᡝ　ᠵᠣᠪᠣᠮᠪᡳ，
辗转　　　思考　　忧愁

ᡴᡠᠮᡩᡠᠨ　ᠴᡠᠩᡩᡠᠨ　　　　ᠰᡝᠩᡤᡝ　ᠣᡵᡥᠣ　ᠪᡝ，
长短不齐的样子　　　荇菜　菜　若

ᡥᠠᠰᡥᡡ　ᡳ�　ᠠᠰᡥᠠᠨ，
左　　右　　采

ᠨᡝᠰᡠᡴᡝᠨ　ᠮᡝᠮᡝᠨᡳᠮᠪᡳ　ᠰᡝᠴᡝ　ᠰᠠᡵᡤᠠᠨ　ᠵᡠᡳ　ᡵᠠ，
端庄　　大方　　聪慧　　女孩　　　把

ᡴᡳᠩ　ᠰᡝ　ᠪᡝ　ᠠᠴᠠᠪᡠᠮᠪᡳ，
琴瑟　用　合

ᡴᡠᠮᡩᡠᠨ　ᠴᡠᠩᡩᡠᠨ　　　　ᠰᡝᠩᡤᡝ　ᠣᡵᡥᠣ　ᠪᡝ，
长短不齐的样子　　　荇菜　菜　若

ᡥᠠᠰᡥᡡ　ᡳff　ᠠᠰᡥᠠᠮᠪᡳ，
左　右　　摘取

ᠨᡝᠰᡠᡴᡝᠨ　ᠮᡝᠮᡝᠨᡳᠮᠪᡳ　ᠰᡝᠴᡝ　ᠰᠠᡵᡤᠠᠨ　ᠵᡠᡳ　ᡵᠠ，
端庄　　大方　　聪慧　　　女孩　　把

ᡤᡳᠶᠣᠩ　ᡨᡠᠩ　ᠪᡝ　ᠰᡝᠪᠵᡝᠯᡝᠮᠪᡳ。
钟　　鼓　用　快乐

译文：参差荇菜，左右流之。

　　　窈窕淑女，寤寐求之。

求之不得，寤寐思服。

悠哉悠哉，辗转反侧。

参差荇菜，左右采之。

窈窕淑女，琴瑟友之。

参差荇菜，左右芼之。

窈窕淑女，钟鼓乐之。（《御制翻译诗经》）

　　乾隆三十三年（1768 年）武英殿刻本《御制翻译诗经》是《诗经》两个翻译版本中更为成熟的一版，它将诸多汉语借词进行了满语化改造，在句型结构上更加贴近满语语言习惯，尤其译文词汇更能表现《诗经》原有含义。例如 [满文] 较顺治十一年（1654 年）版 [满文] 显得更文雅也更书面化，在词语选择上更加考究。"寤寐求之"中"求"用了 [满文] 一词，较原用词 [满文]（求）意境更显深远温婉，[满文] 在《御制增订清文鉴》中释义为 [满文]（将忘记的反复想念叫作 [满文]，也将长久想得到的却恰好不得称为 [满文]），[满文] 释义为 [满文]（将看到丢失的东西称作寻求）。[满文] 更强调心理变化，突出"思念、寻思"的意味，词语内涵较 [满文] 深厚，更接近原文意境。再如"辗转反侧"一句 [满文]，其中既包括了 [满文] 的翻来覆去、连着打滚儿、[满文] 的反复，还含有 [满文] 的忧愁苦闷，这种细腻的情感变化较顺治版本译文选用的 [满文]（趴在地上、俯卧、俯伏）和 [满文]（翻来覆去、连着打滚儿）在意象上完成了从行为动作到精神层面的转变，语言表达突出婉约效果。

　　语言的柔婉风格通常都是在消极修辞的基础上，注重积极修辞的运用。语言表达首先要通顺流畅，然后对其进行锦上添花的艺术加工，无论是对词语的选择还是篇章句式的安排，都能够增强语言的表达效果，更加具有欣赏价值。

三、语言的绚烂风格

语言表述可以有多种方式。从词语选择、句式安排到篇章结构，能够形成截然不同的体裁风格，总体可以分为两类：一类是说明性，一类是描述性。就满文文献而言，说明性文章有以公文、史料为主的应用文，描述性文章是以小说、诗歌等为主的文学作品。根据文章体裁要求选择适合的语言进行阐述。说明性文章通常以消极修辞为主要修辞手法，因消极修辞在内容方面要求做到明确、通顺，在形式方面要平匀、稳密；描述性文章则在消极修辞基础上，充分发挥积极修辞的优势，使文章饱满华美。消极修辞和积极修辞在满文公文档案、满文史料以及满族文学作品中都有应用，不同种类的修辞赋予文章不同的语言风格。如果语言应用中过多使用华丽辞藻，那么便具有了绚烂的语言风格。

以小说、诗歌或散文等为主的文学作品往往在语言表述上凸显出生动、形象的文学风格，这是语言表达的高级形式，可以通过多种形式实现。这类体裁在消极修辞基础上，大量运用积极修辞，使文章带给读者活泼生动的阅读体验。

例 1.

蒙兀尔岱 说 萨满 姐姐 你 这样 说

你的 脸把 看 二十 岁 寿 增加

萨满 说 鼻子 鼻涕 干 尚未 时

拿去 好处 无

这样 三十 岁 寿 增加

仍然 心 心思 定 尚未 时

ᠨᡳᠮᠠᡤᠠᠨ ᠩᠠ ᠨᡳ᠋ᡴᠠᠨ᠂
拿去　　什么　好处

ᡠᡨᡨᠣᡵᡝᠣ ᠪᠠᠰᠠ ᠰᡝᡳ ᠰᡳ ᠨᡳᠮᠠ ᠪᠣᠮᡳᠨᠵᡳ᠂
这样　　四十　岁　寿　增加

ᠨᡳᠶᠠᠯᠮᠠ ᠰᡝᡳᠮᠠ ᠴᡳᡵᡳᡝ ᠪᠠᠶᠠᠨ ᠪᠣᠮᡳᠨ ᠨᠠ
仍然　体面的　　富贵　呈　尚未　时

ᠨᡳᠮᠠᡤᠠᠨ ᠩᠠ ᠨᡳ᠋ᡴᠠᠨ ᠠᡴᡠ᠂
拿去　　好处　无

ᡠᡨᡨᠣᡵᡝᠣ ᠪᠠᠰᠠ ᠰᡠᠰᡝᡳ ᠰᡳ ᠨᡳᠮᠠ ᠪᠣᠮᡳᠨᠵᡳ᠂
这样　　五十　岁　寿　增加

ᠨᡳᠶᠠᠯᠮᠠ ᠰᡝᡴᡳ ᠰᡝᡴᠰᡝ ᠪᠣᠮᠰᡴᠠ ᠪᠣᠮᡳᠨ ᠨᠠ
仍然　聪明　聪慧　　可以　尚未　时

ᠨᡳᠮᠠᡤᠠᠨ ᠩᠠ ᠨᡳ᠋ᡴᠠᠨ᠂
拿去　　什么　好处

ᡠᡨᡨᠣᡵᡝᠣ ᠪᠠᠰᠠ ᠨᡳᠩᡤᡠᠨ ᠰᡳ ᠨᡳᠮᠠ ᠪᠣᠮᡳᠨᠵᡳ᠂
这样　　六十　岁　寿　增加

ᠨᡳᠶᠠᠯᠮᠠ ᠨᡳᡵᡠ ᠪᡝᡵᡳ ᠪᡝ ᡠᡵᡝᠪᡠᠨ ᠠᠯᡳᠪᡠᠨ ᠪᠣᠮᡳᠨ ᠨᠠ
仍然　箭　　弓　把　熟练　　学习　尚未　时

ᠨᡳᠮᠠᡤᠠᠨ ᠩᠠ ᠨᡳ᠋ᡴᠠᠨ ᠠᡴᡠ᠂
拿去　　好处　无

ᡠᡨᡨᠣᡵᡝᠣ ᠪᠠᠰᠠ ᠨᠠᡩᠠᠨᡴᠠ ᠰᡳ ᠨᡳᠮᠠ ᠪᠣᠮᡳᠨᠵᡳ᠂
这样　　七十　岁　寿　增加

ᠨᡳᠶᠠᠯᠮᠠ ᠨᡳᠴᡳᡥᡳᠶᠠᠨ ᠴᠠᠩᡤᠠ ᠪᡝ ᠠᠯᡳᠪᡠᠨ ᠪᠣᠮᡳᠨ ᠨᠠ
仍然　精细　　工　把　学习　尚未　时

ᠨᡳᠮᠠᡤᠠᠨ ᠩᠠ ᠨᡳ᠋ᡴᠠᠨ᠂
拿去　　什么　好处

ᡠᡨᡨᠣᡵᡝᠣ ᠪᠠᠰᠠ ᠵᠠᡴᡡᠨᡴᠠ ᠰᡳ ᠨᡳᠮᠠ ᠪᠣᠮᡳᠨᠵᡳ᠂
这样　　八十　岁　寿　增加

仍然　世　事　把　通晓　尚未　时

拿去　　好处　无

这样　　九十　岁　寿　把　增加

再　增加　不生　成

塞尔古岱　自此　后　六十　年　疾病　无

百　年　补丁　无　屁股　周围　九　子　养育　世　动

八　子　看　头　头发　变白　口　牙齿　发黄

腰　弯曲　眼睛　变花　空　腿　发愣　只

脚面　在　小便　脚跟　在　大便　　生

译文：

蒙兀尔岱说："萨满姐姐如果你这样说，看你的面子，增加二十岁寿限。"

萨满说："鼻涕还没干，带去没有好处！"

"如果是那样，增加三十岁寿限。"

"心意还没定，带去有什么好处？"

"如果是那样，增加四十岁寿限。"

"还没承受体面尊荣，带去没有好处！"

"如果是那样，增加五十岁寿限。"

"还没聪明贤达，带去有什么好处？"

"如果是那样，增加六十岁寿限。"

"还没学熟弓箭，带去没有好处！"

"如果是那样，增加七十岁寿限。"

"还没学会精粹事务，带去有什么益处？"

"如果是那样，增加八十岁寿限。"

"还没通晓人情世故，带去没有好处！"

"如果是那样，增加九十岁寿限。如果再增加下去就不成事理了。塞尔古岱从此之后将会六十年没有病痛，百年没有灾殃，九子承欢膝下，八子得见世袭。一直活到头发全白，牙口泛黄，腰杆弯曲，眼睛老化，腿脚发愣，小便无力尿会撒在脚面上，大便失禁屎会拉在脚后跟上的时候吧。"（《尼山萨满全传》）

这是满族早期文学作品《尼山萨满》中的章节。《尼山萨满》之所以可以被看作文学作品，即是因其语言中充斥着大量描写语言，积极修辞手法充分得以展现。词汇运用形容词、动词、副动词形式，尤其最后一部分对塞尔古岱年老之后神态的描写，通过头发、牙齿、腰杆、眼睛、腿脚等具体表现，对人物形象刻画得入木三分。

在文字安排形式上，尼山萨满与蒙兀尔岱的对话在整体上运用了排比和音韵修辞手法，排比依照"～……～"和"～……～～～～～"的句式构成二人一问一答的对话形式；音韵押尾韵"～""～"和"～～"，属于尾韵隔行押韵。排比加强语势，音韵增强节奏，这段增加寿限的描写显得结构紧凑，读起来一气呵成。以夸张手法对塞尔古岱寿限的长久程度做出夸大描写，增强语言表述力量。多种修辞手法的综合运用能够直接从语言描写构拟出生动画面，其目的即是突出文章要表达的主题，以形象、生动的表述方式吸引读者，体现满族文学作品的文学性特征。

满语的绚烂风格体现在以修辞运用为主要手段的语言表述技巧上。像此段文字描写在情节设计上承接前文、引起下文，达到篇章设计中的一个小高潮，这种跌宕起伏的层次性是引人入胜的关键。在语言表述上充分体现和谐美感、词语运用言简意赅、句式安排简洁整齐，这些都是修辞为语言增添的绚烂特征。

例2. 高 在 升 侧翼 不飞

快 在 去 腿 不生

火 在 升 东西 不燃烧

手 在 点燃 抓 不能

自译：升得高却不能飞，跑得快却没生脚，火升起却不用烧，用手点却不能抓。（《满谜》）

谜底：奇花。（鞭炮的一种）

此例是一条满语谜语，不同于例1大段语言描写叙述，满语谜语、谚语、俗语以其特殊的语体形式高度浓缩了语言的绚烂风格。这类语言形式在篇幅上短小精悍，以两句或四句等偶数句居多，修辞手法应用丰富，至少是两种叠加使用。此条谜语篇幅恰当，易于传诵，语言具有趣味，满足大众猜谜心理。句式上两两对偶，四句形成排比修辞，语音满足押尾韵的特点。在这样简短的二十个满语词中一共运用了三种修辞手法，像排比与音韵经常相辅相成同时出现，排比与对偶通常也能满足共同应用的条件，谜语形式应用到的修辞手法是丰富、具有综合性的，突显了语言的绚烂风格。

例3. 把他 看 消瘦骨头 只 余 炕卧

既然 命 捯气 迄今 我 慢慢 近 前进 你 稍微

好些吗 问 因为 眼睛 开 我的 手把 抓 又

拉着　唉　这　我的　拿　刑　罪　疾病　乱　处

进　以来　度过　不能　把　我　瞒得住吗　疾病　得

以来　什么　大夫　被　没医治　什么　药　没吃　痊愈

可以　也　复发　就　命运　早　我　全然　怨恨

处　无　只　父　母　年纪　在　成　弟弟　又　小　再

亲戚　亲戚　骨肉　全　把我　看　我　硬　心

的　谁　一　把　断　能　话　完　眼睛　水

哭的样子　流　唉　何等　悲伤　虽然　铁　石　像　人

说　那　话　对　心　不受伤　无 》

译文：看起他，瘦的寡剩下骨头了，躺在炕上，挣命呢，那个上我慢慢的到跟前，你好些儿了吗？问时，睁开眼睛拉着我的手不放，叹着说，这也是我作的罪，病已沉了，不能够脱离我岂不知吗？自从得病以来，什么医生没治过？什么药没吃过？将好了，又犯了，就是命了，这个我一点儿也没有委屈处，但只父母年老了，兄弟们又小，再亲戚与骨肉全看顾着我罢咧！我就狠着心可离得开谁呢？话将完了，眼泪直流，唉！何等的可叹，就说是铁石人心，听见那个话，没有不动心的呀！（《清文指要·病入膏肓》）

语言能够用来交际、表达感情。它可以与叙事相对，具有主观性、个性化和诗意化等特征。一般可以分为借物抒情、触景生情、直抒胸臆、托物言志等方式。此段是病人和探望者两人之间的一段对话。通过具体词语ᠣᡳᠯᠪᡳᠮᠪᡳ（挣命）、ᡧᡝ（刑）、ᠸᡝ（罪）、ᡶᠠᠴᡠᡥᡡᠨ（混乱）、ᡝᠮᡝ ᠠᡳᠰᡳᠨ（痛苦的样子）等表达消沉意义，突出人在病中的痛苦、无奈，将篇章格调定位为阴沉灰暗。病人更是触景生情，通过言语内容直抒胸臆，这种情感带动感染了探望者，因此ᡤᡡᠨᡳᠨ ᠠᠴᡳᠨᠠᡥᠠᡴᡡᠩᡤᡝ ᠠᡴᡡ（没有不动心的）。此段通过对人物语言、情态、动作的一系列描写刻画，将情辞恳切的感情表达得充分到位，文学性强。

四、语言的平淡风格

满语的平淡风格指的是在运用满语时，以消极修辞为主要修辞手法，文章整体上呈现出客观、准确的语言特点。消极修辞具有平实客观地表达事物概念、阐明事理的功能，史料类文献多运用消极修辞，在语言上表现出平淡的特点。

例1.

长	白	山	高	二	百	里	周围	千	里	那

山	的	上面	在	闼门	的	名字	池	有	周围	八十	里	其

山	从	出	鸭绿	混同	爱滹	叫	三	江	鸭绿	江	山	的

南	出	西	流	辽东	的	南	海	对	进	混同	江

山	的	北	出	往北	流	北	海	对	进	爱滹	河	东

流	东	海	对	进	此	三	江	在	宝贝	东珠	明亮

珍珠	出	白	山	风	硬	地	冷	因	夏	时

成　之后　周围　山的兽　全都　　白　山　对　去　有

太阳　升　边　浮　石　全是　　白　山　其　是

译文：长白山高约二百里，周围约千里，此山之上有一潭，名闼门，周围约八十里，鸭绿、混同、爱滹三江俱从此山流出。鸭绿江自山南泻出，向西流，直入辽东之南海。混同江自山北泻出，向北流，直入北海。爱滹江向东流，直入东海。此三江中，每出珠宝。长白山山高地寒，风劲不休，夏日，环山之兽俱投憩此山中。此山尽是浮石，乃东北一名山也。（《满洲实录》）

　　这是《满洲实录》开篇的一段文字。《满洲实录》是清代官修史书，主要记载满洲起源以及努尔哈赤在位期间的历史事件，例句中记录的是满洲发源地点。此段文字采用消极修辞手法，以叙述为主，记录了东北地区山、水自然特点。记载的内容明确，包括山高、山周范围、山上情况、三江流向、冬夏状况等，以具体数字说明更显科学严密；在陈述顺序上，以主体长白山为参照对象，以山为中心向四周辐射，由山到江层次分明，条理清晰，叙述性强。在语言安排上，按照满语句读将一段文字进行划分，每一分句都比较均匀，没有出现冗长不均的情况，显得平稳周密。《满洲实录》的这段文字没有选择华丽的辞藻，也没有形象、生动的描述，词汇选择上以客观、清晰为原则，名词、数词居多，较少使用形容词或副词，这些都能体现语言严谨客观的特征。

　　例2.
阿则　等　大头人　的　我们　兵　威　对

惧怕　暗地里　刮尔崖　在　商议　回去　处　把　探听

知道　告诉　原因　计谋　定　就　阿则　等　派遣

ᠯᠠᠮᠠᠨ ᠪᠠᠢ ᠲᠠᠯᡷᠠᠯᠠᠮᠠ ᠲᠠᠢᡷᠠᠩ ᠪᠠᠢ ᠲᠠᠢᡷᠠᠩ ᠪᠠᠢᡷᠠ ᠪᠠᠢᠨ ''

山寨　把　看　小　首领　甲噶　等　杀

译文：阿则等探得大头人惧我兵威，潜回刮尔崖商议，因此设计，即令阿则等杀死看寨之小头人甲噶等。（《平定金川方略》）

《平定金川方略》为平定金川叛乱的纪事本末体文献，语言风格偏向平实、清晰，强调对事件的说明、记录，这是史料类文献语言的普遍特点。

例3. ᠲᠠᠮᠠ ᠪᠠᠢᠨ ᠪᠠᠢ ᠲᠠᠢᡷᠠᠩ， ᠲᠠᠢᡷᠠᠩ ᠪᠠᠢ ᠲᠠᠢᡷᠠᠩ， ᠲᠠᠢᡷᠠᠩ ᠪᠠᠢᠨ

一　事　把　治理　其他　对　不干涉　所以

ᠲᠠᠢᡷᠠᠩ ᠲᠠᠢᡷᠠᠩ ᠲᠠᠢᡷᠠᠩ ᠲᠠᠢᡷᠠᠩ，ᠲᠠᠢᡷᠠᠩ ᠪᠠᠢᠨ ᠪᠠᠢ ᠲᠠᠢᡷᠠᠩ ᠲᠠᠢᡷᠠᠩ ᠔ ᠲᠠᠢᡷᠠᠩ ''

心　气　清楚　明亮　种类　事项　把　清清楚楚　地　成了

译文：治一事则专治此事，而不及其余，是以志气清明，条理昭著。（《上谕八旗》）

此句选自《上谕八旗》，此书记录了康熙六十一年（1722年）至雍正十三年（1735年）间五百余件上谕，书中内容以整顿旗务为主，内容涵盖严明旗兵纪律、禁止赌博隐匿、规定旗兵礼仪等，是研究雍正朝满洲八旗等的重要史料。文本以阐明事理、教诲八旗为主要目的，语言在词汇选择上首先以基本词汇为主，偏向书面语，较少使用带有修饰成分的形容词，也较少使用积极修辞，整体上呈现一种说教式的、清晰明确的语言风格。

例4. ᠲᠠ ᠲᠠᠢᡷᠠᠩ ᠲᠠᠢ ᠲᠠᠢᡷᠠᠩ ᠲᠠᠢᡷᠠᠩ ᠲᠠᠢᡷᠠᠩ，ᠲᠠᠢᡷᠠᠩ

现在　神圣　主人　奇异　圣旨　降　我们

ᠲᠠᠢᡷᠠᠩ ᠲᠠᠢᡷᠠᠩ ᠪᠠᠢ ᠲᠠᠢᡷᠠᠩ，ᠲᠠᠢᡷᠠᠩ ᠲᠠᠢᡷᠠᠩ ᠪᠠᠢ ᠲᠠᠢᡷᠠᠩ ᠲᠠᠢᡷᠠᠩ ᠲᠠᠢᡷᠠᠩ

子　妻　把　相见　饥饿　死　把　仁慈　米　赈济　给

ᠲᠠᠢᡷᠠᠩ，ᠲᠠᠢᡷᠠᠩ ᠲᠠᠢᡷᠠᠩ ᠲᠠᠢᡷᠠᠩ ᠲᠠᠢᡷᠠᠩ ᠲᠠᠢᡷᠠᠩ，ᠲᠠᠢᡷᠠᠩ ᠲᠠᠢᡷᠠᠩ ᠲᠠᠢᡷᠠᠩ ᠲᠠᠢᡷᠠᠩ

因　各自　几　百　人　丈夫　妻子　分离　父　母　从

ᠲᠠᠢᡷᠠᠩ ᠪᠠᠢ ᠲᠠᠢᡷᠠᠩ，ᠲᠠᠢᡷᠠᠩ ᠲᠠᠢᡷᠠᠩ ᠲᠠᠢᡷᠠᠩ ᠲᠠᠢᡷᠠᠩ ᠲᠠᠢᡷᠠᠩ ᠲᠠᠢᡷᠠᠩ ᠲᠠᠢᡷᠠᠩ ᠲᠠᠢᡷᠠᠩ

分开　把　免除　几　千　人　死　命　重复　生

ᠲᠠᠢᡷᠠᠩ ᠲᠠᠢᡷᠠᠩ ᠲᠠᠢᡷᠠᠩ ᠲᠠᠢᡷᠠᠩ ᠲᠠᠢᡷᠠᠩ ᠲᠠᠢᡷᠠᠩ ''

不胜　高兴　上　向　恩　对　叩

自译：今圣主降旨，我等父子夫妻得以相见，施恩赈济饿殍，数百夫妻、父母以免分离，数千人等得以为生，不胜欣喜，望阙叩恩。

这是康熙年间满文档案中记录的大臣给皇帝所上奏本中的一段话。它并没有运用华丽的辞格，仅仅是对现实和自己感情的一种陈述。在词语选择和运用上具有特点，比如：形容皇帝的圣旨时用了充满赞美意味的褒义词 ᠪᡳᡩᡝᡵᡝᠮᠪᡳ（奇特的、灵妙的），起到突出强调的作用；ᠪᠠᠵᡳᠮᠪᡳ 与 ᠠᡳᠴᠠᠮᠪᡳ 同为"分开、分离"之义，为了避免词语重复进行了替换；ᠪᡠᠴᡝᠮᠪᡳ（死）与 ᠪᠠᠨᠵᡳᠮᠪᡳ（生）等具有强烈对比意义的词放在一起出现，使得句子更有表现力；ᠪᠠᠴᡳᡥᡳᠶᠠᠮᠪᡳ（彼此欣喜）是动词 ᠪᠠᠴᡳᡥᡳᠶᠠᠮᠪᡳ 的互动态，句子不仅通过词语，更通过动词形态变化表现出情感的丰富性。词语运用细致入微，尽管没有众多华丽辞藻和修辞手法加以烘托，但是平淡自然的选词依然可以为语言表述增色不少，尤其在语言承载的情感方面起到了良好的作用。

史料的体裁特点要求文章具有非文学风格的特征。史料是历史研究学习的重要来源，其记载一定要准确、客观、有理有据。史料记载必须以平实、严谨、明确为基本要求，不能存在歧义，要把事理阐述明白，因此历史资料等文献的语言特点主要都是平实、清晰、明确的。

五、语言的简约风格

简约是指力求语词简洁扼要。满语与汉语相比较而言，满语存在时间短，词汇也没有汉语词汇丰富多样，满语表达方式较汉语更显简约、直白。尤其在满文翻译文献中，相对于汉语文言以单音词占大多数的特点，满语原文更便于理解，语义更清晰明了，因此满语相对于汉语的繁多，更显其简约的语言风格，这也是满语在语言表述上的特别之处。

例1.　ᡯᡳ　ᡥᡳᠶᠠ　ᡥᡝᠨᡩᡠᠮᡝ，ᠰᠠᡳᠨ　ᠪᡝ　ᡨᡠᡴᡳᠶᡝᡵᡝ　ᡩᡝ，ᠪᠣᠴᠣ　ᠪᡝ　ᡤᡠᠩᡴᡝ

　　　子　夏　说　　好把　夸奖时　颜色　对　喜欢

ᠪᡝ　ᡤᡠᡵᡳᠪᡠᡵᡝ，ᠠᠮᠠ　ᡝᠮᡝ　ᠪᡝ　ᡠᡳᠯᡝᡵᡝ　ᡩᡝ　ᡥᡡᠰᡠᠨ　ᠪᡝ　ᠠᡴᡡᠮᠪᡠᠮᡝ　ᠮᡠᡨᡝᠮᠪᡳ，

把　迁移　　父　母　把　侍奉　于　力量　把　尽力　能

ᡳᠨᡳ ᠪᡳ ᡳᠵᡳᠰᡳᡥᠠ ᠵᠠᡳ，ᠪᡝᠶᡝ ᠪᡝ ᠸᠠᠯᡳᠶᠠᡥᠠᡳ ᡥᠠᠮᡳᡤᠠᠯᠠᠨ，

主人　把　侍奉时　自己　把　　抛弃　成　能

ᡤᡠᠴᡠ ᡳᠰᡝᠯᡝᠪᡠᠮᡝ，ᡩᠣᡵᠣ ᠶᠠᠪᡠᠪᡠᠮᡝ ᠪᡳ，ᡤᡳᠰᡠᠨ ᡊᡠᠯᡳᡝᠨ ᡤᡝᠯᡝᡴᠪᡠ ᠣᡥᠣᡳᠮᠪᡳ，

　朋友　对　做朋友　时　　话　信用　可以　如果

ᡠᠴᡠᡵᡳ ᡨᠠᠴᡳᡥᠠᡴᡡᠨᡳ ᠰᡝᠮᡝ，ᠪᡳ ᠶᠠᡳᠨᡠᡥᠠᠨ ᡨᠠᠴᡳᡥᠠ ᠰᡝᠮᠪᡳ》

虽然　没学　　说　　说　我　一定　　学了　说

　　译文：子夏曰，贤贤易色，事父母，能竭其力，事君，能致其身，与
朋友交，言而有信，虽曰未学，吾必谓之学矣。（《御制翻译论语》）

　　此段选自《御制翻译论语》。乾隆时期，官方在编修大型丛书《四库
全书》时将中国古代经典《论语》用满语进行整理翻译。《论语》是我国
古代儒家学派的经典著作之一，体现中国古代哲学思想，其义深奥，逻辑
性突出，它较为集中地体现了孔子的政治主张、伦理思想、道德观念和教
育原则等。此书在语言表述上以单音词为主，这是先秦时期书面语词汇的
主要特点。一个字即可以表示一个词的概念，词的概括性很强，比如"贤"
由名词做动词用，成为"以……为贤"之义；"事"一个单音词代表了"侍
奉"之义等。反观满语译文则显得通俗易懂得多，比如"贤贤"则直接翻
译为"夸奖、赞誉好的"，显得直观清晰，并不涉及名词动词化等语法，
而仅以动宾结构直接表达。满语翻译汉语的另一个优点在于，满语具有丰
富的形态变化，它常以形态表示语法意义，例如 ᠸᠠᠯᡳᠶᠠᡥᠠᡳ 一词是动词 ᠸᠠᠯᡳᠶᠠᠮᠪᡳ（抛
弃）的极尽副动词形式，极尽副动词的语法意义就在于表达动作、行为的
极限或极致，ᠸᠠᠯᡳᠶᠠᡥᠠᡳ 因此具备了"极度抛弃、抛弃到不行了"的语义，比
较准确地对应了汉语原文中"致"的意义。此句按照满语译文，可理解为
"子夏说，赞扬美好时，（对待的）脸色改变，侍奉父母时，能够竭尽力量，
侍奉君主时，能够把自己抛弃到极致，对待朋友，做朋友时，说的话要有
信用，如果这样的话，虽然没有学习过，但我说一定是学习过了"，这样
的表达方式可以说比汉语文言文要便于理解得多。

　　例2. ᠪᡝᡩᡝᡵᡝᠮᡝ ᠶᠠᠰᠠ ᠴᡳᡵᠠ ᠪᡝ ᠵᡳᠨᡥᡝᡳ，ᠵᡳᡥᡝᠨᠠᠮᠪᡠᡥᠠ ᡨᠣᠮᠣᡵᡤᠣᠨ ᡴᡳᡵᠴᡝᡵᡝᠮᡝ ᠪᡳᡥᡝ》

　　回来　脸　脸色　把　回忆　不胜　反复　想念　曾

译文：回忆容华，极意钦想。（《择翻聊斋志异》）

此句选自《择翻聊斋志异》，满语直译为"回来以后追忆（他的）容貌，不胜想念"，汉语原文采用了四字词语。从理解的角度而言，满语更加简洁、明了，语法关系简单，词语属基本词汇，不晦涩、不生僻，因此有助于对汉语语义的理解。

例 3. ᠣᠰᠣᠯ　ᠣᠵᠣᠷᠣᠮᠪᠢ　ᠣᠮᠠᠯ，　ᡥᠠᠵᠢᠨ　ᠷᠠᡥᠠᠨ　ᠰᡳᠵᠢᠮᠪᡳ »

敌人　　成了　　不是　　亲家　　结亲　　是

译文：匪寇婚媾。（《易经》）

此句选自以满文翻译的汉文典籍《易经》。类似此种翻译文献，首先需要准确理解汉语原文的语义与表达方式的特点。汉语原文"匪寇"可以看作一个并列结构短语，"婚媾"则是将名词动词化，"匪寇""婚媾"同时构成并列结构。满语译文在结构上采取了并列结构，运用"……ᠣᠮᠠᠯ，……ᠰᡳᠵᠢᠮᠪᡳ"构成判断句型"不是……，是……"，"寇"对应ᠣᠰᠣᠯ（敌人），婚媾对应ᡥᠠᠵᠢᠨ（亲家），满文直译为"不是想结成仇人，而是想结成亲家"。满语译文较汉语原文容易理解，关系更加明晰，突出了满语简约明了的特点。

大多数满文翻译文献都具有以上例句的翻译特点，尤其在翻译先秦时期古籍文献时，满语总会以浅显易懂的词汇，将汉语深奥的内涵对译出来，在御制翻译的四书五经等书时多有体现，即使清朝晚期翻译的最后一部小说《聊斋志异》所用满语也用通俗、简洁的语言将汉语文言文对译得十分清晰。阅读汉语文言文遇到困惑不解之时，若能通读一遍满语译文，便可以豁然开朗，恍然大悟，满语简约的语言风格能够带给读者更便捷的阅读体验。

六、语言的谨严风格和疏放风格

根据陈望道先生在其修辞学著作《修辞学发凡》中的观点，文体或词体除了以上列举的风格外，还应该包括谨严和疏放，笔者也赞同语言风格具有这一特点。谨严体是从头到尾，严严谨谨，细心检点而成的辞体；疏放体是起稿之时，纯循自然，不加雕饰，不论粗细，随意写说的语文。[①]
这是根据汉语总结的语言特征。满文著述文献种类有限，用满文翻译了诸多汉文典籍，除了对语言做出转换外，满语在翻译不同体裁时也完全尊重原始资料的风格特征。

例 1.

心 的 脏 身体的 精

细小 肠 把 兄 弟 成为

离 夏 把 随 升 一样

火 的 属 成 南 指 生

一切 物 把 承 在 小 大 无

大 谋 奇异 明白

内 血 海 把 行

外 舌 把 养 合

七 孔 聪慧 明亮

三 毛 聪慧 英勇

时 把 违背 忧患 脱不开

---

① 陈望道 . 修辞学发凡 文法简论 [M]. 宗廷虎，陈光磊，编 . 上海：复旦大学出版社，2015：211.

顺 候 的 脉 威力 可怕

唾液 汗 通 皮 把 发潮

声音 言语 明白 气 清洁 成

定 圆 的 名 伏 梁 肚脐 的 周围

手臂 肘 一样 结成一团

鸡的 冠的 颜色 一样 看见 把 顺 说

凝固 血 一样 看见 把 坏 说

满 若 梦 在 忧 怕 虚 若

梦 在 火 明亮的 光 把 看见

秤 十 二 两

（《故宫珍本丛刊·王叔和脉诀》）

大 小 一样

译文：心藏身之精，小肠为弟兄。

象离随夏旺，属火向南生。

任物无纤巨，多谋最有灵。

内行于血海，外应舌将荣。

七孔多聪慧，三毛上智英。

反时忧不解，顺候脉洪惊。

第四章　满语修辞的风格

151

液汗通皮润，声言爽气清。

伏梁秋得积，如臂在脐萦。

顺视鸡冠色，凶看瘀血凝。

实梦忧惊怖，虚翻烟火明。

秤之十二两，小大与常平。

《王叔和脉诀》是以满语翻译的医学典籍，汉语医书采取口诀形式便于传诵，在医学术语的使用上严谨、规范，运用专业术语 ᡥᠠᡳ᠌ ᠴᠣᠣᠮᠠᠨ（三毛）、ᡤᡳᠰᡠᠨ ᠯᡳ ᡮᡳ（候脉）、ᠴᠣ᠋ ᡥᠣᡠᠮᠠ（伏梁）等，对应的满语措辞也尽显细致规范，这是满语随汉语体裁不同而在行文上产生的变化。

从总体而言，以满文创造的早期文献带有疏放的色彩，因为清朝入关之初刚刚开始书写典籍，各项体例、规范尚未得到统一，也没有其他民族文献可以用来参照，史书仅仅按照编年体的体例对历史事件加以记录，给人以朴素之感。由于语言的特殊性，满语在此方面的特点不如其他风格突出。

以上从民族、时代、语言表现三个角度阐述满语修辞风格特征。满语修辞在具体语言应用中突出语言表述特点，如果将修辞发展看作一个连续、动态的过程，它就具备民族、时代的风格。修辞手法随时代变迁而改变，每一时代都有其独特的语言表述方式；而从共时角度而言，不同的修辞手法造就了不同的语言表现风格，修辞是语言本体范畴内具备的特征，要从内涵和外延两方面客观、全面地总结满语修辞规律。

第五章

满语修辞的文化意蕴

"语言的背后是有东西的。而且语言不能离开文化而存在，所谓文化就是社会遗传下来的习惯和信仰的总和，由它可以决定我们的生活组织。"

——爱德华·萨丕尔

　　修辞是对语言运用的加工，语言运用将人与客观世界连接起来。语言是人对他所认识的世界进行表述的工具，通过语言，人们才能将自己对世界的认知表达出来。表述过程即修辞过程，它并非凭空想象，要以人所接受的文化为基础。修辞只是表层的一种现象，表层之下是深层意义。深层意义包括了解释表层现象所需要的内涵信息。满语修辞现象与满族文化之间存在着表里关系。满语修辞受到满族文化的影响和制约，如满语修辞活动中的心理联想即具有民族特性。不同于清朝后期满文使用日渐衰落、民族融合又令大批汉语借词涌进满语词汇系统之中，清初的满语运用更显珍贵。原汁原味的满语蕴含了满族原生文化，这也是在未经其他民族冲击与融合之时最纯粹的民族文化内涵的体现。我们更关注凝结在语言中的人对世界的理解。

第一节　满语修辞反映满族对客观世界的认知

人们对世界的认知总是遵循着由表及里的顺序，完成从浅显到深刻的过程，语言表述会随着思维方式改变而变化，在修辞上有比较清晰的体现。

一、满族对客观世界的表层认知

自从索绪尔对语言和言语做出区分，人们便更加明确了将语言整体作为研究对象的重要意义。语言作为一个整体是区别于彼此的最明显方式。当然，语言研究离不开个体言语的特征，结构和语法特点是每一个体需要遵循的规则，语言使用规范下的言语可以根据个人心理、经验等增添不同表达效果。修辞作为众多语言现象中的一种，它既包括了语言上也涵盖了言语上的特点。一种语言的修辞手法是随着语言的发展逐渐产生、繁盛的，在历史进程中，修辞系统形成固定模式，从这一层面而言，它甚至可以按照结构主义的要求形成一种特定的人工语言。但同时，修辞内容是言语者根据个人因素创造的，从这一角度来讲，修辞又充满了千变万化的文学色彩。因此，对修辞的认识也应该从整体与个人、外部与内部角度综合来看。

维特根斯坦曾认为，人们语言的界限就是人们对世界认识的界限。人们对于可以说的便一定能够描述透彻、说得清楚。语言首先是人们对客观世界的反映。历史上，满族一直生活在广阔的自然空间之内，他们对自然的感知和理解渗透到精神层面，这种天然联系自然而然体现在语言运用中。词汇系统说明，对人们而言世界就是由这些词语构成的，是现实引导人们对世界做出这样的分类。例如满语比喻修辞格喻体常常以自然界实体为主，涵盖天地山川、江河海水，这些在生活中目所能及、伸手可触的具象，构成了满族语言运用中自然联想的基础。在面对一个具体事物并要将其与另一相似事物联系在一起加深说明的时候，能够联想到并最终选择的彼事物即为选择者充分认定的事物。

人们普遍认为语言是约定俗成的,约定具有任意特征,例如汉语用"天"这个语音来指天,但是英语用 sky 指天,而满语又用 ᠠᠪᡴᠠ 这样的语音形式。不同语言总会用一个社会范围内约定好的形式来指代某一事物,但这一事物选择怎样的语音是具有任意性的。索绪尔对语言的任意性在另一层面有不同观点,他把用以表示者称为"能指",把被表示者称为"所指",这是语言学家对语言符号所具有的意义的反思。能指与所指并不是一般意义上的名实关系,根据索绪尔所说,能指与所指,是声音和概念的关系。语言并不是简单地为已经在现实中存在的事物或者在现实中已经存在的概念进行命名,而是需要创造自己的所指。

根据索绪尔的观点可以分析出,汉语中有"天"的概念,满语中,"天"语音为 ᠠᠪᡴᠠ ,二者却不是对同一个所指的不同能指,而是不同的语言创造、构建不同的所指。每种语言,都以特有、任意的方式把世界分成不同的概念和范畴,语言通过这种方式对现实世界做出了明确区分。以常见的"天"为例。ᠠᠪᡴᠠ 在《御制清文鉴》中释义为"ᠪᡝᡴᡳ ᡩᡝ ᠰᠠᠨᡳᠶᠠᠨ ᡳᠨᡝᠩᡤᡳ ᡝᠯᡳᠨ ᠠᠪᡴᠠ ᠰᡝᠮᠪᡳ (非常高、能覆盖万物的即为天)",ᠪᡝᡴᡳ ᡩᡝ 是对"天"在空间上的客观描述,ᠰᠠᠨᡳᠶᠠᠨ ᡳᠨᡝᠩᡤᡳ ᡝᠯᡳᠨ 又包含了"天"在范围上的广度。在满族精神观念中,ᠠᠪᡴᠠ 是"天"的语音形式,即能指,而天所代表的概念——基本意义或引申意义,都是"天"的所指。这一词语不仅仅与现实事物——"天"这一客观存在体相对应,更是在语言整体系统中体现相互关联的特征。这种语言符号因此具有了双重特性。一方面,词语和其他词语间存在联系,彼此间具有约束关系,另一方面,词语必定与现实相关,同样受到现实情况的约束。"天"不仅和客观世界的自然现象相连,而且在满族精神世界中,由于受到民族传统影响,它同样与信仰、认知等因素相联系,在满语中构建了区别于其他语言的所指。

例1. ᠠᠪᠺᠠ ᡳ ᠵᡠᠯᡝᡵᡤᡳ ᡥᠣᠰᡥᠣᠨ ᠶ ᠵ ᠴᡳᠶᠣᠣᠰᡝ ᠱᠠᠩᡤᠠᠨ

　天　　南　　角　　边　地　从　白　光　线

ᡝᠯᠪᡝᠰᡝᠨ ᠠᠪᠺᠠ ᡩᡝ ᡥᠠᠯᡥᠣᠨᠣᡴᡳ

出　天　向　冲　有

译文：天东南方有白光自地冲天。（《内阁藏本满文老档》）

例2. ᠠᠪᠺᠠ ᡩᡝ ᡨᡠᠭᡳ ᠪᠠᠨᠵᡳᡶᡳ ᠠᡤᠠᠮᠪᡳ

　天　在　云　生　下雨

译文：天空云生而雨。（《内阁藏本满文老档》）

当"天"作为一种自然现象时，表示某种天象、景观。以上两个例句中"天"的概念，都是人们对自然客观现象的描述。古代人们对自然知识了解有限，无法解释产生某种现象的原因，将其正式记录在档案文献之中，看成是自然对人行为的一种警示或某种大事件的征兆，因而对"天"的变化尤为重视，表现出对自然的尊敬和畏惧。

二、满族对客观世界的深度认知

随着人们对客观事物的进一步认识，世界已经不再只作为单一、表面的概念，它被人们赋予更多情感和理解，即使面对相同事物，人们也总能从不同角度做出解释，呈现出人文化的状态。

例1. ᠰᠣᠯᡥᠣ ᡤᡠᡵᡠᠨ ᠰᡠᠸᡝᠨᡳ ᡝᡵᡝ ᡤᡠᠩᡤᠠ ᠮᡠᠵᡳᠯᡝᠨ ᠠᠪᠺᠠ

　朝鲜　国　你们　此　公　心　天

ᠨᠠ ᡨᡠᡧᠠᡵᡳ ᠮᡝ

地　一样　啊

译文：尔朝鲜国此公心，同于天地也。（《内阁藏本满文老档》）

例句中，ᠠᠪᠺᠠ（天）的概念发生了变化。比喻修辞格常以"天"作为喻体。喻体的本质在于说明本体，它通过间接方式，找到本体与喻体在概念或内涵上的相似之处，进行联想，避免了对本体的直接描述而从喻体特征角度充分证明本体的特点，在内容上将本体的价值抬升到同喻体一样的高度，在写作手法上增强了语言艺术效果。由于满族对"天、地"敬仰畏惧，就用"天、地"作为喻体来比喻 ᠊᠊᠊᠊᠊ ᠊᠊᠊᠊᠊（公正的心），间接表达对 ᠊᠊᠊᠊᠊ ᠊᠊᠊᠊᠊ 评价甚高，二者在价值上具有相似性。

"天"此时的概念已经超越了客观物理世界的范畴，由于人们思想意识作用而被人为地加上了"崇高的、高尚的"引申意义。将"天"作为喻体，比喻修辞避免了直接对 ᠊᠊᠊᠊᠊ ᠊᠊᠊᠊᠊ 表现形式的白描，以巧妙的写作手法达到良好的表达效果。

例2. ᠊᠊᠊᠊᠊ ᠊᠊ ᠊᠊᠊᠊᠊

    天   地   责备

译文：受天地谴责。

    ᠊᠊᠊᠊᠊ ᠊᠊ ᠊᠊᠊᠊᠊

    天   地   援助

译文：得天地之助。

    ᠊᠊᠊᠊᠊ ᠊ ᠊᠊᠊᠊᠊ ᠊᠊᠊᠊᠊ ᠊᠊ ᠊᠊᠊᠊᠊᠊᠊᠊᠊, ᠊᠊᠊᠊᠊᠊᠊ ᠊᠊᠊᠊᠊᠊ ᠊᠊᠊᠊᠊

    天   的   带去 样子 把   不看 违背 罪 做

译文：违天犯罪。

作为拟人修辞的"天"与之前作为喻体的"天"相比又具有了不同内涵。"天"的意义能够由自然现象引申为具有某种特殊力量的抽象存在。例2即为在《满文老档》中找到的对"天、地"运用拟人修辞手法的语句。这些语句均是将天作为一种活体、活态事实加以描写，将其视为具有生命力的事物，构成了拟人修辞手法。"天"被描述为不可违背抗拒、必须顺应遵从，否则必将受到惩戒的神秘力量。这是满族对自然事物的信仰和敬畏，这与满族早期"万物有灵"信仰是分不开的。

例3. ᠊᠊᠊᠊᠊ ᠊᠊᠊᠊᠊᠊

    天   天命

译文：天命（年号）

    ᠊᠊᠊᠊᠊ ᠊᠊᠊᠊᠊᠊

    天   扶助

译文：乾隆（年号）

清代皇帝中有两位的年号均采用了 ᡥᠠᠮᠠᠨ 一词。ᡥᠠᠮᠠᠨ ᠴᠣᠮᠠᠨ（天命）直接点明乃是天之命运，ᡥᠠᠮᠠᠨ ᠴᠠᠮᠠᠨ（乾隆）则是"凭着天的扶助"。再进行追溯，帝王与天的渊源由来已久，早在满族始祖传说中，布库里雍顺即为天女所生，具有君权天授意味，标榜统治的合理正统性，帝王代表天的意志作用于世人。从《满文老档》等官修史书记录中也会发现，当皇家或帝王遇到重大事件时，常与天象联系在一起。若说汗的威望，则将"高大"说得如天一般高，这说明"天"在满族认识中地位十分崇高。帝王与天的联系就具有了"普天之下，莫非王土；率土之滨，莫非王臣"的隐含意义。

通过对以上例句分析，能够看到在满族思维观念中，对天的认识分为具体和抽象的，概念上两种不同的层次通过彼此对比区别而得以建立，这是在满语语言系统中创造、构建出的独特所指。

语言修辞方式总是受到特定文化的影响和制约。从修辞手法的角度而言，以比喻修辞格所能体现的文化因素为例。要构成比喻中明喻的修辞手法，必须存在本体和喻体，二者存在能够相互比拟的特性，人们由此及彼的联想心理是比喻修辞能够实现的心理基础。本体是客观存在的事物，喻体的选择却因各民族生存的地理环境、经济生活、风俗习惯、历史文化、宗教信仰的不同，体现出民族差异和民族传统文化特色。

在喻体选择上，汉族更偏重于文化价值高的事物，例如汉语将泰山或者黄河作为喻体使用，与中华文化之间建立起某种联系。满语选择的喻体则不存在特殊的文化价值。满语比喻修辞也没有选取一些特殊、高级的词语，反映满族朴素的审美思想。满族通常选择日常生活中非常普通常见的事物，将物理世界中的客观存在作为喻体，说明满族习惯于用已经认识的事物与另一客观存在进行由此及彼的认识，善于找到具体事物间存在的共性特征。这些具体的事物涵盖了自然物体（月亮、天）、身体组成（心、指甲、耳朵）、日常生活（猪、狗、锅、宫殿、鸟蛋、车轮）等方面，在满族日常中随处可见，是满族在生活、生产中不可或缺之物。即使以"神、鬼"等此类看似客观世界不存在的现象作为喻体，这些满语词的含义也绝不是通常理解的非常抽象的物质，在满族观念中它们仍然是一种具体存在。

这是满族人在宗教观念影响下的主观创造，这种喻体带有满族文化色彩，是满族文化的创造物。神仙与鬼是相对于人而言的，在上有神仙，在下有鬼怪，它们与人属于共存的一类。满族信奉萨满教，萨满即是神鬼与人之间的沟通者，由于存在这种宗教信仰，自然将物理世界划分为天、人、鬼三个部分。满族崇尚万物有灵，采用多神信仰，神的形象、职能等与现实紧密相连。

语言学家曾对诸如神仙、鬼怪等"空名"问题进行过追问，即如果人们承认了"神仙""鬼怪"这类名称，那么一定会有一个客观实体让人们觉得它们存在从而命名，而在现实世界中"神仙""鬼怪"又根本找不到确定指称，究其本质，这一问题是对意义的探讨。曾有西方学者认为，"空名"虽在现实世界中无法找到一个与其相互对应的客观实体，但其在某种维度上是存在的。现实世界并不是现成事物的集合体，而是要从人们的认识或语言上对现实进行构建。

虽然西方学者标榜的某种维度并未得到明确，但可以从文化和信仰的角度，把哲学对语言的反思做出补充。满族传统观念具有宗教思想，信仰已经渗透到日常生活中，如上山打猎有山神、保佑子嗣有子孙娘娘等等，这些神在形象上具有人的特点，在能力上又超出人的能力范畴，因此满族中神的形象是具体而形象的，这种概念并非纯粹的"空名"，它由具体的人而来，又不完全按照人的特征和形象，属于在人基础上的再创造，在现实社会中也有作为神灵的偶像替代，因此在满族精神信仰层面，在其文化导向的投射中，神仙或者鬼怪都是具体而形象的存在。

语言是在文化影响下构建起对意义的认识，通常可以从两个层面对这一问题进行分析。一方面，从语言学本体论角度而言，关于意义的认知理论繁多，指称、观念、行为主义等等，每一种都有其理论依据，但同时也存在种种缺陷；另一方面，从语言哲学角度，要更加关注语言与现实之间的关系，现实中的情况要复杂得多，它涉及思维、传统等问题，归根结底是人所创造的文化问题，因此可以利用文化解释去补充单独从语言角度不能说明的问题。这也正是一个民族、一种语言区别于他者的独特之处。

第二节　满语修辞显示满族思维方式

思维方式来自各个民族自身的社会实践，它受到历史、传统、经济等多种因素影响，因此各个民族思维方式各有特点。语言是思维最直接的体现，一个民族能够运用的语言就是其所经历社会实践的反映，与语言相关的修辞现象也就具有了思维方式的文化特点。当审视语言时，语言就不仅是通往文化的途径，更重要的是，它本身就是文化。

一、具象的思维方式

满族在历史上是游猎民族，其自然感知更加敏锐，相比于汉族定居传统，满族生活方式更偏向粗犷豪放的风格。在满语词汇系统中，自然景物之类词语更加丰富，分类也更显细致。在修辞现象中，无论是比喻、排比或是对偶修辞手法，选用的词语都偏向具体而非抽象。具象思维的最大特点即表现为形象性，它善于将深奥的东西表现得浅显易懂，不同于汉族所钟爱的"只可意会不可言传"的抽象审美，满族的具象思维最大程度地还原了事物本质，将其视为非常具体、容易认知的。尤其在不受汉语译文影响的情况下，从满语原文角度更能看出满语词汇使用特点。直译或意译的翻译方式虽然尽可能地符合了满族思维习惯，但也是根据汉族文化传统进行的语言调整，相比于对满语原文的理解还是不够深刻。

例1. ᠨᡳᠶᠠᠮᠨ　ᠨᡳᠶᠠᠯᠮᠠ　ᠪᠣᠣᡝ　ᠠᠨᡨᠠᡴᠠ　ᠨᡳᠰᠠᠮᠪᡳ》（《满汉成语对待》）

吃　粮精　神　对　不去

直译：吃的东西去不到精神那里。

意译：吃的东西对身体无补。

例 2. ᠨᡳᠶᠠᠯᠮᠠ（满语俗语）

　　粮　主人　对　糠　不做主

直译：碾下的谷糠也不让主人做主。

意译：不给人说话的工夫。

例 3.

　　忧愁　困苦把　不放过　安逸

（《语文杂抄》）

快乐　何处　感觉

直译：不经过艰难困苦，怎能感觉得到安逸和快乐。

意译：不走高山，不显平地。

例 4.

　　人　给予　已经　接受　领取　永久

（《语文杂抄》）

话　的　把柄　成

直译：受了人家的恩施，就会成为永久的话柄。

意译：一年的年成，十年的话把儿。

通过观察上面的例句可以发现，满语原文善于使用直观、具象词汇，俗语或其他一般日常语句都倾向于从具体情感或生活经验等当中获得灵感，这是满族对社会感知的结果，它与汉语表述更重视语言形式对称、逻辑归纳表现出明显的差异性。直译方式更能看出满语词汇的使用特点，而意译方式是从翻译者角度，根据汉族文化特点进行的语言转述。

进一步而言，人们总是倾向于从一些简单模式开始来理解和认识世界，即使面对十分复杂的现象，人们也常常会转换为另一种方式来抓住事物要点。这也解释了为什么在满语表达中，对具体事物的提及要多过对抽象事物的运用。维特根斯坦在其早期思想中多次提及不可说的东西，他认为，对不可说的东西我们必须保持沉默，反之，凡是能说的，就一定能说得清楚。关于可说与不可说，维特根斯坦以其图像论做出区分，不可说直接来自它们不摹画事实。诸如汉文典籍中涉及的诸多汉族古代哲学思想，它们没有图像，不能摹画具体事实，因而是不可说的。而满族要将这种不可说转化成可说且可以说清楚的，唯有将其转化成能够摹画出的具体事实，因此在翻译汉文文献中晦涩、深奥的道理或者哲学思想时，满语会以具象性的类比重新加以解释说明，在理解模式上做出转换，由不可说转化成可说。如果满语当中没有如汉语般的表达方式，却还需要实现两种语言间的沟通，那么只能采取这样以具体进行类比或改写的方式，毕竟如果要在具体和抽象之间做出选择，没有什么比日常生活中司空见惯的简单模式、具体事物更容易理解的了。

二、辩证的思维方式

辩证思维方式是反映并符合客观事物辩证发展过程及其规律的一种思维。辩证思维强调从对象的内在矛盾和运动变化中，注重各个方面的相互联系进行考察，从整体上、本质上完整地认识对象。满族思维方式具有辩证思维的特点，比较突出地表现在矛盾的对立统一和用联系的观点看问题等两个方面上。

1.矛盾的对立统一思想

"文化的核心是哲学思想。哲学是时代思想的精华，也是民族文化的精华。"[①] 满族作为中华民族的一员，同样具有辩证思维，在修辞现象上体现为善于运用以反义词为代表的矛盾对立统一的词汇。满族能够清楚地看到，事物包含相互对立的两个方面，对立的两面构成了事物的统一，最常见的就是在对偶或对比修辞手法中出现诸如 ᠰᠠᡳᠨ（善）与 ᡝᡥᡝ（恶）或与此相似的词语的对立。

例1. ᠠᠪᡴᠠ ᡥᠠᠨ ᠪᡝ，ᡳᠯᡳᠪᡠᠮᠠ ᠠᠮᠪᠠᠨ ᡩᡝ ᠵᡳᠯᠠᠮᠪᡳ
    天　设置　汗　下边　大臣　把　仁爱

ᠵᡳᠯᠠᠮᠪᡳ，ᠠᠮᠪᠠᠨ，ᠪᡝ ᡩᡝ ᠪᠠᠩᠨᠠᠮᠪᡳ ᠰᡝᡥᡝ ᠪᡳ，ᡝᡥᡝ，

---

① 彭华.中国传统思维的三个特征：整体思维、辩证思维、直觉思维 [J].社会科学研究，2017（3）：126.

供养　大臣　汗　把　恭敬　　生　礼　啊　贝勒

ᠪᠤᠵᠠᠨ　ᠠᠮᠪᠠᠨ　ᠬᠠᠨ　，　ᠪᠤᠵᠠᠨ，ᠠᠮᠪᠠᠨ　ᠬᠠᠨ　，　ᠰᠠᠢᠨ　，　ᠪᠠᠢᠯᠠ

诸申　把　仁爱　诸申贝勒　把　行礼　　奴才　主人

ᠬᠠᠨ　ᠰᠠᠢᠨ　，　ᠰᠠᠢ，ᠪᠠᠢᠯᠠ　ᠬᠠᠨ　ᠰᠠᠢᠨ　»

把　仁爱　主人奴才　把　仁爱

译文： 天命之汗，恩养臣子，臣子待汗，乃礼也。贝勒爱诸申，诸申爱贝勒；奴才爱主子，主子爱奴才。（《内阁藏本满文老档》）

在上面的例子中，ᠠᠮᠪᠠᠨ 与 ᠪᠤᠵᠠᠨ、ᠰᠠᠢ 与 ᠰᠠᠢᠨ、ᠰᠠᠢ 与 ᠰᠠᠢᠨ 等这些具有对立意义的词语同时出现，句子集中了对比、对偶两种修辞手法，不仅实现了在内容上的两两相对，而且在形式上，由前后两个分句构成了完整的修辞手法，从两个维度做到对立统一。虽然这种辩证思想没有中国古代传统哲学思想那样深厚，但其仍可称为一种朴素的辩证观。事物内部彼此间对立，同时又统一于一个整体，其内部机制要求这种辩证思想更倾向于均衡、和谐的表达方式，在语言表述上正对应表现为语音修辞、结构修辞的特点。

例 2. ᠰᠠᠢ　ᠠᠺᠣ，ᠪᠠᠢ　ᠠᠯᠠᠮᠪᠢ　ᠪᠠᠨᠵᠢᠮᠪᠢ，ᠪᠤᠵᠠᠨ　ᠠᠺᠣ，

奴才　完　主人　如何　　生　诸申　完

ᠪᠠᠢᠯᠠ　ᠠᠯᠠᠮᠪᠢ　ᠪᠠᠨᠵᠢᠮᠪᠢ　»

贝勒　如何　生

译文： 奴隶皆没有了，主人何以生存。人民若没有了，贝勒何以生存？（《清太祖朝老满文原档》）

此句运用了对比修辞手法，将 ᠰᠠᠢ（奴隶）与 ᠪᠠᠢ（主人）、ᠪᠤᠵᠠᠨ（诸申）与 ᠪᠠᠢᠯᠠ（贝勒）等不同阶层加以对比，突出奴隶、诸申对于主人、贝勒生存的重要作用，显现唇齿相依的关系，这是满族在处理满族内部关系、上层贵族与下层人民问题时得出的结论，彼此对立的阶级仍然需要统治阶层进行平衡，从而促使事情向良好的方向发展，这是满族统治者和谐统一思想在具体治国中的体现。

2. 联系的观点看问题

联系是事物内部和事物之间相互影响和相互制约的关系，世界处在普遍联系之中。满族很早就意识到一切事物之间都存在着关联，要以联系的观点看待问题。修辞运用中，满语比喻、类比等修辞手法看似是对两类本质上不同的事物就其共同点进行比较，修辞手法深层次乃是基于联想心理、以联系观点审视二者间的关系。具有代表性的即为努尔哈赤对伐木与治国思想间的类比。

例1. ᠮᠣᠣ ᠊ ᠊ ᠊ ᠊ ᠊ ᠊ ᠊ ᠊，
　　　大　粗　木　把　立刻　折断　断　断吗

᠊᠊ ， ᠊᠊， ᠊᠊ ᠊᠊ ᠊᠊ ᠊᠊ ᠊᠊，
斧子　用　砍　小刀　削　划破　断　断

᠊᠊ ᠊᠊ ᠊᠊ ᠊᠊ ᠊᠊ ᠊᠊ ᠊᠊ ᠊᠊ 》
相等　大　国家　把　一　次　在　完　完成吗

译文：欲伐粗大的树木，岂能即刻折断？必须斧砍刀削，然后才可折断。相等的大国，欲一次攻灭，就可以灭亡吗？（《清太祖朝老满文原档》）

努尔哈赤以类比修辞手法，阐明其治国思想。他以一种联系的观点点明了二者间关系，没有将国家治理视为静态，而是将其看成是动态发展的过程。努尔哈赤对政权稳定和发展的认识代表了满族分析问题、处理问题的一种方式。这种思想的显露都通过语言表述、修辞运用得以实现。无论是修辞手法的多样化或是语言陈述的清晰、准确，都是语言使用者在文化影响下自身认识的反映。满语比喻、类比修辞手法几乎都体现了满族能够以联系的思维认知世界。

三、整体的思维方式

满族在漫长的历史发展过程中，其生产方式不似汉族定居农耕，而以游猎为主，清入关之后才开始发展农业。生产方式的不同会在满族对自然的理解上产生一定的影响，例如满族会按照四时不同、根据动物生长周期，

适应自然调整生产，以此表明对自然的敬畏。像在前文例句中对"天"的不同理解，无论是客观存在或是赋予"天"一定意义，最终都要揭示与"人"之间发生的关联，始终将"天"与"人"视为整体，不将二者割裂。满语常用言简意赅的方式，较少添加修饰性成分去对某一概念进行说明。

尤其在有些谚语或俗语中，行为主体是不出现的，因为即使没有行为主体，从整体上进行理解也是可以把握此谚语或俗语要表现的含义，它本身涵盖的思想就已经具有了概括性、普适性，对任何人都能产生影响，自然也就不用格外突出行为主体了。

例 1. ᠮᡳᠶᠠᠯ ᠰᠣᠣᠣᠣ， ᠮᠮᠮᠮᠮᠮ ᠮᠮᠮᠮ》（《同文广汇全书》）

　　半途　反悔　　储藏　难

吴雪娟先生译文：半道反悔，难藏痕迹。

此即"一不做，二不休"之义。

例 2. ᠮᠮ　ᠮᠮᠮᠮ　ᠮᠮ　ᠮᠮᠮᠮ ᠮᠮᠮᠮ，　ᠮᠮ ᠮᠮᠮᠮ ᠮᠮ ᠮᠮᠮᠮ》（《同文广汇全书》）

　　　一　棍子　因　伤无　一口　因伤

安双成先生译文：棒打不伤人心，恶语可伤人心。

此即"打不伤人心，吃不到可恼人"之义。

例 3. ᠮᠮᠮᠮᠮ ᠮᠮᠮ，　ᠮᠮᠮ ᠮᠮ，　ᠮᠮᠮᠮᠮ ᠮᠮᠮᠮ ᠮᠮᠮᠮ　ᠮᠮ》（《同文广汇全书》）

　　喜爱　吃　　粮食　根　喜爱　穿　衣服　　根

安双成先生译文：爱惜食物常饱，爱惜衣服常暖。

此即"爱食常饱，爱衣常暖"之义。

此三个例句皆选自康熙时期《同文广汇全书》第二卷俗语类。俗语作为一种普遍存在，是对规律的总结，其行为主体暗指"人"。三句中均未出现主体，但是此种行为对任何人都适用。因此对语言接收者而言，没有意义的行为主体也就没有必要突出了。从这一角度而言，语言发出者及接收者都能够从整体进行把握。这些语言形式本属语法问题，但是对此类语言形式的具体运用，却属于修辞范畴，更是满语修辞反映的满族整体理解的思维方式。

例 4. ᡝᡝᡝᡝ ᡝᡝᡝᡝ ᡝᡝᡝᡝ ᡝᡝᡝᡝ ᡝᡝᡝ，ᡝᡝᡝ
　　　 古代　　聪明人　　说　　有功效　　药　　口

ᡝᡝ ᡝᡝᡝᡝ ᡝᡝᡝᡝ，ᡝᡝᡝ ᡝᡝ ᡝᡝᡝ ᡝᡝᡝᡝ ᡝᡝᡝ ᡝᡝᡝ ᡝᡝ
在　苦涩　　虽然　　疾病　对　好处　　甜味　　酒　口　在

ᡝᡝᡝᡝ ᡝᡝᡝ ᡝᡝ ᡝᡝᡝᡝᡝ，ᡝᡝᡝᡝ ᡝᡝᡝᡝᡝ ᡝᡝᡝᡝ ᡝᡝᡝ ᡝᡝᡝᡝ，
有味　疾病　把　引起　　　谄媚　劝诱　　人的话　听

ᡝᡝ ᡝᡝ ᡝᡝᡝᡝ，ᡝᡝᡝ ᡝᡝᡝ ᡝᡝ ᡝᡝ，ᡝᡝᡝ ᡝᡝᡝᡝ ᡝᡝᡝ，
耳朵　对　顺　　生　义　对　恶　　公正　劝谏　话

ᡝᡝ ᡝᡝ ᡝᡝᡝ ᡝᡝᡝ，ᡝᡝᡝ ᡝᡝᡝ ᡝᡝ ᡝᡝᡝ ᡝᡝᡝ。
耳朵　对　顺　不　　生　道　对　好处　说了

译文：古之贤者有云：良药苦口利于病，忠言逆耳利于行。（《清太祖武皇帝实录》）

例句中，满语原文语义为"虽然嘴里的药苦，但是有功效有益于治病，甜酒味浓但容易生病，谄媚之言虽顺耳却没有益处，公正、劝谏之言虽不顺耳，但是有好处"。满语原文较汉语译文说得更全面，语义上也更完整，尤其倾向于利用实际事物进行说明、解释，例如从"酒"的角度分析。酒在满族社会中充当着祭祀、节庆助兴等社会作用，在满族日常生活中比较常见，以"酒"为例更容易使人们接受和理解，也是为了对 ᡝᡝᡝᡝ ᡝᡝᡝ，ᡝᡝᡝ ᡝᡝ ᡝᡝᡝᡝ ᡝᡝᡝ（良药苦口）进一步解释，这种解释只有在满语原文表达中才能看到，汉语"良药苦口利于病，忠言逆耳利于行"的译文符合汉语表述习惯，但相比满语表达则显得笼统。"药"也并非具体的某种药，而是借以说明问题而选取的生活中某一类物品以及与之相关的场景，只是一个概括，一类情景，但满语用以解释所举例的"酒"则是一种实体，这也是满汉翻译观中截然不同之处。满语解释的全面性也彰显着思维的全面性和整体性。

语言使用特点始终伴随着语言使用者的思维方式，这是历史、传统因素制约的结果，也是民族在不断发展过程中形成的认识世界的角度。满语修辞为了解满族思维方式提供了很好的切入角度，也是感知其思维特殊性的有效途径。通过分析满语修辞现象，我们能够看出满族思维方式具有具象、辩证、整体的特点，思维方式作为满语修辞的文化底蕴，促成了满语独特的修辞现象。正是因为这些思维方式的存在，满语修辞现象才总会对某些客观现实做出相应的反映。

第三节　满语修辞彰显满族心理特征

语言与思维认知总是存在着密不可分的联系。语言是一种活动，它与其他形式的活动交织在一起，形成统一系统。人们用语言来说明已经获得的思想，思想又与心理紧密相连，所知、所思与所说在一般情况下都是有序、对应发生的。满族同样遵循人类认知的普遍规律。思想是深藏、看不见的，只能被感知和理解，但是语言和文字可以被记录，可以被人们直观地品评和完善。在语言输出过程中进行的调整、修饰和润色能够更加鲜明地表达思想，体现修辞在现实应用中的意义。

一、满族的价值判断

满族自历史上就骁勇善战，豪爽刚毅，具有鲜明的民族性格。他们对世事洞察力强，爱憎分明，善于用浅显事物阐明深刻道理，在语言表述上多运用对比、引用、类比等积极修辞突显鲜明的价值判断。

例 1.

好	正	人	把	不举荐	不升

好	正	人	如何	兴盛	坏	人	把 不降

不杀	坏	人 什么	畏惧

译文：贤良正直的人而不举用，不择升，贤良正直的人由何而兴。恶人若不降黜、不诛杀，恶者何惧？（《清太祖朝老满文原档》）

此段是昆都仑汗在训诫儿子之时所说的一段话，明确表达对忠奸善恶的态度，例句充分运用了对比修辞手法，用 ᠬᠠᠯᠠ（善）与 ᡝᡥᡝ（恶）将两种品格进行鲜明对比，再用一对反义词 ᠸᠠᠰᡳᠮᠪᡳ（择升）与 ᠸᠠᠰᡳᠮᠪᡳ（降黜）表明对待忠奸的明确态度。

例 2. ᠪᠠᡥᠠ ᠪᡝ ᠣᠵᠣᠷᠠ ᠵᠠᠴᡳᠨ，ᠲᠣᠨᡨᠣ ᠪᡝ ᠵᠠᠴᡳᠨ，ᠲᠠᠴᡳᠨ ᠪᡝ
　　　　得到 把勿 争夺 公正把 争夺 财物 把

ᠲᠠᠴᡳᠨ ᠵᠣᡵᠰᠣᡵᠠᠪᡳ，ᠠᠷᠠᡝᠪᠣ ᠪᡝ ᠵᠣᡵᠰᠣᠪᡳ»
勿　　想　　德行　　把　想

译文：勿争利而争正直，不思财而思德。（《清太祖朝老满文原档》）

此句从正反两方面角度，在 ᠪᠠᡥᠠ（得到）与 ᠲᠣᠨᡨᠣ（公正）、ᠲᠠᠴᡳᠨ（财物）与 ᠲᠠᠴᡳᠨ（德行）两组对比的选择中，对前一事物运用了表示禁止的命令式形式 ᠪᡝ（勿），而对持肯定态度、正向选择的对象运用了满语动词肯定命令式形式。通过对德与财的认识，从鲜明的对比与选择中，能够清楚地看到满族明确的价值取向，即坚决抵制争名逐利，提倡品德高尚。通过对比修辞手法，将对待事物的态度明朗化，将差异明显甚至矛盾对立的词语作为对比的两个方面，在增强语言艺术效果的同时，更能在比较中分清好坏、明辨是非，彰显满族鲜明的民族性格。

例 3. ᠲᠠᠴᡳᠨ ᠲᠠᠴᡳ ᠵᠠᠴᡳᠨ ᠵᠠᠴᡳᠨ ᠵᠠᠴᡳ ᠪᡝ ᠲᠣᠵᠣᠷᠠᠪᡳ，ᠴᠠᠴᡳᠨ
　　　　忽然　　一讨厌　　烂　肉把　遇见　话

ᠴᠠᠴᡳᠨᡩᠠ ᠪᡝ ᠵᠣᡵᠰᠣᠪᡳ，ᠲᠣᠴᡳᠨᡩᠣ ᠵᠠᠴᡳ ᠵᠣᠴᡳᠨᡩᠣ ᠵᠠᠴᡳ，
絮叨 且　　不要紧　　这样　说 那样　说

ᠵᡳ ᠵᡳ ᠵᡳᠨ ᠪᠠᡥᠠ ᠲᠣᡵᠠᠪᡳ»
容易 容易　　得 不完

译文：忽然遇见一块讨人嫌的烂肉，话粘又不要紧，怎长怎短的，容易不得完。（《清文指要·款待客人》）

例句作者十分厌恶这个"讨人嫌的烂肉"，此句运用了暗喻修辞手法，并没有出现本体，只有喻体 ᠵᠠᠴᡳᠨ ᠵᠠᠴᡳ（烂了的肉）。但通过前后句内容推测可知本体为人，句中没有 ᠲᠠᠴᡳ 或 ᠲᠠᠴᡳᠨ 等比喻词。将人比喻成烂肉更加形

象生动，突出其不招人待见的特点，ᠣᡳᠮᠣᠨ ᡥᡝᠷᡝ ᡠᠣᠮᠣᠨ ᡥᡝᠷᡝ 语义为"这样说、那样说"，说明那人说话怎长怎短、说这说那，把一个絮叨之人描绘得淋漓尽致。使用含有贬义色彩词语必定要表达出厌恶、鄙夷之情，这种讨人嫌的品行在满族社会中是遭到抨击和批评的。

例 4. ᠸᡝ　　ᠨᡝᠨᡝᠮᡝ　　ᡠᠵᡳᠮᠪᡳ，ᡝᡩᡠᠨ　ᠣᠮᡳᠮᠪᡳᠣ　ᠰᡝᠮᠪᡳ　ᠰᡝᠮᠪᡳᠣ"

谁　　他们　养育　风　喝　　生　说吗

译文：谁养赡他们呢？喝风度日么？（《清文指要·作好事》）

此句运用了反问修辞手法，ᡝᡩᡠᠨ ᠣᠮᡳᠮᠪᡳ ᠰᡝᠮᠪᡳᠣ（喝风度日吗）形象地说出人穷困潦倒、无所依靠又不知进取的生活状态，同时又显出说话者对此种生活状态带有的嘲讽语气，流露出人们厌恶恶习、崇尚勤劳朴实性格的观点。

例 5. ᠨᡳᠶᠠᠯᠮᠠᡳ　᠂　ᠭᡝᠪᡠ ᠪᡳᠪᡝ ᠪᡳᠮᠪᡳ，ᠭᡳᡵᠠᠩᡤᡳ ᠪᡳᠪᡝ ᠪᡳᠪᡝ　ᡝᡴᠰᡝᠮᠪᡳ　ᠰᡝᠮᠪᡳ"

人　的　名折与其　骨折　　说曾

译文：宁使折其骨，勿使损其名。（《内阁藏本满文老档》）

满族不仅能够在自我价值判定中择其善者而从之，并且能够不断将这种优秀品质传播出去，推而广之，使族人皆能得到教化。例句是《内阁藏本满文老档》中比较具有说教意义的一句话。此句运用引用和对比修辞手法，援引古语，将 ᠭᡝᠪᡠ（名）与 ᠭᡳᡵᠠᠩᡤᡳ（骨）的折损相互比较，并在二者之中做出选择。ᠭᡝᠪᡠ 代表了精神上的抽象意义，具有"名声、名誉"之义，ᠭᡳᡵᠠᠩᡤᡳ 则代表了血肉之躯，在对精神和肉体的选择中，满族无疑更推崇精神高尚纯洁，即使付出躯体折损的代价。这也从侧面反映出满族的精神信仰，整个民族都保持着对精神世界的高度追求。

例 6. ᠰᡠᠸᡝ　ᠮᡠᡴᡝ　ᠪᡝ　ᠣᠯᡥᠣᠨ ᠪᠠᠨᠵᡳ　ᠠᡩᠠᠯᡳ　ᠣᠮᡳ ᠰᡝᠮᠪᡳᡥᡝᠨᡳ，

你们　水　把　浮面昚　像　勿说

ᠪᡝᠨ ᠪᡝ　ᠠᡴᠣᠩᡤᠠ ᠰᡝᠮᠪᡳᠰᡝᠮᠪᡳ，ᠠᠮᠪᠠ ᠮᡠᠸᠠ ᠮᠣᠣ ᠪᡝ ᡠᡩᡠᠨ ᠪᡳᡨᠠᠮᡝ ᠪᡳᡨᠠᠮᠪᡳ　ᠪᡳᡨᠠᠮᠪᡳᠣ，

底把　尽　说　大粗　树把　立刻　折　折　折断吗

ᠰᡠᡥᡝ　᠂　ᠪᠠᡳᠮᡝ，ᡥᡠᠸᠠᠯᡳ　ᠰᡳᡵᡝ　ᠶᠠᠯᡠ　ᡝᡴᠰᡝ ᠠᡴᠰᡝᠮᠪᡳᠯᠠᠨ，ᠠᡩᠠᠯᡳ ᠠᠮᠪᠠ ᠭᡠᡵᡠᠨ

斧　用砍　刀子　削　划破　折　折断　相当　大　国

ᠪᡳᡥᡝ ᠊ᠠᠷᠠᠪᡠᠮᠪᡳ »

把　一次　在　完成　　完吗

译文：尔等勿作似此浮面取水之议，当为探源之论。如伐粗木，岂能遽折耶，必以斧砍刀销，方可折矣。欲一举灭其势均力敌之大国，岂能尽灭之耶？（《内阁藏本满文老档》）

例句从叙述内容中显示满族治国思想。这是昆都仑汗在训诫时所说，此处说教采取了类比修辞手法，将伐国之道与伐木之法进行类比。攻灭国家需要战略战术等抽象的领导智慧，而在满族生存环境中，对直观可视的伐木工作更加易于理解，因此满语用浅显的类比，将攻城战争的深刻意义阐述得清晰明了。在词语选择上也颇考究，选用 ᡶᡠᠯᡝᡥᡝ（底、根底）一词，突出釜底抽薪、取其根基才是取得战事胜利的关键步骤。这也是满洲贵族阶层军事战略思想的体现。

从以上分析可以看出，修辞能够彰显人们对客观事物的价值判断。当阐明道理、言传身教时，对比、引用等方式可以增强说理的客观性和条理性，这在官方发布的文献中应用较多；在民间偏向口语化的文本中，因其传阅对象多为百姓，要求语句接受程度更高，因此在词汇选择上往往从词语感情色彩入手，若是褒扬、赞赏态度则以褒义色彩词语进行描述，若是唾弃、鄙夷态度则反复使用具有贬义色彩词语进行说明，从词汇色彩的选择上即可以看到作者对事物的感情倾向。而无论是在形式上还是内容上或积极或消极的修辞，都是满族思想意识上的主观判断在语言表述上的实际应用。

二、满族的审美情趣

审美情趣是指人们在认识和接受事物的过程中判断事物美丑的兴趣和爱好。审美情趣来自人们的审美意识，强调在生活中获得的审美体验，突显人们能够主动地发现、认识美好事物。审美情趣影响审美观的形成，是民族文化、艺术发展的重要基础。满族具有均衡和谐的审美思想，它来源于对自然的认知。自然界广泛存在对立统一的事物，例如天地、山水、南北、阴阳等，这种未经改造的自然观念是满族均衡思想形成的基础，体现了满族的审美认识和审美追求。在语言表述上，积极修辞和消极修辞都体现着满族的审美情感。

例1. ᠊᠊᠊᠊᠊᠊᠊᠊᠊᠊᠊᠊᠊᠊᠊᠊᠊᠊，᠊᠊᠊᠊᠊᠊᠊᠊᠊᠊᠊᠊᠊᠊᠊᠊᠊᠊》

　　善　对　善　回报　恶　对　恶　回报

译文：善有善报，恶有恶报。（《内阁藏本满文老档》）

语言形式上的均衡可以通过对偶修辞手法表现。此句在语言形式上运用了结构相同、字数相等的对偶形式，显得工整规范，在意义上用了相互关联的一对词语 ᠊᠊᠊᠊（善）与 ᠊᠊（恶）。有一些对偶修辞很工整，两个分句结构、字数、词性等完全一致，而有些对偶则根据具体内容，在字数、词性等方面稍有不同，无论哪种形式的对偶手法，都能在句子整体上找到一个平衡点。

例2. ᠊᠊᠊᠊᠊᠊᠊᠊᠊᠊᠊᠊᠊᠊᠊᠊᠊᠊，᠊᠊᠊᠊᠊᠊᠊᠊᠊᠊᠊᠊᠊᠊᠊᠊᠊᠊᠊᠊᠊᠊᠊᠊

　　天　把你　对　你　把我　我的　白

᠊᠊᠊᠊᠊᠊᠊᠊᠊᠊᠊᠊᠊᠊，᠊᠊᠊᠊᠊᠊᠊᠊᠊᠊᠊᠊᠊᠊，᠊᠊᠊᠊᠊᠊᠊᠊᠊᠊᠊᠊᠊᠊᠊᠊᠊᠊

山　在　到　天　把我　对　我　把你　南　京

᠊᠊᠊᠊᠊᠊᠊᠊᠊᠊᠊᠊᠊᠊》

在　到

译文：天若以尔为是，尔可驱我至白山；天若以我为是，我亦必驱尔至南京。（《内阁藏本满文老档》）

通常情况下，在一些谚语或俗语等特殊语言形式中，对偶修辞在形式上要求十分严格，若是在无特殊情境下的表述，对偶修辞则不必执行得非常严格。例句是一句普通对话，᠊᠊᠊᠊᠊᠊᠊᠊᠊᠊᠊᠊᠊᠊᠊᠊᠊᠊（我的白山）与 ᠊᠊᠊᠊᠊᠊（南京）在形式上没有严格进行对应，但依然不影响对偶修辞的表述，内容从"尔为是"或"我为是"这两种情况分别考量，得出两种不同结论，尽管在个别词语上不够完全对应，但是读者总能在句子整体上体会出内涵上的均衡性。

例 3. [满文] ，[满文] 》

　　　　天 向 登 梯 无 地 向 进　　洞 无

译文：上天无路，入地无门。（《内阁藏本满文老档》）

这类谚语或俗语的流传范围广，受众群体多，所以在语言结构上规整严密，方便流传，其谚语的功能性也限制着语言的修辞形式。形式上越工整，越能令读者体会出句子的均衡美感。

例 4. [满文]　，[满文]　

　　　　汗 的 好 对 国　　国 的　　好 对 汗

[满文]　，[满文]　》

啊 贝勒 的　好 对　　诸申 诸申 的　好 对 贝勒 啊

译文：君贤乃国治，国治乃君成；贝勒善良而有诸申，诸申贤能而有贝勒也。（《内阁藏本满文老档》）

除了对偶修辞，语言形式的均衡可以运用顶真修辞格表现。顶真的特点是上句结尾与下句开头使用相同的词，在叙事或说理时起到环环相扣、严谨周密的作用。此句将首尾相接的顶真与句式相同的排比修辞综合起来，读起来朗朗上口，说理上层层深入。形式上的规整与词语对应连接，体现出满族对均衡、对称的艺术追求，是和谐统一思想的体现。

语音上主要表现为韵律特点。汉语按照音调区分平仄，满语则可以根据元音阴阳性制造独特的韵律，满语元音和谐的规律即可视为满语韵律特点。关于满语韵律的早期记载出现在乾隆年间博赫辑录的《清语易言》，书中记录"[满文] ，[满文] ，[满文] ，[满文] ，[满文] [满文]（[满文]即是阳韵，[满文]即是阴韵，[满文]即是平韵，[满文]即是老阳韵，[满文]即是少阳韵，[满文]即是入声韵）"遵循这样的语音规律可以在音韵上创造出明快的节奏感。满语韵律可以分为头韵、中韵、尾韵三类。头韵是指各分句第一个词要押相同的韵。例如"[满文]，[满文]，[满文]，[满文]（天若以尔为是，尔可驱我至白山；天若以我为是，我亦必驱尔至南京）"，头韵隔行押韵，第一分句与

第三分句押 ᡳ 音，第二分句和第四分句押 ᡝ 音，形式上灵活多变。中韵是指在句子中部押相同的韵。例如 ᠰᠠᡳᠨ � ᠰᠠᡳᠨ ᡰᡝᠩᡤᡝ，ᡝᡥᡝ ᡰᡝ ᡝᡥᡝ ᡰᡝᠩᡤᡝ（善有善报，恶有恶报）是在分句中部出现阴韵 ᡝ，且辅音同为 ᡰ，都押 ᡰᡝ 音。中韵可以在句子之间起到调节作用，若是长句，中韵部分可以停顿，若是短句，则在句子之间产生和谐美。中韵常常可以用不做结句的音节充当，例如词缀 ᡳ 、ᠨ 、ᡝ 等。尽管不如头韵、尾韵出现的频率高，也没有尾韵形式明显，但是中韵依然是满语音节韵律方面不可或缺的构成形式。尾韵是指每一分句最后一个词要押韵。例如"ᠲᡝᡳ ᠰᡝᠨᡤᡤᡳ ᡝᠰᡝᡳ ᠰᡝᠨᡤᡤᡳ ᡡᠠᠰᡤᡝᠩ，ᠲᡝᡳ ᠪᠣᡳᡥᠣᠨ ᡝᠰᡝᡳ ᠪᠣᡳᡥᠣᠨ ᡰᡝ ᠰᡝᠩᡤᡝᡳ，ᠲᡝᡳ ᡤᡳᡵᠠᠩᡤᡳ ᡝᠰᡝᡳ ᡤᡳᡵᠠᠩᡤᡳ ᠰᡝᠩᡤᡝᡳ（如此血溅血、如此土蒙土、如此骨暴骨）"，每一分句都以阴韵 ᡝ 结尾，一韵到底，尾韵和谐一致。不仅元音相同，辅音也完全相同，三个分句都押 ᡰᡝ 音。类似这样的尾韵形式在满语中非常常见，除了 ᡰᡝ 音之外，常见的还有 ᠨᡝ 、ᠩᡝ 、ᠮᡝ 、ᡥᠠ 、ᡥᠣ 等音。韵律的节奏感可以给人以美感，追根溯源是满族对审美的追求和希望，在语言运用中会偏向于应用对称、押韵、工整的表达方式，皆来自其对均衡、和谐关系的推崇与认可。

满语除了从积极修辞的角度运用形式上和语音上的手法展现语言使用方面的审美，同时也注重对词汇的选择与运用。当满语描述崇奉、积极的人或事物时，更倾向于选择明快的、美好的词语去抒发感情。《清太祖武皇帝实录》中有两段对太祖和皇后容貌、性格的描写。

例 5. ᡤᡳᠣᠴᡝᠨ　ᠰᡠᡵᡝ　ᠪᡝᠶᡳᠯᡝ　ᠪᠠᠨᠵᡳᡥᠠ　ᠮᠠᠩᡤᠠ，　ᠪᡝᠶᡝ　ᡩᡝᠨ，

　　太祖　　淑勒　　贝勒　　生　之后　身体　　高

ᠠᠮᠪᠠ，ᡤᡳᡵᠠᠩ　ᠮᠠᡤᠠ，　ᡩᡝᡵᡝ　ᠴᡳᡵᠠ　ᡤᡝᠨᡤᡤᡳᠶᡝᠨ　ᠨᡳᠣᡥᠣ　ᡤᡝᠰᡝ，　ᡶᡠᠴᡳᡥᡳ　ᠰᡝᠨ，

　大　　骨头　粗　　脸　脸色　明亮　　玉　像　　佛　耳

ᠴᠠᠰᡥᡡᠨᡳ　ᠶᠠᠰᠠ，ᡤᡳᠰᡠᡵᡝᠨ　ᠵᡳᠯᡤᠠᠨ　ᠣᡤᡴᠣᡵᠣᠨ　ᠮᠠᡵᠠᠨ　ᠶᠠᡵᡴᡳᠶᠠᠨ，

　凤凰　的眼　　说　　声音　　清楚　并且　实　明白

ᡝᠮᡝ　ᠴᠠᠨᡥᠠᠨ　ᡝᡳ　ᠣᠨᠴᡴᠣᡵᠣᠨ，ᠠᠨᡩᠠ　ᠰᠠᠨ　ᡝᡳ　ᠠᠮᡝᠯᡝ，

　一次　　听　　把　　不忘　　瞬间　知道　把　认识

ᠲᡝᡵᡝ ᡳᠯᡳᠮᡝ ᡨ᠋ᡝᠮᡩ᠋ᡝᠯᡝᠨ , ᡳᠯᡝᡨ᠋ᡠ ᡩ᠋ᠣᠣᠨ ᠊ᡳ ᠴᡳᡵᠠ᠋ᡝ᠋, ᠰᡠᡤᠠᠨ᠊ᡳ ᠠᡵᠪᡠᠨ ,
他　立在　重稳重　模样　征兆比样　龙　看

ᠠᡵᠰᠯᠠᠨ ᠊ᡳ ᠶᠠᠪᡠᠮᡝ ᠠᡩ᠋ᠠᠯᡳ ᠮᠠᠩᡤᠠ 》 ᠮᡠᠵᡳᠯᡝᠨ , ᡨᠣᠨᡩ᠋ᠣ , ᠰᡳᠵᡳᡵᡥᡡᠨ
虎　走　像威　厉害　心　公正果断　断　好把

ᠰᠠᡵᠠ ᠪᡝ ᡨᡠᡴᡳᠶᡝᠮᡝ ᠪᡝ ᠠᡴ᠊ᡡ᠋ᠯᠠᠮᠪᡳᠮᡝ , ᡝᡥᡝ ᠪᡝ ᠰᠠᡵᠠ ᠪᡝ
知　在　举荐　把　不怀疑　恶　把　知　在

ᠠᠮᠠᠰᡳᠪᡠᠮᡝ ᠪᡝ ᡨ᠋ᠣᠣᠰᠠᡵᠠᡴᡡᠨ , ᠴᠣᠣᡥᠠ᠋ᡳ ᡝᡵᡩ᠋ᡝᠮᡠ , ᠪᡝᡵᡳᠯᡝᠮᡝ ᠨᡳᠶᠠᠮᠨᡳᠶᠠᠮᡝ
使回　把　不延迟　兵　德　射箭　射马箭　勇士

ᡥᠣᠰᠣ᠊ᡳ ᡥᡡᠰᡠᠨ ᠋ᡳ ᠵᠠᠯᠠᠨ ᠋ᡳ ᠴᡳ ᠯᠠᡴᡴᠠᡵᠠᠮᡝ 》 ᠪᠣᡩ᠋ᠣᠨ ᠋ᡳ ᠠᡵ�
力量　世　比　超脱　计谋　谋略　深　兵　用

ᠨᡳᠶᠠᠯᠮᠠ ᠠᠨᠠᠪᠠᡳ 》 ᡨᡠᡨᡨ᠋ᡠ ᠣᠨ ᠵᡝᡪ ᡶᡳᠶᡝᠩᡤᡠᠨ ᡤᡝᠪᡠ
神　像　因此　英明　汗　称

译文：太祖生，凤眼大耳，面如冠玉，身体高耸，骨格雄伟，言词明爽，声音响亮，一听不忘，一见即识，龙行虎步，举止威严。其心性忠实刚果，任贤不二，去邪无疑，武艺超群，英勇盖世，深谋远略，用兵如神，因此号为明汗。（《清太祖武皇帝实录》）

例6. ᡶᡠᠵᡳᠨ ᡥᠠᠯᠠ ᠨᠠᡵᠠ, ᡤᡝᠪᡠ ᠮᡝᠩᡤᡠ ᡤᡝᡤᡝ , ᠶᡝᡥᡝ ᡤᡠᡵᡠᠨ ᠊ᡳ
福晋　姓　纳喇　名　孟古姐姐　叶赫　国　的

ᠶᠠᠩᡤᡳᠨᡠ ᠪᡝᡳᠯᡝ ᠊ᡳ ᠰᠠᡵ�᠋ᠠᠨ , ᠵᡠᠸᠠᠨ ᡩ᠋ᡠᡳᠨ ᠰᡝ ᡩ᠋ᡝ ᡨᠠᡳᡯᡠ
杨机奴　贝勒　的　女儿　十　四　岁　在　太祖

ᠰᡠᡵᡝ ᠪᡝᡳᠯᡝ ᡩ᠋ᡝ ᡥᠣᠯᠪᠣᡥᠠ 》 ᠪᠠᠨᠵᡳᡥᠠ ᠴᡳᡵᠠ ᠰᠠᡳᡴᠠᠨ , ᠪᡳᠶᠠᡳ ᠰᡠᠩᡴᡝᡵᡳ᠋ ᠠᡩ᠋ᠠᠯᡳ ᠰᠠᡳᡴᠠᠨ
淑勒　贝勒　对　结亲　生　脸色　好看　满月　像　好看

ᠪᡳᠮᡝ , ᠪᠠᠨᠵᡳᠨ ᠮᡠᠵᡳᠯᡝᠨ ᠣᠨᠴᠣ , ᠣᠯᡥᠣᠰᠣᠨ , ᠰᡠᠮᡝ , ᠮᡝᡵᡤᡝᠨ ᠮᡝᡵᡤᡝᠨ , ᡤᡳᠰᡠᠨ ᠨᡝᠴᡳᠨ 》
且　性格　心　宽　庆　重　敬　聪慧　贤惠　话　和顺

ᠮᠠᡴᡨᠠᠮᡝ ᠰᡝᠮᡝ ᠪᠠᠯᠠᡳ ᡠᡵᡤᡠᠨᠵᡝᡵᠠᡴᡡᠨ , ᡝᡥᡝ ᡤᡳᠰᡠᠨ ᠪᡝ ᠠᠯᡳᠮᡝ ᠰᡝᠮᡝ
夸奖　说　胡乱　不喜　恶　话　把　听　虽然

ᠪᠠ ᠪᠠᠨᠵᡳᠨ ᠊ᡳ ᡠᡵᡤᡠᠨ ᠊ᡳ ᠴᡳᡵᠠ ᠪᡝ ᡤᡠᡵᡠᠪᡠᡵᠠᡴᡡᠩᡤᡝ , ᠠᠨᡤᡤᠠ ᠴᡳ
原秉性的　喜　的　脸色　把　不变化　口　从

ᠮᠠᠵᠠ　ᠬᠠᠩᠰᠠ　ᠠᠮᠠᠰᠠᠮᠠ，　ᠠᠵᠠᠮᠠ　ᠠᠮᠠᠰᠠᠮᠠ　ᠪᠠ　ᠠᠮᠠᠰᠠᠮᠠ，

恶　话　不出　谄媚　不褒奖　把　不喜欢

ᠠᠮᠠᠰᠠᠮᠠ　ᠠᠮᠠᠰᠠᠮᠠ　ᠪᠠ　ᠠᠮᠠᠰᠠᠮᠠ，　ᠠᠮᠠᠰᠠᠮᠠ　ᠠᠮᠠᠰᠠᠮᠠ　ᠪᠠ　ᠠᠮᠠᠰᠠᠮᠠ》

挑唆　奸诈　把　不褒奖　侧　过失　乱　话　把　不听

ᠠᠮᠠᠰᠠᠮᠠ　ᠪᠠ　ᠠᠮᠠᠰᠠᠮᠠ》　ᠠᠮᠠᠰᠠᠮᠠ　ᠠᠮᠠᠰᠠᠮᠠ　ᠣ　ᠠᠮᠠᠰᠠᠮᠠ　ᠠᠪ　ᠠᠮᠠᠰᠠᠮᠠ

心　把　尽　太祖　淑勒　贝勒　的　心思　对　合

ᠠᠮᠠᠰᠠᠮᠠ　ᠠᠮᠠᠰᠠᠮᠠ　ᠠᠮᠠ　ᠪᠠ　ᠠᠮᠠᠰᠠᠮᠠ　ᠠᠮᠠᠰᠠᠮᠠ，　ᠠᠮᠠᠰᠠ　ᠪᠠ　ᠠᠮᠠᠰᠠ》

原　末尾　好　把　竭尽　出错　失误　处　无

译文：后姓纳喇，名孟古姐姐，乃夜黑杨机奴贝勒之女，年十四适太祖。其面如满月，丰姿妍丽，器量宽洪，端重恭俭，聪颖柔顺，见逢迎而心不喜，闻恶言而色不变，口无恶言，耳无妄听，不悦委曲谄佞辈，吻合太祖之心，始终如一毫无过失。（《清太祖武皇帝实录》）

人物描写分为外貌描写和性格描写两部分。两段对比来看，对男子和女子的描写运用了不同类的词语。描写男性外貌用 ᠠᠮ（高大）、ᠠᠮᠠᠰ（粗壮）、ᠠᠮᠠᠰᠠ ᠠᠮ（佛耳）、ᠠᠮᠠᠰᠠᠮᠠ ᠠᠮ ᠠᠮ（凤冠眼）、ᠠᠮᠠᠰᠠᠮᠠ（明亮）等；描写女性外貌用 ᠠᠮᠠᠰᠠᠮ（好看）、ᠠᠮᠠᠰ（俊俏）等。性格描写用 ᠠᠮᠠᠰ（宽宥）、ᠠᠮᠠᠰᠠ（聪慧）、ᠠᠮᠠᠰᠠᠮᠠ（温顺）、ᠠᠮᠠᠰᠠ（正）等，这些词都代表了美好、崇高等意义，有些像 ᠠᠮᠠᠰᠠᠮᠠ（明亮）还专门用于封谥等，更显尊贵地位。说明在对美好重要的人物、事物进行描写时，一定会选择词汇系统中意义明快、充满正能量的词语，反之则多选择具有批判、谴责意义的词语，这是满族对美的认识，突显对美的追求，体现民族性格中积极向上的特点。

三、满族的等级思想

1. 注重等级观念

满族先世已经具有了等级观念。他们对等级的认识可以首先追溯到对父子关系的重视，从史书记载中可得到印证。早在肃慎时期即有《晋书》记载"父子世为君长"；靺鞨时期，《旧唐书》记载"父子相承，世为君长"

等。早期史书中均体现了父子在权力上的相承关系。它使部落组织形式逐渐稳定，父子关系不仅是血缘情感上的关联，更是权力发展、政权延续的重要基础。这种文化因素能够通过语言表述得以体现。以《满文老档》为例，它成书时间处于满族入关之前，借助《满文老档》能够发现早期满文使用原貌，从中可以看到父子观念传统在语言修辞上有所渗透。

例 1.

汗　天子　天对合　行　孝顺　子啊

民汗的 子　民的 心意 对 合 行　仁慈 父啊

汗初　辽东把　得之后　上　旅顺口　到 到

下　镇江到 到　民把　居 住 养育　后来

不明智　民 汗 的 养育 把　辜负　每年 逃跑

反叛　子 孝顺 不　若 父　仁慈 成吗

译文：汗乃天之子，应天而行，方为孝子。民乃汗之子，顺民心而行，乃慈父矣。汗初取得辽东后，上至旅顺口，下及镇江，抚民各安其居。其后，无知之民负汗之恩养，年年逃叛。子若不孝，父岂可慈祥耶。（《内阁藏本满文老档》）

例句是刘学成在天命十一年（1626 年）的一份奏疏。其中将努尔哈赤视为天之子，将民视为努尔哈赤之子，天为汗之父，汗又为民之父。对两组父子关系的比喻和承认，说明了天与君、君与民之间的等级，父子观念在国家治理层面限定了君民属性的不同。

例 2.

尼堪　我们 国 父子　一样 父

ᠩᡳᠶᠠᠯᠮᠠ ᠪᠶᠠ ᠵᠶᠣ ᠪᠠᠯᡳᠶᠠᠯᠠ ᠪᡣᠠᠪᠣᠣ »
话　把　子　推辞　可以吗

译文：明与我国，如同父子，父之言，子可违乎？（《内阁藏本满
文老档》）

在论述政权关系时，满语将父与子作为比喻修辞的喻体，表示明朝与
满洲就像父子一样关系紧密，即是来自传统等级思想，不仅具有情感上的
联系，而且侧重权力关系的更迭以及统治的发展。

例 3. ᠰᠣᠯᡥᠣ ᠬᠠᠨ ᠰᡳ ᠠᠮᠠᠰᡳ ᠪᠠᠨ ᠰᠠᡳᠨ ᠩᡳᠶᠠᠯᠮᠠ ᠠᡴᡡ，ᠩᡣᠶᠠ
　　　朝鲜　汗　你　回报　一　好　话　无　正
ᠩᡳᠶᠠᠯᠠ ᠪᠠᠯᠠᠮᠠ ᠪᠶᠠ ᠠᠮᠠ ᠠᠮᡳ， ᠩᡳᠶᠠ ᠪᠣᠣᠯᠣ ᠠᡴᡡᠴᠠᠴᠠᠮᠠᠪᡳ »
仍然　尼堪　把　父　母　像　国　不断决

译文：尔朝鲜王无一善言相报，却以明为父母之国，不肯与之断绝也。
（《内阁藏本满文老档》）

例句中，满洲统治者谴责朝鲜依附于明朝，也将明朝与朝鲜的关系定义
为父子一般，因在满族观念中父子关系在社会关系中占有重要地位，它是
血缘关系的传承，同时也关系到权力、统治、亲疏、远近等多种因素，借
此表达对朝鲜依附明朝的气愤和讽刺，在情感上突出了强烈的谴责。

当以父子作为比喻修辞的喻体时，它一方面体现政权间紧密的联系，
另一方面代表了各政权的地位。努尔哈赤、皇太极时期主要活动区域在东
北地区，在东北区域范围内建立政权，后金政权在疆域范围、综合实力等
方面尚不及明朝，并且在当时历史条件下，它没有机会成为统一政权，因
此在满族早期时机不成熟之时，努尔哈赤对明朝一直表现得谦卑，以父子
（ᠠᠮᠠ ᠵᠣ）相称，在面对大明、高丽使者时表示了足够的尊敬，例如《清
太祖武皇帝实录》中记载："丙申年二月，大明国遣官一员，高丽国亦遣
官二员，从者共二百人来。太祖令部兵尽甲，亲迎至妙弘廓地界，接入大城，
以礼相叙。"这是满族在历史发展中综合考虑实力、机遇、战略等多种因
素而采取的行为活动。同样道理，朝鲜弱小臣服于明朝，必定以父子相称，
这一点也为努尔哈赤所知，反倒成为满洲斥责朝鲜的说辞。

努尔哈赤无论是对明朝的态度还是自身的称呼名号，都反映了其地位等级的变化。早期在与明朝文书往来或觐见应答中，消极修辞的语言以谦卑、谨慎风格为主，积极修辞中常用父子作为喻体比喻明朝与满洲之间的关系。随着满洲社会发展，努尔哈赤对明朝态度发生变化，言辞逐渐犀利，标志其地位崛起上升，最终于天命三年（1618 年）书写七大恨公开决裂征大明。对努尔哈赤尊称的变化也说明了满洲在与明朝较量时力量在逐步增强，早期努尔哈赤被称为 ᠰᡠᡵᡝ ᠪᡝᡳᠯᡝ（淑勒贝勒）即聪睿王，万历三十四年（1606 年）十二月蒙古胯儿胯部进谒时尊努尔哈赤为 ᡴᡠᠨ�ᡤᠠᠨ ᡥᠠᠨ（昆都仑汗）即恭敬的汗，此时皆处于女真部落时期，万历四十四年（1616 年）建立后金政权，改称努尔哈赤为 ᡤᡝᠨᡤᡤᡳᠶᡝᠨ ᡥᠠᠨ（大英明汗）。ᠪᡝᡳᠯᡝ 语义"贝勒"，是清代皇族的爵位名，在亲王、郡王之下。ᡥᠠᠨ 在《御制清文鉴》中释义为" ᡝᠮᡠ ᠪᠠᡳ ᡨᠣᡴᡨᠣᡥᠣ ᠪᠠᡳ ᡝᠵᡝᠨ ᠮᠠᠨᠵᡠ ᠮᠣᠩᡤᠣ ᡥᠠᠨ ᠰᡝᠮᡝ ᠸᡝᠰᡳᡥᡠᠯᡝᠮᠪᡳ（将统一国家的主人尊称为满洲、蒙古汗）"。由贝勒到汗称呼的转变是一个动态连续的过程，说明努尔哈赤自身地位以及由他所创立的政权地位在不断上升，是满族社会在历史进程中的重要转折点，也是等级地位增强的反映。

2."死亡"词语反映的等级观念

语言运用不能脱离使用这种语言的人的思维方式，它一定会在某一个词使用、某一个句子表述上流露出人们对客观世界的认识、对所处社会规则的遵守，而人们认识的世界与遵循的规则都要适应于传统和文化，可以从人们对满语词语的选择方式上，看到这一民族具有的文化内涵。满语词语的选择和运用属于消极修辞范畴，它能够确保语言使用更加准确规范，避免歧义。以表示"死亡"的满语词语为例，通过对不同人物运用表示"亡故"的词语能够反映出满族的等级差别。有些词只能应用于某一特定阶层。

例1. ᡨᠠᡳᠽᡠ ᡤᡝᠨᡤᡤᡳᠶᡝᠨ ᡥᠠᠨ，ᡶᡠᠯᡤᡳᠶᠠᠨ ᡨᠠᠰᡥᠠ ᠠᠨᡳᠶᠠ，ᠵᠠᡴᡠᠨ

太祖　英明汗　丙　寅　年　八

ᠪᡳᠶᠠ ᠵᡠᠸᠠᠨ ᡝᠮᡠ ᡩᡝ ᠰᠠᠨᡳᠶᠠᠨ ᡳᠨᡝᠩᡤᡳ ᠰᡠᠸᠠᠶᠠᠨ ᠮᠣᡵᡳᠨ ᠨᠠ ᡴᡝᠩ ᠠᡴᡡ ᠣᡥᠣᠪᡳ »

月　十　一　日　庚　戌　日　未　时　在　驾崩

译文：太祖英明汗，丙寅年八月十一日庚戌日未时崩。（《清太祖武皇帝实录》）

此句中表示太祖努尔哈赤亡故用的是满语动词 ᠊ᠴᠣᠺᠣᠬᠣ（ᠴᠣᠺᠣᠮᠪᡳ）。ᠴᠣᠺᠣᠬᠣ 语义为"崩塌、倒塌；崩、薨"。再看努尔哈赤大福晋孟古格格亡故时的满语表述为：

例2.　ᠮᠠᠨᠵᡠ　ᡤᡠᡵᡠᠨ ᡳ　ᠲᠠᡳᡯᡠ　ᠰᡠᡵᡝ　ᠪᡝᡳᠯᡝ

　　满洲　　国的　　太祖　　淑勒　　贝勒

ᡩᠤᠯᡳᠮᠪᠠᠨᡳ　ᠠᠮᠪᠠ　ᡶᡠᠵᡳᠨ　ᠨᡳᠮᡝᡶᡳ　ᠴᠣᠺᠣᡥᠠ"

中　　　 大　　福晋　　病　　　薨

译文：满洲国太祖淑勒贝勒中宫皇后薨。（《清太祖武皇帝实录》）

此句中表示中宫皇后亡故的词仍然是 ᠴᠣᠺᠣᡥᠠ（ᠴᠣᠺᠣᠮᠪᡳ）。

以上两句均选自《清太祖武皇帝实录》，修于清前期天聪年间，能够比较客观、全面地反映满族早期社会状况。太祖及其皇后亡故都用了满语词 ᠴᠣᠺᠣᡥᠠ。ᠴᠣᠺᠣᡥᠠ 一词也只用于太祖和皇后两人，并没有在其他人去世时运用，ᠴᠣᠺᠣᡥᠠ 的使用显示了太祖和皇后两人特殊的身份，区别他人显示尊贵地位，这与汉族中只有皇帝死才称为"崩"、皇后死称为"薨"，其他级别人等不能用此字道理一样。

例3.　ᠵᡠᠨ ᠪᡳᠶᠠᠢ ᠵᡠᠸᠠᠨ ᠳᡠᡳᠨ ᡩᡝ　ᡥᠠᠰᡥᡡ ᡝᡵᡤᡳ ᡤᡡᠰᠠ ᡝᠵᡝᠨ

　　　　 六　月　十 四 在　 左　边 总 兵 官

ᡥᠠᡶᠠᠨ ᡳ　ᡠᠵᡠᡳ ᠵᡝᡵᡤᡳ　ᠠᠮᠪᠠᠨ ᡝ ᠶᡳ ᡩᡠ　ᠪᠠᡨᡠᡵᡠ　ᠨᡳᠮᡝᡶᡳ ᠪᡠᠴᡝᠬᡝ,

官职 的 头 等　大臣 厄一都　勇士　病　亡故

ᠨᡳᠨᠵᡠ　ᠰᡝ　ᠪᡳ"

六十　岁　有

译文：六月十四日，左固山一等总兵厄一都卒，年六十岁。（《清太祖武皇帝实录》）

这是《清太祖武皇帝实录》中记叙清初开国五大臣之一厄一都亡故的一段史料，其中用 ᠪᡠᠴᡝᡥᡝ 表示"卒"之义。ᠪᡠᠴᡝᡥᡝ 在《御制清文鉴》中释义为"ᠨᡳᠶᠠᠯᠮᠠ ᠠᡴᡡᡥᠠᠪᡳ ᠰᡝᡵᡝ, ᠪᡠᠴᡝᡥᡝ ᠰᡝᠮᠪᡳ（把人去世称为

亡故）"，《御制增订清文鉴》中用词稍不同，但基本内涵一致，

" ᠵᠠᠯᠠᠨ ᠠᡴᡡ ᠪᡠᠴᡝᡵᡝ ᠪᡝ ᠠᡴᡡ ᡥᠠᠯᠠᠮᡝ ᠰᡝᠮᠪᡳ（将人气绝称为亡故）"。大臣亡故的
说法是 ᠠᡴᡡ ᡥᠠᠯᠠᠮᡝ，除了厄一都外，费英东、何和理等开国大臣亡故皆用
ᠠᡴᡡ ᡥᠠᠯᠠᠮᡝ。这一词组的使用范围很大，上至大臣，下至百姓均可以使用
此词。

除了以上所列举的用于不同级别之人的"亡故、消亡、消失"，满语
中还有从国家层面专指国家（部落）存亡的词语。

例4. ᠶᡝᡥᡝ ᡤᡠᡵᡠᠨ ᡝᡵᡝ�ᠴᡳ ᡝᠨᡨᡝᡥᡝᠮᡝ ᡤᡠ�Kᡝᡥᡝ »

　叶赫　国　从此　永远　消失

译文：夜黑国自此灭矣。（《清太祖武皇帝实录》）

例句中 ᡤᡠᡵᡝᡥᡝ 在《御制清文鉴》中释义为 " ᠪᠠᡨᠠ ᡳᠮᡳᠶᠠᠷᡝ ᠪᡝ, ᡤᡠᡵᡝᡥᡝ ᠰᡝᠮᠪᡳ（将
敌人的灭亡称为灭亡）"。 ᡤᡠᡵᡝᡥᡝ 虽然也含有"消失、亡"之义，但它并不
专指个人的死亡，而是具有整体消逝的概念，可以专指政权消亡。

结合以上分析，满族社会对"死亡"事实的描述会运用不同词语，突
出不同的社会地位。同汉族一样，满族自上而下在死亡意义上有一套专属
不同阶层的固定用词，在历史传统、社会规则和民族心理的共同作用下建
立起层次分明的等级社会。满语表示"亡故"之义的词并不能随意使用，
特定词只能用于特定阶层。 ᠶᠠᠪᡠᠮᡝ 一词专指皇帝或皇后亡故，其他阶层则
可以用 ᠠᡴᡡ ᡥᠠᠯᠠᠮᡝ，表达相同意义却用不同词语并非仅仅表现语言的丰富
和多变，更在于满族社会对某些词赋予的特殊意义。

四、满族的委婉心理

满族在语言使用上同样存在避讳心理，人们总是尽可能以一种不十分
明显的方式来表示这层意义，比如委婉的表示方法。委婉指的是采取迂回
方式，间接地说出某个意思，用与本义相似的词语或句子加以替代。满语
对"死亡"最常见的表述为 ᠠᡴᡡ ᡥᠠᠯᠠᠮᡝ，这就是一种委婉的说法。 ᠠᡴᡡ 在《御
制清文鉴》中释义为 " ᡝᠶᡝᠨ ᠶᠠᠶᠠ ᠪᠠᡳᡨᠠ ᠵᠠᠺᠠᡩᡝ ᡥᠠᠯᠠᠮᡝ ᠪᡝ, ᠠᡴᡡ ᠰᡝᠮᠪᡳ（将一切事物

完结成空称为无）"，满语习惯以 ᠌᠊᠊᠊ ᠌᠊᠊（没了）替代直接 ᠌᠊᠊᠊（死）的说法，᠌᠊᠊᠊（死）的意义更多的是与 ᠌᠊᠊᠊（生）相对，强调概念和状态，带有的情感也并不强烈。委婉的表达方式显示满族人在谈吐之间是忌讳直接触及死亡这类词语的。

例1. ᠌᠊᠊᠊   ᠌᠊᠊   ᠌᠊᠊᠊   ᠌᠊᠊᠊᠊᠊᠊᠊   ᠌᠊᠊»
　　　自己　把　身体　快的　　不是吗

译文：不是叫自己快着吗？（《清文指要·喝酒》）

例句出自清嘉庆年间对话体文献，其中 ᠌᠊᠊᠊᠊᠊᠊᠊（快的）是由动词 ᠌᠊᠊᠊᠊᠊᠊᠊（加快、加速、催）派生而来，委婉地表达了"死亡"含义。

例2. ᠌᠊᠊᠊᠊᠊   ᠌᠊᠊   ᠌᠊᠊᠊   ᠌᠊᠊᠊   ᠌᠊᠊᠊᠊   ᠌᠊᠊᠊᠊   ᠌᠊᠊᠊   ᠌᠊᠊᠊
　　　哭　　把　停止　一　叩头　说　呆　阿哥

᠌᠊᠊᠊᠊ ᠌᠊   ᠌᠊᠊᠊   ᠌᠊᠊   ᠌᠊᠊᠊᠊   ᠌᠊᠊   ᠌᠊᠊   ᠌᠊᠊᠊᠊ ᠌᠊᠊᠊   ᠌᠊᠊᠊᠊ ᠌᠊᠊»
路　在　病　身体　终　我的　自己　先　消息　送　来

᠌᠊᠊᠊᠊   ᠌᠊᠊   ᠌᠊᠊᠊᠊᠊   ᠌᠊᠊   ᠌᠊᠊   ᠌᠊᠊   ᠌᠊᠊᠊᠊ ᠌᠊᠊᠊ ᠌᠊᠊᠊᠊᠊᠊᠊，　᠌᠊᠊᠊᠊
员　外　留神　没　什么　东西　终　　问　　阿哈尔济

᠌᠊᠊᠊᠊   ᠌᠊᠊   ᠌᠊᠊᠊   ᠌᠊᠊   ᠌᠊᠊᠊   ᠌᠊᠊ ᠌᠊᠊   ᠌᠊᠊᠊»
回答　不是　呆　阿哥　身体　亡故　说

译文：阿哈尔济停止了哭泣，磕了一个头说："呆阿哥在路上生病身亡，我自己先送信回来了。"员外没留神听清楚就问："什么东西身亡了？"阿哈尔济回答："不对，是呆阿哥身亡了。"（《尼山萨满》）

此句第一次提及呆阿哥身亡时并未直接用 ᠌᠊᠊᠊ ᠌᠊᠊ 一词，而以 ᠌᠊᠊᠊᠊（᠌᠊᠊᠊᠊）代替。᠌᠊᠊᠊᠊ 语义为"终了、寿终"，它由名词 ᠌᠊᠊᠊（末尾、终）派生，委婉地表达死亡之义，待员外没听清后仆人第二次再回答时则用了 ᠌᠊᠊᠊ ᠌᠊᠊，相比 ᠌᠊᠊᠊᠊ 直接一些。此句还需要注意" ᠌᠊᠊᠊ "一词，语义为"呆子，呆傻的"，" ᠌᠊᠊᠊ ᠌᠊᠊᠊"虽义为"呆阿哥"，但是联系上下文可知此处并没有表示嘲讽、辱骂的意味，反而是对阿哥的一种爱称。而在例句" ᠌᠊᠊᠊ ᠌᠊᠊᠊᠊ ᠌᠊᠊ ᠌᠊᠊᠊᠊᠊᠊，᠌᠊᠊᠊ ᠌᠊᠊᠊᠊᠊᠊ ᠌᠊᠊᠊᠊ ᠌᠊᠊᠊ ᠌᠊᠊᠊᠊ ᠌᠊᠊ ᠌᠊᠊᠊᠊᠊᠊ ᠌᠊᠊᠊ ᠌᠊᠊ ᠌᠊᠊᠊ ᠌᠊᠊᠊᠊ ᠌᠊᠊ ᠌᠊᠊ ᠌᠊᠊᠊᠊（看那长的怪样儿是呢！鼓着个大肚子，竟是个呆人，又学充懂文脉，好叫人肉麻呀！）"中，""却是表示嘲讽的贬义词。因此，即使同一个词语也要在不同语境之下综合分析，才能真正理解词语含义。

例 3. ᠴᠠᠪᠰᠠᠩ ᠴᠢᠨ ᠮᠢᠨᠢᠢ，ᠪᠠᠢ ᠪᠠᠨᠢ ᠠᠳᠠᠯᠢ

　　　光明　汗　说　我的　自己　像　一起

ᠠᠳᠠᠯᠢ ᠪᠠᠨᠵᠢᠨ ᠠᠮᠪᠠᠨ ᠴᠢᠨ ᠴᠤᠢ ᠴᠤᠪᠠᠯᠢᠢ ᠴᠤᠪᠠᠯᠢᠢᠨᠢᠩ，ᠠᠯ ᠪᠢ

　一起　生　大臣　一　二　坏　开始　现在　我

ᠴᠤᠪᠠᠴᠢᠨᠠᠮᠠ ᠪᠠᠨᠢ ᠪᠠᠨᠢᠨᠢ……

不久　说

译文：帝曰："吾与创业大臣，渐有一二殒殁者，吾亦不久矣。"（《清太祖武皇帝实录》）

此句是努尔哈赤在近臣费英东亡故时，触景伤情、缅怀故人有感而发，句中 ᠴᠤᠪᠠᠯᠢᠢ 本义为"毁坏"，ᠴᠤᠪᠠᠴᠢᠨᠠᠮᠠ 本义为"不久"，此两词的基本语义均与"亡故"之义无关，但是词语使用从来不是孤立的，词语要在整个语言系统中显示其意义。结合上下文内容分析，努尔哈赤内心想表达的就是当年与自己共同开创江山的臣子部下已经有人逝去，不免感慨自己恐怕时日无多。但是努尔哈赤的语言表述中没有直接点明"死亡"一词，不用这样生硬的词语一方面为了表达对逝去臣子的惋惜与怀念，另一方面，对自己而言也是一种忌讳，毕竟死亡乃至关于死亡的词语都会被认为是不吉祥的。

除了以上例子中出现的 ᠪᠠᠨᠢᠢᠢ（亡故）、ᠴᠤᠪᠠᠴᠢᠨᠠᠮᠠ（快着）、ᠴᠤᠪᠠᠢ（终了、寿终）、ᠴᠤᠪᠠᠯᠢᠢ（坏）、ᠴᠤᠪᠠᠴᠢᠨᠠᠮᠠ（不久），还有一些词语诸如 ᠴᠤᠢ ᠴᠤᠪᠠᠯᠢ（命尽）、ᠴᠤᠪᠠᠯᠢᠢ（逝世）、ᠪᠠᠨᠢᠯᠢᠢ（亡）、ᠴᠤᠪᠢᠢ（逝世）等均委婉地表达了死亡的意义。

ᠴᠤᠢ ᠴᠤᠪᠠᠯᠢ（命尽）中 ᠴᠤᠪᠠᠯᠢ 是动词 ᠴᠤᠪᠠᠯᠢᠢ 的过去时，ᠴᠤᠪᠠᠯᠢᠢ 基本语义为"贫、缺少"，引申为"气绝"之义；ᠴᠤᠪᠠᠯᠢᠢ（逝世）是动词 ᠴᠤᠪᠠᠯᠢᠢᠢ 的过去时形式，ᠴᠤᠪᠠᠯᠢᠢᠢ 基本语义为"回（原地）、返回"；ᠪᠠᠨᠢᠯᠢᠢ（亡）为动词 ᠪᠠᠨᠢᠯᠢᠢ 的过去时形式，具有"失去、丢失"的基本语义；ᠴᠤᠪᠢᠢ（逝世）为动词 ᠴᠤᠪᠢᠢ（出错）的过去时形式等。这些委婉的词都以动词过去时形式表现，过去时也是这类词在使用上的共同语法特点。

语言表述上的委婉方式与民族禁忌心理息息相关，正因为满族在思维观念上对死亡的忌讳，才会在语言表达上尽量避开直接与"死亡"相关的词语，而以一些稍显委婉的词语进行替换，在上下文语境中暗含这一概念。词语意义的变化提示了人们需要对具体语境注意，在文化背景影响作用下，人们会适时调整词语的意义，却又令说话人与听话人不约而同地理解意义变化的部分。修辞的意义，不仅是对词语润色，供人艺术和文学欣赏，更在于完整而准确地表达语言使用者在特定情境下的思想感情，揭示人对世界的认知。委婉的语言表述正是在民族文化心理的作用下产生的，也是民族文化传统、思维认识最直接的显现。

第四节　满语修辞特点下的个体语言应用——以努尔哈赤言语风格为例

对满语修辞体系的构建是将它视为一种普遍而广泛存在的语言使用规律。在这一整体规范中，仍然不能忽略个体对语言使用的理解和在具体语境下的实际应用。个体对语言的使用受到多种因素影响，但一定是在符合语言整体规范的条件下进行的。对个体语言应用的探究能够印证文化在语言使用上产生的作用，并能看到个体对这一文化系统的认同和适应。以满族史上最具影响的努尔哈赤为例，其个人言语风格即综合了多种因素而产生。

言语风格是基于语言使用者生活经历、艺术素养等造就的创作特色。努尔哈赤言语风格一方面与其自身成长经历有关，另一方面受到其所处的时代背景、社会地位、人文素养等因素影响，综合形成了努尔哈赤独特的言语风格，概括起来主要包括三个方面。

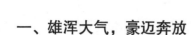

一、雄浑大气，豪迈奔放

努尔哈赤作为后金拥有最高权力的统治者，社会地位尊贵；其作为完成女真各部统一的本族英雄，政治抱负远大，他在国家治理、统筹大局方面具有超乎常人的能力。从他的语言表述中即能看出其豪放大气的一面。

例1. ᠮᠠᠨᠵᡠ ᡥᠠᠨ ᠠᠪᡴᠠ ᠨᠠ ᡩᡝ ᠶᠠ ᡠᠮᡝ ᡳᠯᠠ ᡥᡠᠯᠠ，

太祖　英明汗天　地对　香点燃　祷告求

ᠠᠪᡴᠠ　ᠠᠮᠠ　ᠨᠠ　ᡝᠨᡳ　ᠠᡳᠰᡳᠯᠠᠮᡝ　ᠠᡶᠠᡥᠠ　ᡳ　ᡝᡥᡝ　ᠨᠠ　ᡶᡠᡩᠠᠰᡳ　ᡩᠠᡳᠯᠠᡵᠠ　ᡝᡵᡳᠨ，

天父　地母　协助　战的坏国　对　抗拒征讨时

ᠶᠠ，ᡥᠠᡳᡶᠠ，ᡥᠠᡩᠠ，ᠶᡝᡥᡝ，ᠮᠠᠨᠵᡠ　ᡳ　ᡝᠮᡠ　ᠨᠠ　ᡳ　ᡤᡠᡵᡠᠨ　ᠪᠠᡳ，

兀喇　辉发　哈达　夜黑　满洲　的一话　的国　把

ᠶᠠᠨ　ᠪᡠᡥᡝ，ᡤᡝᠯᡳ　ᡩᠠᡳᠮᡳᠩ，ᠨᠠ　ᡳ　ᡩᠠᡳᠯᠠᡵᠠ　ᡝᡵᡳᠨ，ᡶᡠᠰᡳᠨ　ᡤᡳᠶᠠᠨ

全　给　再大明　国把　征讨时　抚顺　所

ᡳ　ᠮᠠᠮᠪᡳ　ᡴᠠᡳᡤᡝ，ᡨᡳᠶᡝᠯᡳᠩ　ᠪᠠᡳ，ᠶᠠᠨ　ᡩᠠᡳᠮᡳᠩ　ᡳ

清　河　开原　铁岭　把　毁坏　给再　大明　国

ᡳ，ᡩᡠᡳᠨ　ᠵᡠᡤᡡ　ᡳ　ᠵᡳᡥᡝ　ᠴᠣᠣᡥᠠ　ᠪᠠᡳ　ᠠᠪᡴᠠ　ᠠᠮᠠ　ᠨᠠ　ᡝᠨᡳ　ᠠᠴᠠᠪᡠᡶᡳ，

的　四　路　的来战　兵把天父　地　母　合

ᠠᡵᠠ　ᠠᠪᡴᠠ　ᠠᠮᠠ　ᠨᠠ　ᡝᠨᡳ　ᠮᡳᠨᡳ　ᠪᠠᡳᡵᠠ，ᠮᡳᠨᡩᡝ　ᠪᠠᠨᠵᡳᡥᠠ　ᠵᡠᡳ

杀　天父地母对我的求对我　生子

ᠣᠮᠣᠰᡳ，ᠴᡝᠨᡳ　ᡩᠣᠯᠣ　ᡝᡥᡝᡨᡝᠮᡝ，ᠮᡳᠨᡳ　ᡝᡥᡝ　ᠨᠢᠶᠠᠯᠮᠠᠪᡳ　ᡤᠠᠯᠠ　ᠪᠠᡳ

孙　他们　内虽恶　虽恶人把　手　到

ᡳᠰᡳᠨᠠ，ᠠᠯᠠᡵᠠ　ᠣᠮᠣᠰᡳ　ᡝᡥᡝ　ᠨᡳᠶᠠᠯᠮᠠᠪᡳ　ᠠᠪᡴᠠ　ᠸᠠᠯᠠ　ᠠᠪᡴᠠ　ᠸᠠ

杀　勿　例　生　恶人把天　杀　天　杀

ᠪᡳ，ᡳᠰᡳᠨᠠᡵᠠᡴᡡ，ᠠᠪᡴᠠ　ᠸᠠ　ᡤᠠᠯᠠ　ᠪᠠᡳ　ᡳᠰᡳᠨᠠ，ᡝᡥᡝ　ᠪᠠᡳ　ᠣᠮᠣᠰᡳᡥᠣᠨ

把　不等　手　到　杀　想　恶　心思

ᠨᡳᠶᠠᠯᠮᠠᠪᡳ，ᠠᠪᡴᠠ　ᠠᡴᡡ　ᠰᡳ　ᠰᠠᡵᡴᡡ　ᠠᡳᠪᡳ　ᠪᡳ　ᡨᡝᡨᡝᠯᡝ　ᡝᡥᡝ　ᠣᠮᠣᠰᡳᡥᠣᠨ

人　若天　你不知　何　有　那样　恶　心思

ᠨᡳᠶᠠᠯᠮᠠ ᠪᡝ　ᠠᠪᠠᡴᠠ ᠨᠠ　ᠰᡠᠸᡝ　ᠨᡝᠨᡝᡥᡝ　ᠰᠠᠮᠠ， ᠨᡳᠨᠠᠯᠮᠠ ᠪᡝ
人 把　天 地　你们　先前 知道 那 恶　人 把

　ᠰᡝ　ᠵᠠᠯᠠᠨ ᠪᡝ　ᠵᡝᠣᠳᡝᠨᠵᡳᠮᡝ　ᡩᡠᠯᡳᠮᠪᠠ， ᠪᡠᠴᡝᠨ ᠠᡥᡡᠨ　ᡩᡝᠣ
岁 寿 到　不 至　半 途　死 兄 弟 的　内

ᡝᡥᡝ　ᠪᠠᠨᠵᡳᠮᡝ　ᠶᠠᠶᠠ　ᠰᡝᠮ ᠨᡳᠶᠠᠯᠮᠠ ᠪᡝ　ᠰᠠᠮᠪᡳ ᠸᠠᠮᡝ　ᠰᡝᠨᡥᠠᠨᠵᠠᠮᡝ
恶　乱 罪　做　人 把　知道 杀　　不 想

ᠶᠣᠣᠨᡳ　ᠠᠴᠠᠮᠪᡳ　ᠰᠠᡳᠨ　ᠮᡠᠵᡳᠯᡝᠨ　ᠪᠠᡥᠠᠮᡝ， ᠶᠠᠶᠠ ᠪᡝ　ᠨᠠ　ᠪᠠᠨᠵᡳ
全 都　有 道理　善　心 思　执 恶 愚 蠢　人

ᠪᡝ　ᠮᡠᠵᡳᠯᡝᠨ ᠪᠠᡥᠠᠮᠪᡳ， ᠰᡝᠮᠪᡳ　ᠪᠠᠨᠵᡳᠮᡝ　ᠠᠪᠠᡴᠠ ᠠᠮᠠ　ᠨᠠ　ᠮᡝᠮᡝ　ᠸᡝᡥᡳᠶᡝᠮᡝ
把　心 思 得，说　生　天 父　地 母　扶助

ᠵᡳᠯᠠᠨ ᠪᡝ　ᡠᠵᡳᠮᡝ　ᠶᠠᠶᠠ， ᠸᡝᠴᡝᠨ ᠰᡠᠸᡝ ᠶᠣᠣᠨᡳ　ᠵᡳᠯᠠᠨᠠᡥᠠ ᠮᡳᠨᡳ　ᠵᡠᠰᡝ
慈爱　养育 众　　神　你们 全　仁慈 我的 子

ᠣᠮᠣᠰᡳ ᠪᡝ　ᡨᠠᠨᡤᡡ， ᠵᠠᠯᠠᠨ ᠪᡝ　ᠲᡠᠮᡝᠨ　ᠠᠨᡳᠶᠠ　ᠵᡠᠸᡝᠮᡝ　ᡝᠨᡨᡝᡥᡝᠮᡝ　ᠪᠠᠨᠵᡳᠮᡝ　ᠪᡝ
孙 把 百　世 代 万 年 到　直到 永远 生　把

ᠪᠠᠨᠵᡳᠮᠪᡳ， ᠨᡳᠶᠠᠯᠮᠠ ᠪᡝ　ᠨᠠ　ᡩᡝ　ᠵᡠᠯᡝᠰᡳᠮᡝ　ᠪᠠᡳᠮᡝ　ᡝᡵᡝ　ᡳᠨᡠ 》
喜欢　天 地　对 祷告 请求　此 是

译文：帝……对天焚香祝曰："蒙天父地母垂祐，将辉发、兀喇、哈达、夜黑同一音语者俱为我有，征仇国大明，得其抚顺、清河、开源、铁岭等城，又破其四路大兵，皆天地之默助也。今祷上下神祇，吾子孙中纵有不善者，天可灭之，勿令刑伤，以开杀戮之段。如有残忍之人，不待天诛，遽兴操戈之念，天地岂不知之，若此者，亦当夺其算。昆弟中若有作乱者，明知之而不加害，俱怀理义之心，以化导其愚顽，似此者天地祐之。俾子孙百世延长，所祷者此也。自此之后，伏愿神祇不咎既往，惟鉴将来。"（《清太祖武皇帝实录》）

努尔哈赤回顾了其统一女真各部、征讨大明的事实，将此归功于天地神明的帮助，在词语上多选用 ᠠᠪᠠᡴᠠ（天）、ᠨᠠ（地）、ᠠᠮᠠ（父）、ᠮᡝᠮᡝ（母）、ᠸᡝᠴᡝᠨ（神）、ᠵᡳᠯᠠᠨᠠᡥᠠ（仁）、ᠵᡳᠯᠠᠨ（慈）、ᠵᡠᠯᡝᠰᡳᠮᡝ（祷告）、ᠪᠠᡳᠮᡝ（求）等具有尊敬意味的褒义性词语，显示敬畏之义。在看到眼前取得成就的同

时，努尔哈赤并没有妄自尊大，他依然冷静、客观地从一个统治者的角度对未来可能产生的状况做出指示，既不袒护自己子孙可能出现的错误，也希望子孙同样能够获得天地的庇佑，最终目的是保持基业恒昌。努尔哈赤整段言语逻辑清晰，层层深入，回顾过去、评述现实并展望未来，将其作为领导者思维的缜密、看待问题的大局观表现得十分充分，情感都在言语间得以流露和抒发，这也是与其强大的个人领导能力和突出的政治能力紧密相关的。

二、平实质朴，蕴含深意

质朴自然的言语风格特点是选用明确的词句直抒胸臆，不加修饰，重视白描，突显真情实感，平易近人。语言平淡，避免辞藻华丽，但平淡中蕴含深意，显出质朴而深刻的特点。

例 2.……

| 生气 | 说 | 布占太 | 把你 | 我 | 阵 | 在 |

| 擒 | 杀 | 身 | 把 | 养 | 放 | 派遣 | 乌拉 | 国 | 在 | 主人 |

| 做 | 我的 | 三 | 女儿 | 把 | 对你 | 妻子 | 给 | 天 | 把 |

| 高地 | 把 | 厚 | 七次 | 发誓 | 话 | 把 | 违背 |

| 我的 | 所属 | 虎尔哈 | 卫 | 把 | 二次 | 侵犯 | 取 | 我的 |

| 聘礼 | 给 | 行 | 叶赫 | 女孩 | 把 | 布占太 | 你 | 抢夺 |

| 娶 | 说 | 再 | 又 | 我的 | 女儿 | 把 | 射骲箭 |

我的 孩 把 异 国 在 去 主人 福晋 做 生

给 罢了 把 你 射髇箭 给 是吗 我的 孩

坏 罪 做 对我 来告诉 天 从 降 爱新

觉罗 姓 人 在 手 到 例 把 你 出 百 世

把 不知 罢了 十 世代 从 以来 你 不知吗

我的 爱新觉罗姓 人 在 手 到 例 有 布占太

你 是成 我的 兵 来 不是 果真 手 得到 例

无 若 布占太 你 何 原因 我的 孩 把 射髇箭

此 射髇箭 名 把 我 心胸 在 抱住 住吗 死

带去吗 古代 人的 说 名字 折断 宁可 骨头

折断说 此 战 把 我 喜欢 乐意 来 不是

我的 孩 把 射髇箭 听说 因此 怨恨 我的

自己 兵 立 来 此 是

译文：（太祖）厉声曰：“布占太！先擒汝于阵中，已死之身吾养之，释为兀喇国主，仍以三女妻之，今欺蔑皇天后土，背七次盟言，掳吾所属虎尔哈卫二次，又欲强娶吾已聘夜黑之女，又以骲箭射吾女，吾将女嫁汝异国，原为匹偶，曾令汝以骲箭射之乎？若吾女所为不善，当来告我，天生爱新觉罗人，曾被谁责辱，汝试言之，百世以前汝或不知，十世以来汝岂不知？脱有之，则汝射之为是，我兵之来诚非，若其无之，尔何故射吾女？此受辱之名，我将匿之于心乎？抑将徒抱于九泉乎？语云：宁销其骨，莫毁其名，吾非乐于举兵，闻射吾女，故亲举兵来。"（《清太祖武皇帝实录》）

努尔哈赤此段语言的背景是，布占太背弃盟约，掠太祖所属部落，欲娶太祖所定叶赫之女，又以骲箭射太祖之女。努尔哈赤对此大怒，来征布占太时对其责骂。整段语言表述思路清晰、论证充分，为努尔哈赤出兵征讨给出符合情理的解释，彰显太祖用兵的正义性，反衬布占太背信弃义、知恩不报的反面形象。

努尔哈赤的语言特点首先呈现出质朴自然的风格，其选词多为满语基本词汇，并无晦涩、难于理解之词。为突出强烈的唾弃之情，在句子层面上多运用 ᠣᠮᠪᠣ、ᠣᠣ 等表示反问的语气；在词汇层面通过形态变化实现情感表达，如 ᠣᠪᠣᠪᠣ（ᠣᠪᠣᠪᠣᠮᠪᠢ）运用动词使动态形式表明布占太当初是在努尔哈赤的扶持和帮助下才成为兀喇国主，与其现在对努尔哈赤所行不义之事形成鲜明对比。ᠪᠠᠢᠷᠠᠪᠣᠷᠠ（ᠪᠠᠢᠷᠠᠪᠣᠷᠠᠮᠪᠢ）是动词请愿形式，努尔哈赤正处愤怒之中，虽然极力谴责布占太，但是仍能以理智保持满洲最高统治者的威严和素养，以祈请的礼貌方式阐明事理。ᠣᠮᠣᠣ（ᠣᠮᠣᠣᠮᠪᠢ）是动词直接命令式形式，是努尔哈赤直接对布占太发出的命令，因努尔哈赤对布占太知晓满洲实力之事具有十分把握，因此敢于以直接命令方式表述。努尔哈赤通过此种言语行为，不仅阐明了自己的主要观点，以言表意，而且从后来事件的发展来看，努尔哈赤的言语对布占太而言，在其情感、做法等方面产生了一定影响。努尔哈赤的言语产生了深远的作用，因此这段话语是具有成效的。

三、善用修辞，辞藻华丽

努尔哈赤作为女真人的最高统治者，担负着治理部族、教诲民众的使命，其阐明道理的表述方式必定合乎民众接受程度，同时努尔哈赤使用的语言要符合本民族语言使用特点。

例3.

太祖　明亮　汗　教诲　说　古代书　在

说　父母对　孝顺　　兄　对　行悌道　人　在

混乱　恶　心思　没有　说　这样　我们的　子　孙

世代　更换　父　母　把　孝顺　兄　　对　行悌道　道

处　恭敬　　孝顺　行悌道　道把　不要　违背

译文：帝设大宴，聚诸王训之曰："语云，其为人也孝悌，而好犯上作乱者未之有也。吾后代子孙，当世守孝悌之道，不可违也。"（《清太祖武皇帝实录》）

此段是努尔哈赤在宴请大臣时对臣子的训诫，其中用了用典修辞手法。"用典"是通过运用古籍中的词句，含蓄地表达相关思想和内容，起到以古证今、加深情感的作用。例句引用了《论语·学而》中的名句，以此劝谏臣子们要顺从兄长，而像喜好触犯上层统治者这样的人是很少见的。像这样引用汉族经典、古人名言的情况经常出现在努尔哈赤的言语表述中，这与其少时熟读汉文典籍、努力吸收汉族文化不无关系，从侧面反映出努尔哈赤对汉文化的认可和接纳。他对汉语的熟识、对汉语中表述思想的理解，都已经达到一定程度，才能在日常对臣子的训话中恰如其分地对汉语名言运用自如且有的放矢，这对其后世子孙也产生了深远影响，从长远来看对维护清朝统治具有现实作用。

例4.

那年　　五月　二十　日毛文　龙　对

行　文言　古代　伊尹　桀汗　的　命运
完把　知道　成　汤汗　对　去　朋友　做　姜太公
纣汗　的　命运　完把　知道　武王汗　把
求　去　朋友　做　古代　周国　的　命运　完　末
世　在　国　混乱　之后　圣人　孔子　孟子　救
不能　也　毁坏　那　把　你　不知　如何　好　鸟　树
把　选　落　好人　主　把　选　为友　韩信
霸王　把　弃　汉高祖　对　去　刘　整　宋国
把　弃　蒙古　的　忽必烈汗　对　投降　其　都　天
时　把　看　主　把　选　为友　后　世　在　好名　留下
罢了　古代　桓　公　他的　身体　射　管仲
把　养　道臣　成　唐太宗　为敌　擒　胡
敬　德　把　养　好处　得到　你　诚然　我　向　成
他们的　什么　相关

译文：是年五月二十日，遗毛文龙书曰："……昔伊尹知桀王之运终，往归成汤王而为臣，姜太公知纣王之运终，往归武王而为臣……昔周国运终，末世国乱，圣人孔、孟欲救而不能，亦灭也，尔岂不知。常言道：良禽择木而栖，贤人择主而事。韩信弃霸王而归汉高祖，刘整弃宋国而归蒙古忽必烈汗，此皆观天时择主而事，且留芳名于后世……古之桓公，养射己之管仲为社稷之臣；唐太宗养仇敌胡敬德，终得其益……尔若诚能向我，则待尔优于彼等。"（《内阁藏本满文老档》）

此段文字是努尔哈赤在天命十一年（1626年）劝降毛文龙时所说的话。努尔哈赤的规劝之辞反复运用用典修辞手法，从夏商开始到汉唐时期，大量列举历史各朝舍弃旧国、投靠新主的人物事迹。努尔哈赤将这些人的行为描述为顺应时代发展且后世留名的明智之举，丰富而含蓄地表达有关内容和思想。在陈述史实的同时，他还进一步引用俗语 ᠮᠠᠨ ᠶᠠᠶᠠᠮᠪᠠᠨ ᠪᠠᠨ ᡥᡳ ᠰᠣᠨᠣᠣ ᠶᠠᠶᡳᡥᡝᠨ，ᠮᠠᠨ ᠶᠠᠶᡳᠮᠪᡳ，ᠪᡳᠨ ᡥᡳ ᠰᠣᠨᠣᠣ ᡥᠠᠶᡳᡥᡳᠯᡳᡳᡳᠨ（良禽择木而栖，贤人择主而事）。努尔哈赤告诫毛文龙要"观天时"，更是提及即使像中国历史上地位卓越的孔子和孟子，也无法挽救周朝国运的衰败，因此毛文龙不应该违背天时。努尔哈赤还做出承诺，称毛文龙如果投靠满洲一定会受到优待。整段语言以史实为例，大量用典手法增强劝降毛文龙的说服力，有理有据，条理分明，同时也说明努尔哈赤的历史素养深厚，掌握的历史知识十分丰富，能够准确根据毛文龙的心理列举恰当事例增强观点。

对努尔哈赤言语风格的分析，几乎都是以其口头言语为主，而并非以官方文字记录下来的书面语言，口头表达是努尔哈赤个人言语风格的直接体现，更值得关注。深受文化影响的个人思想会以言语形式得以展现，言语即是文化的外显和输出。努尔哈赤言语以平实为主，叙述性强，适时运用用典、引用、对偶等修辞手法，突出中心论点。努尔哈赤对每一个词语、每一个句子的理解和运用意味着他对语言的理解，对语言文化间关系的认同，体现个体在满语修辞整体框架下的言语应用特点。

在言语分析过程中还应该注意到，努尔哈赤言语中运用的修辞手法有限，这也恰恰符合满族前期语言的修辞特点。个人言语会在一定程度上反

映所处时代的语言特点，人无法说出自己不懂的东西，也不能运用自己不理解的东西。努尔哈赤言语风格所表现的豪迈、质朴，都是在满语修辞大环境下实现的，他作为个体语言使用者是时代语言特点的代表。

努尔哈赤的言语特点不仅受到语言传统影响，也受到其个人社会地位、人文素养等因素限制。如果说语言传统、社会背景是客观存在的事实，不以人的意志为转移，那么社会地位、人文素养则是从个人角度出发，彰显言语个性的突破口。努尔哈赤作为满族最高统治者，受到个人抱负、社会环境的制约，恰好符合一个豪爽、有担当、质朴的领导者形象，个人语言需要符合个人历史定位。努尔哈赤言语固然有其区别于他人的特点，但终究是在满语整体语言框架内的微调，只能体现在满语系统中已经存在的修辞方式上，这也是个体与整体语言系统间普遍存在的关系。

第五节　满语修辞文化与汉语修辞文化的比较研究

修辞是对语言的运用，语言是修辞的基础，语言又是一种文化现象，因此修辞具有文化内涵。一种民族语言的修辞本身与其文化间的联系呈现出强或弱、明显或隐晦的区别，与另一种民族语言修辞及其所体现的文化内涵也可作异同的比较。从修辞方式和观念的对比中，能够更加真切地探究民族语言的修辞特点及其独特的文化底蕴。满族入关之后，自康乾时期开始大量接触汉族语言文字，汉语、汉文化在满族社会起到的作用不容忽视。我们可以在整体上从中华文化的角度，以满语与汉语修辞为例，体会两者在文化内涵上的异同。

一、中华文化视角下的满语文化

文化与语言总是存在密不可分的关系。人们能够很轻易地理解一种语言中的各个词语，掌握其词汇系统。但是人们的交流是通过表达意义完整的句子而实现的。句子虽然由单词组成，但是句子的意思并不是单词语义的叠加，它涵盖了诸多由单个词语不能包含的意义。语言的组成是复杂的，又是充满深意的。

"一种语言把世界大致分解成了特定数量的基本物体和基本活动，而把其他的物体和活动描述为这些基本要素的组合。世上的事情形形色色，花样无穷，怎样分解，才能使有限的成分适当地将它们表达出来，这当然不是一项容易的工作。好在这件事情没有委托给我们一两个聪明人，而是由一个民族数千数万代的人在劳动、交往、娱乐中逐渐做成。"① 人们将凝结在日常生活、衣食住行中的行为、认识与反思都演变成约定俗成，并将此作为民族整体对世界的认识世代相传，反过来再去指导语言应用、日常生活以及加深对世界的看法。从这一角度而言，满族文化、满语修辞文化是独特的，是历时传统的积淀和深化。

如果站在民族发展角度来看，满族在东北地区崛起，东北作为中国边疆之地，其文化具有鲜明的地域与民族特征，尤以满语文化为代表。满语修辞文化是蕴含在满语文化这一大范畴内的个体文化。自先秦以肃慎之名见于史册始，直至明末女真崛起、建立大清政权，肃慎族系在东北地区存在的时间连续，占据地域广泛，政治影响力深远，凝结成特色鲜明而又具有稳定性和连续性的文化模式。满语文化虽然受到汉族及其他少数民族影响，但仍在东北文化格局形成中起到主体作用。满语文化是东北语言文化中不可或缺的组成部分。一方面，满语文化构成东北区域语言文化的基础底蕴，突出了地域特点并彰显民族语言文化具有的独特性；另一方面，东北区域文化体系成为满语文化传播发展的有力载体，它为满语文化的发展提供了更广阔的平台和更大的发展空间，使满语文化以活态形式得以有效传承。在当时历史条件下，东北区域文化在充分保留满语文化特色的同时又不断吸收融入大量汉文化精髓，并能始终保持对中华文化的高度认同感和归属感，充分彰显中华优秀传统文化多样性的特征。

---

① 陈嘉映. 简明语言哲学 [M]. 北京：中国人民大学出版社，2013：243–244.

二、满语修辞文化与汉语修辞文化的关系

1. 满语修辞文化与汉语修辞文化的不同之处

语言从产生到发展都有其自身演变规律，又受到各自所属文化因素制约，因此语言使用必然具有特殊性。但也正是这种特殊性才构成了语言存在的多样性和丰富性，不同语言为了解不同民族、不同文化提供了最直接的载体。修辞即是对语言的加工。

满语修辞与汉语修辞首先表现在修辞本体上的差异。满语与汉语属于不同语言类型，分属于不同语系，具有相异的语言结构，这种本体差异决定了语言使用上的不同，反映在修辞方面即表现为修辞手法并非完全相同。语言共性保证了部分修辞手法一致，而另一部分专属汉语或专属满语的修辞手法则需要格外注意，它们是迅速认识这两种语言修辞方式的有效途径。

修辞本体上的差异属于直观形式上的不同，从深层次而言，是其修辞传统不同。汉语发展源远流长，汉族文化具有几千年历史，汉语和汉语修辞现象作为汉族文化主要载体也具有深远历史。汉语修辞经过长久积淀形成诸多已经成熟稳定的修辞模式，比如比喻、排比、拟人、对偶等等，更在传承过程中将一些事物抽象为具有某种象征意义的文化符号，例如当人们说到"黄河"时，便总能与"祖国母亲"或"中华民族"产生千丝万缕的联系，这是汉文化在汉语修辞传统上的烙印，汉语修辞文化也没有过多受到外部因素的干扰。再反观满语修辞传统，在时间上，满语的创制与发展不及汉语长久，没有形成系统，它更多地停留在一种淳朴、原生态的发展模式中，满语修辞的进一步推进是在汉语文化的影响下，在满汉双语合璧对译中可以明显地看出，汉语输出、满语输入了某些修辞文化，汉语修辞手法输入满语系统也同样显示出满族强大的学习能力，它使满语修辞系统得到充实，有利于满语修辞系统的建立。

满语修辞文化与汉语修辞文化代表的思想不同。语言是对思想做出的反映，思维表达依赖对语言的理解和掌握。汉语文化中流露出汉族自古以来的哲学思想，这种哲学思想成为汉族历史发展的重要组成部分，它自上而下、潜移默化地体现在人的日常生活、语言交流之中，尽管人们未必自知，但他们依然按照这种隐含的规则为人处世。满族缺少类似汉族的哲学思想，其宗教观、万物有灵观更多地渗透到生活之中，很少涉及思辨，乐于从原始思维解释世界。两种截然不同的思想，必然导致语言文化上的相异，因此表现出抽象与具体、委婉与直接等不同的语言表述特点。

2. 满语修辞文化与汉语修辞文化异中有同

尽管民族间修辞方式、修辞文化存在各种各样的差异性，但其中仍然存在一定相似性或相同之处。这是因为不同民族语言虽然有不同特点，但是这一群体内心经验的一致性使得其行为方式会呈现出一致的趋势。语言共性也决定了有些语言运用习惯相似或相同，主要体现在以下几个方面。

词语借用。客观环境总是制约着人们认识的深度和广度，如果不同的人处在相同的时代，他们就有可能在面对同一客观事物时表现出相同或相似的认识，语言和修辞对此做出的反映也比较接近。满族入关之初，在满语受到汉语冲击的条件下，众多汉语词语进入到满语词汇系统之中，直接借入满语的词汇一般用近似语音标记汉语借词，较为完整地保留了汉语语音。随着乾隆朝对满语词汇的规范，许多汉语借词为适应满语语音系统开始调整，成为原创满语词语。清朝中后期开始，满语使用呈现衰落趋势，满汉民族间交往的增多促使语言互相渗透，东北地区存留了大量满语词语，在口语、地名等方面均有体现。文学创作上，以文康《儿女英雄传》为代表的古典白话小说也呈现汉语中穿插出现满语的使用现象。词语借用的具体词汇虽然不同，但是词语借用现象是两个民族共有的，这是语言接触后的必然趋势，仅在借用程度、借用范围上有所区别。

词语禁忌。满族和汉族在某些方面具有相同心态，比如在词语禁忌方面，满族和汉族都一般不直接说出"死"这一词语，也反映了两个民族对待生死的观念和态度。汉族表达"死"的概念常用"百年""驾鹤""辞世"等，通俗一些为"没了""去了""不在了"，同样地，满族在表达"死"的概念时，也并不直接用 （死），也会用一些婉转词语表达，如 （没了）、（回去）、（快着）、（终）等。

此外，有些汉语谚语与满语谚语在概念表达上具有相似性，究其本质源于两个民族在认识上的共性。相对于同样一个客体，满族或者汉族能在自身传统指导下，同样做出对事物本质的认识和判断，达到殊途同归的效果。也就是说，满族与汉族在理解和言说自然与社会时的着眼点相似，两个民族在思维上的相似性促使对概念的理解、语言表述、修辞运用等方面存在相同之处。

尽管不同民族修辞现象、修辞文化具有相似或相同之处，但其中的差异还是占据主导地位。毕竟民族间的历史发展和文化传统具有各自轨迹，每一民族的日常生活也有其专属独特之处，造就了其不同于他者的世界观，也正因如此构成了民族语言和民族文化的丰富性。满语修辞体系是一个整体，它必须在与其他民族的对比中得以显现，突出其独特之处。

三、满汉翻译角度不同的文化分析

满族与汉族是两种同时存在、各自发展的文化模式，如果想实现满族和汉族间文化的传播和交流，翻译经典文献是一种方式。对一种语言的理解和认识，要按照使用此种语言的民族的思维方式，只有这样才能真正掌握这种语言。当满族借助汉文文献学习、传播汉族文化的时候，满族需要理解汉族含蓄委婉的表达方式和抽象的思维方式，在此基础上将汉文翻译成满文。

满语翻译可以分为直译和意译两种方式。直译能够完整地显示满语在词汇选择、表达方式等方面的特点，有助于探析满族思维方式。意译是为了更好地适应文化而进行的语言转述，虽然比较符合汉语习惯，但有时缺少了满语的独特韵味。满语与汉语间互译要尽可能增强修辞作用。严复提出翻译要做到"信、达、雅"，是对内容、逻辑、形式上的要求，翻译的过程与机制是探寻思维方式和思想意识的着眼点，文化、语言、思维总是交织在一起，互相作用。翻译是在两种已经成形的语言之间进行转换，利用调整和修饰手段，实现原文与译文间在修辞上的和谐统一，是一种语言对另一种语言的解说，同时也是重新用另一种语言进行修辞的过程。

例1. ᠊᠊᠊᠊᠊᠊᠊᠊᠊᠊᠊᠊᠊᠊᠊᠊᠊，
　　　我山　的　山谷山峰　的　隐蔽处　在　住生活

᠊᠊᠊᠊᠊᠊᠊᠊᠊᠊，᠊᠊᠊᠊᠊᠊᠊᠊᠊᠊᠊᠊᠊᠊᠊᠊᠊᠊，
八十　万　汉人　四十　万　蒙古　大　国　对　我

᠊᠊᠊᠊᠊᠊᠊᠊᠊᠊᠊᠊᠊᠊᠊᠊᠊᠊᠊᠊᠊᠊᠊᠊᠊᠊᠊᠊᠊᠊᠊᠊᠊᠊᠊᠊》
一小　　指甲　　像罪把　不做　曾

译文：我居山谷峰荫为生，与八十万明及四十万蒙古大国毫无开罪。（《内阁藏本满文老档》）

此句中运用了比喻修辞手法，将 ᠊᠊᠊᠊（罪过）比喻成 ᠊᠊᠊᠊᠊᠊᠊᠊（小指甲），可以直译为"像小指甲那样的罪过也没有犯过"，汉语译文则采取了意译形式"毫无开罪"，符合汉语习惯用四字成语或俗语的表达特点，但是这样翻译的缺陷在于，从汉译文中看不出满语本体所具有的修辞特点，很容易将满语修辞漏掉，在语言表现力上也不如满语表达的情感强烈。句中 ᠊᠊᠊᠊᠊᠊᠊᠊（指甲）既是 ᠊᠊᠊᠊（罪）的喻体，同时也运用了缩小夸张修辞，例句想表达出"指甲已经很小了，但是哪怕像指甲一样细小的罪过也没有犯过"这样的语义和情感。满语修辞表达能够增强语言表现力，而"毫无开罪"虽然在形式上简洁，但在表达效果上则远没有满语原文的境界。

例2. ᠊᠊᠊᠊᠊᠊᠊᠊᠊᠊᠊᠊᠊᠊᠊᠊᠊᠊，᠊᠊᠊᠊᠊᠊᠊᠊᠊᠊᠊᠊，
　　　天　将我　为何　赞同曾　汉　汗的　脸比

᠊᠊᠊᠊᠊᠊᠊᠊᠊᠊，᠊᠊᠊᠊᠊᠊᠊᠊᠊᠊᠊᠊᠊᠊᠊᠊᠊᠊᠊᠊，
我的　脸　宽吗　天　非　把　责怪　是　把　赞同

᠊᠊᠊᠊᠊᠊᠊᠊᠊᠊，᠊᠊᠊᠊᠊᠊᠊᠊，᠊᠊᠊᠊᠊᠊᠊᠊᠊᠊᠊᠊，᠊᠊᠊᠊
正　把　审判　因此　罢了　将我　天　赞同　汉

� ᠣᠨᠢᠣ ᠴᠢᠨᠮᠢᠨᠮ 》
把　天　责怪

译文：天何以我为是耶，岂天私我而薄明乎。乃天非非是是，秉公而断，故天佑我而责明国也。（《内阁藏本满文老档》）

满文原文中运用了比较修辞手法"ᠣᠨᠣᠨᠢᠣ ᠵᠢᡬ ᠮ ᠮ ᠨᡩ ᠮᠮ，ᡬᠮ ᠮᡩ ᡬᠣᠯᠣᠣ"，直译为"与尼堪汗的脸面相比，我的脸面宽大吗"，而汉译文则是"岂天私我而薄明乎"。满语原文是基于其文化传统的。满族受到历史传统、自然生存环境、语言系统词汇特点等影响，十分善于以平实、形象、直白的方式阐述对自然和人的认知，他们与历史更悠久、受儒家传统影响深远的汉族不同，自然无法使用类似形容词动词化的"私（以……为私）""薄（以……为薄）"这类词语，而是将对脸宽窄的比较转化为脸面上厚待与薄待之间的对立。从汉语这种意译上已经不能看出满文原貌要表达的最初意义，在便于汉语理解的同时容易错过对满语表达方式的深入探讨。

尽管已经不能从部分汉语翻译中追溯到满文原文所要表述的意义，但仍然有一些汉译兼顾了满汉各自的语言特点，在尽可能呈现满语原貌的同时又符合汉语表达特点，这些是满语汉译与满语修辞间比较成功的相互对应。

例3. ᠨᠣᠮᠮ ᠮᡩ　ᠣᠨᠣᠨ　ᠣᠨ　ᠨᠣᠣᠨ，ᠨᡩ ᠮᡩ　ᠣᠣᠨᠯᠣᠨ ᠣᠣᠣ ᠨᠣᠨᠣ 》
天　向　登　梯　无　地　向　进　洞　无

译文：上天无路，入地无门。（《内阁藏本满文老档》）

无论从满文还是从汉译形式上都可以判断出此句运用了对偶修辞，汉译文保留了满语修辞形式，但在具体用词上出现差别。满文 ᠣᠨ 是"梯子、云梯"之义，ᠣᠣᠣᠨ 是指"小动物的洞穴，鼠洞，兔洞"，满文句子直译应为"上天无梯，入地无穴"，日常生活中使用的梯子和狩猎民族常见到的小动物洞穴对满族而言更加直观、亲切，因此在满语俗语或者谚语中这类具体词语出现频率更高，语言使用充分反映了民族生活和民族文化传统特点。汉语翻译时，译者选择了既能反映原文语义，又符合汉语俗语表达习惯的"上天无路，入地无门"。汉语译文与满语原文语义、满语修辞表达都实现了彼此间的相互对应。

例 4. ᠊ᠠᠠᠵᠠ ᠠᠠᠠᠠᠠᠠ ᠊᠊ᠠᠠᠠᠠᠠᠠ，ᠠᠠᠠᠠ ᠠᠠᠠᠠᠠ ᠠᠠᠠᠠ，ᠠᠠᠠ ᠊
　　古代　人的　说中　正　若　黍的

ᠠᠠ ᠊ ᠠᠠᠠ ᠠᠠᠠᠠᠠ ᠠᠠᠠ ᠠᠠᠠᠠᠠᠠ »
麻蝇　一样　不怕　说

译文：古人有云：中正者，不惧黍蝇之顾。（《内阁藏本满文老档》）

例句分别运用了引用和比喻修辞手法。引用古人之言有理有据，增强说服效果。古人所说的话中又使用了比喻修辞格，将中正之人与不惧蝇虫之黍相提并论，突出二者之间内涵上的一致，即如果是中正之人，那么就像黍等粮食不惧怕麻蝇等害虫祸害一样。老档原文翻译更多的是按照字面意义进行直译，满语想要表达的语义与汉语俗语"身正不怕影子斜""脚正不怕鞋子歪"具有殊途同归之效。这样一个满汉翻译也提示出，有时对满语理解可以不必完全拘泥于字面意思的直译，尤其是在汉语中恰好有一个在意义上与其相对的句子能够基本反映出原句想要表达内容或是情感之时，恰当的翻译能够拉近读者和原文之间的距离，也是两种语言在各自文化范围内的照应。《满文老档》之所以选择直译方式，也是因为要与老档整体语言风格相适应。选择何种翻译方式，直译或者意译，需要根据全文整体翻译风格进行综合考量。

以上例句是满语积极修辞和汉译的对应情况，消极修辞同样存在译文与原文如何调整适应的问题。不同于积极修辞重视方法和技巧的运用，消极修辞的汉译形式更侧重语言叙述的清晰明了。

例 5. ᠠᠠᠠ ᠠᠠ ᠠᠠ ᠠᠠ ᠠᠠᠠᠠᠠᠠ，ᠠᠠᠠᠠᠠᠠ ᠠ ᠠᠠ ᠠᠠᠠᠠᠠᠠ ᠠᠠᠠᠠᠠᠠ
　　我的子　一　半　女婿的　一　半　想念

ᠠᠠᠠᠠᠠ ᠠᠠ »
养　啊

译文：我念子婿之情，恩养尔等。（《内阁藏本满文老档》）

ᠠᠠᠠ ᠠᠠᠠ ᠠᠠᠠᠠᠠᠠ，ᠠᠠᠠᠠᠠᠠ ᠠ ᠠᠠ ᠠᠠᠠᠠᠠᠠ 直译为"一半儿子，一半女婿"，汉语直接对译为"子婿"。这种翻译方式既包含了满语全部语义，又简化了汉语表述，不至于烦冗拖沓，在表现力上也没有出现满汉双语不对等的现象，是翻译追求的良好效果。

以上几例均选自《内阁藏本满文老档》。《满文老档》以满文写就，为满族早期满文著述文献。随着对其挖掘和整理的日益深入，《满文老档》逐渐出现汉译本，方便学者们研究利用。各汉译本语言风格大体相同，皆按照公文用语的习惯译成，符合史书记载的语言风格。《满文老档》成书时间早，满文原文尚未形成专门的公文用语，叙述性语言较多，行文间适当运用积极修辞，汉语译文多采取意译形式，符合汉语表达习惯，满文原文则更能突显满语使用特点。

例6.

憎恨 告状 又 路费 花费 时候 失利

对 害怕 因 就 肚子 病把 忍受 像 停止

译文：因为愤恨而想去告状，又顾虑花费金钱和时间，只好忍气吞声。（《百二老人语录》）

例句选自以满语写成的《百二老人语录》。其原文中直译为"像忍住腹痛一样的算了"，而汉语则译为成语"忍气吞声"。汉语译文固然文雅，符合汉语善于运用成语等四字结构的表达习惯，但是汉语译文过于程式化而缺少新意和变化，任何一种"受了气却忍耐、有话却不敢说出来"的心理状态都可以用"忍气吞声"来概括。而反观满语表达方式，则是具体的，与生活更紧密。满语表达更突出对某一具体事件产生感受的描述。这样的修辞方式直接、形象、客观，容易拉近与读者的距离，语言更具表现力。

例7.

提醒、劝勉 药 挑唆 鬼 不是吗

译文：劝人是神仙，挑唆人是魔鬼。（《满汉成语对待》）

例句选自现存最早的清代满汉合璧会话文本《满汉成语对待》。原文若直译为"劝说是药，挑唆是鬼"，但译文将（药）意译为"神仙"，一方面是为了兼顾对偶的工整，下片 ᠰᠣᠨᠢ 翻译为"魔鬼、鬼"，那么上片与此相对自然应为"神仙"之义，另一方面彰显了满族与汉族修辞观念不同。按照原文理解，能够为他人提供劝勉、起到提示作用的人，都如同良药一般有益于人之成长。在关于满族源流的三仙女传说中，天女佛古伦即是吃了灵丹药后诞生了始祖布库里雍顺，说明至少在满族观念中，ᠣᠺᡨᠣ（药）是具有褒义性质的。译者在汉语中找到了一个能够与其在内涵上进行对应的词语"神仙"。神仙作为拥有仙方法术、长生不老能力的主观意识形象，在中国千百年的文化传统中一直占有着重要地位，汉语始终将"神仙"一词的感情色彩视为褒义。在这个句子中，原文和译文很好地诠释了两种语言间各自修辞手法的不同，又能在彼此语言系统中找到本民族语言修辞所对应的文化范畴。"各个民族的口语和文字都是不同的，然而，虽然各个民族的语言有不同的约定，但内心经验对所有人都是相同的，由这种内心经验所表现的对象也是相同的。"[①] 这种情况下不能单纯地理解某一种语言的使用特点，而要将原文与译文对比来看，发现其中蕴含的独特趣味。

上面的例子是从满语原文翻译为汉语的角度做出的分析。满汉文之间的翻译不仅局限于此，有些汉语诗词、小说等文献也被翻译为满文。从汉译满作品中，同样能探究满族语言思维，看到满族对汉语理解后调整为本民族语言系统的方式。

例8. 接天莲叶无穷碧。（《晓出净慈寺送林子方》）

译文：ᠠᠪᡴᠠ᠂ ᠪᠠ᠂ ᠰᠢᠷᠠᠨᠠᠮᡝ᠂ ᠰᠢᠶᠠᠨ ᠰᠢᠶᠠᠨ ᡠᠨᠢᠶᡝᡥᡝ᠂ ᠠᠯᡳᠨ᠂ ᠠᡴᡡ ᠨᡳᠣᠸᠠᠩᠭᡳᠶᠠᠨ᠃ ″

天　对　连接　荷花　叶子　边界　无　绿色

此句出自南宋诗人杨万里的七言绝句《晓出净慈寺送林子方》，语义为"那密密层层的荷叶铺展开去，与蓝天相连接，一片无边无际的青翠碧绿"，满文按照汉语语义进行了对译，将汉语想要表达"叶子延展开来与蓝天相接一处"的优美意境以动词互动态形式进行表达，ᠰᠢᠷᠠᠨᠠᠮᡝ 语义为"连续"，增添中缀 ᠨᠣ 构成动词互动态形式，具有了"互相、彼此相连接"的语义。满语动词形态变化通常可以用来表示主体对客体的态度、观点，二

① 陈嘉映. 简明语言哲学 [M]. 北京：中国人民大学出版社，2013：7.

者之间的关系等，汉语要表达的意境会借助满语形态变化得以实现，这是满语在对应汉语翻译时的一个特点。

例9. 贫家净扫地，贫女净梳头，景色虽不艳丽，气度自是风雅。（《菜根谭》）

译文：⟨满文⟩，
　　　贫穷的　家　地把　干净　扫

⟨满文⟩，
贫穷的　女孩　头把　秀美　编发　若

⟨满文⟩，
样子　面貌　虽然　好看　光华　无　虽然

⟨满文⟩》
气　度　自然　有文采　有文采

此句是满文翻译明朝时期文献《菜根谭》中的语句，汉语原文侧重形式上对偶、内容上对比的修辞手法。反观满语译文，无论在语音、形式等方面都没有遵循一定的规律，只选择一些便于理解的基础词语将原文语义呈现出来。这也是满语翻译汉语的另一个特点，有些译文侧重原文语义的正确，并不十分关注是否在形式等其他方面做到了对应。

例10. 一不做，二不休。（《语文杂抄》）

译文：⟨满文⟩》
已经　开始　既然　半途　停止　处　无

例句汉语译文是流传广泛的一句俗语，满语按照想要表述语义的内容进行意译，原文直译为"既然开始了，就不要半途停止"，二者进行了比较紧密的对应，读者无论从汉语或满语中都能够得到语言想要传达的信息。

能够在语句上直接观察到已经转换完的翻译形式，是从文化到思维再到语言的最终结果，思维克服了文化对它的影响，借助另一种语言形式得以展现。修辞在这种转换过程中的意义，就在于它不仅使翻译语言能够更加符合被转换语言的使用规则，而且在另一方面，它提升了语言的欣赏价值，让翻译语言最大程度充满文学性。

满语修辞研究是对语言本体使用特点的分析，它能够挖掘满语自身的语言表达特点。由于语言与文化密不可分的重要关系，修辞将受文化模式影响的思想以恰当的语言形式表述，通过对修辞手法的研究追溯满族文化内涵。众多种类的满文文献都能够用于从满文原貌中探究满族思维方式，完成从语言本体拓展到文化探究的目标，也可以成为今后研究的一种范式。

本章从满语修辞反映的深层内涵分析满族文化意蕴。修辞与文化间的关系要借助概念这一媒介去理解。概念是人脑对客观事物认识后，用把握的多种谓项，以述谓的形式合力充实而来，概念完成由空到实的过程。概念从模糊空洞到逐渐清晰，再到最终确立，是由多角度的谓项加之穷尽所有的述谓后才能实现的。在对概念的充实过程中，文化内涵起到重要的支撑作用。修辞是在概念理解基础上的表达方式，概念将修辞与文化联系起来。作为民族根基与核心的满族文化从历史上便渗透到语言表达之中，二者相互影响，彼此之间得到印证，我们从有形的修辞现象探寻无形的民族文化内涵，最终对满族文化做出进一步认识。

结　语

满语修辞作为满语研究中的重要组成部分，当前相对其他满语研究领域而言研究成果还不够充分，可以借鉴的主要为汉语修辞研究成果。满－通古斯语族语言关于修辞的研究成果普遍较少。

　　由于民族思维和语言共性，加之对汉语修辞研究成果的参照，能够归纳出的满语修辞手法包括了大多数语言中存在的修辞格。但由于满语语言类型的特殊性，有一些修辞手法完全是在满语本体内部产生并发展的，比如音节倒置格、拆合格等。这是满语修辞区别于其他语言修辞的特殊之处。

　　满语修辞格由清朝前期修辞手法简洁单一发展到清朝后期修辞手法丰富、类型有所增加，这是满语修辞动态发展过程，是语言本体内在的发展规律，也是当前研究的关注点。同时，修辞手法的丰富从侧面反映出民族关系的和谐发展，体现满文化对汉文化的接纳与吸收。康乾时期大量翻译汉文典籍使得满族接触到更多文学作品的写作手法，自然将其融入满语的使用规则，以满语的恰当形式翻译出来。

　　当前没有对修辞格的系统归纳，各种修辞格全都散落在满文文献中，每本文献都有可能存在几种常见或尚未发掘的新修辞手法。重复出现的修辞格易于归纳，但是特殊、罕见的修辞手法依然是在整理过程中需要格外关注的，只有将修辞手法类型尽可能全面地集合起来，才能涵盖满语修辞格的内容。对潜在修辞手法的整理分析也是对满族思维模式、语言习惯、文化内涵解读的重要方面。满语修辞具有任何语言修辞学的一般特点，同时作为独特的语言系统，它也具有区别于其他语言的修辞观与修辞特点。

王希杰先生曾经指出："修辞学的任务，是在那些为了增加语言表达效果而对语言进行加工的现象中寻求规律性的东西。"① 修辞格是修辞学的构成部分，它是人们在语言使用过程中，对思维和表述方式的整合，其中不但涵盖了人们对客观世界的理解认识，而且彰显了人们语言运用的能力，能够将所思所想以修辞方式恰当表达，突破传统语言规范的束缚，在清晰明了地阐明主旨的基础上做到锦上添花，增强语言表达效果和感染力。众多修辞格的集合构建起基本语言材料，为系统研究提供了基础。在研究过程中，除了对修辞格归纳、总结，找到其运用规律外，对一些特殊形式的积极修辞以及它能创造出的极佳语言效果的欣赏也算是一种美感享受了。陈望道先生在其《修辞学发凡》中点明，"消极的修辞只在使人'理会'""只是零度对于零度以下的努力""积极的修辞，却要使人'感受'"②，强调的便是积极修辞具有的价值。满语修辞格种类众多，能够分别从语音、词汇、语法等多个角度对语言进行调整和修饰。满语修辞运用反映了满族在语言使用上的规律和规则，其具有多方面价值。

修辞格是文章结构、篇章设置上十分重要的手段，与之相关的是篇章修辞。篇章修辞学是修辞学的分支，它不是单纯局限在词句之内的修辞，而是从更广阔的篇章范畴探讨篇章组织过程中的修辞现象，探索篇章修辞现象的基本规律，全面解释修辞现象的客观规律和修辞作用。运用修辞格的最终目的是与全篇主体思想、体裁相契合，使篇章组织更加合理规范。修辞要适应语体风格，要根据文章语体风格的变化做出适当调整，符合总体语言风格。例如《满文老档》作为入关前官修史料，记载了努尔哈赤起兵进行民族统一战争的历史事件。此类官修体裁在战争场景、历史事件等方面所做的描述更多，属于消极修辞范畴。从积极修辞角度而言，多运用

---

① 王希杰.汉语修辞学 [M].北京：北京出版社，1983：11.

② 陈望道.修辞学发凡 [M].上海：复旦大学出版社，2008：57.

排比与比喻修辞手法。这是因为根据体裁要求，努尔哈赤在统一战争过程中，对外要经常与蒙古等部落联姻结盟，对内则要时常训诫臣下，在此历史条件下，恰当地运用排比更能表达强烈奔放的感情，从而增强语言气势和表达效果。比喻修辞格的运用则是以人们熟知的事物对深刻事物加以说明，便于人们进一步理解。修辞在篇章范围内的一致性也促进了篇章体裁的稳定，恰当的修辞要依赖于文章主题思想和体裁，最终目的和任务都是使全文在语言表述上得体适宜。

对修辞格的选择和运用是人们对语言美的重新创造，在融合了人们审美情感的同时又强调了语言的"自然"，避免因修辞而显得矫揉造作，不因修辞而修辞。例如迄今为止发现的唯一一本满语谜语书《满谜》，它运用了满语常用的12种修辞格。全书共有91条谜语，除去9条内容重复出现、10条谜语未使用修辞手法而直接采取陈述形式外，其余72条谜语中有34条运用了音韵修辞格，27条运用了排比修辞格，10条运用了对偶修辞格，其中不乏一条谜语在简短的谜面上同时运用两种出现频率较高的修辞格的情况。谜语作为用隐晦的方式，暗指文字或事物，供人根据字面猜测答案的隐语，其具有的趣味性与娱乐性为语言提供了广阔的表述空间和更多对语言调整修饰的可能。因此音韵、排比、对偶等修辞手法的运用符合谜语朗朗上口、易于传诵的体裁特点，多种修辞手法综合运用能够最大限度地增添语言表达效果。满语谜语是独具满语特点的文字游戏，只有根据满语特殊性创造出的修辞格，才能在口口相传中成为百姓喜爱的娱乐形式。修辞格在游戏中能够启迪思维，娱乐大众，这既是对文化的传播与普及，也是对满族文化、满语文化的享受。修辞格的审美价值是提升语言受众欣赏能力的方式和手段，有助于人们对语言美的感受和理解，达到对语言艺术的享受。与此同时，对语言使用手法上的理解促使人们乐于钻研语言使用规律，激发兴趣，有利于产生全新修辞格。

语言是一个系统，语言组成的任何部分一旦变化都能关系到语言发展情况。满语修辞格的发展是连续、动态的过程。从早期主要使用排比、比喻、类比、引用等几种有限的积极修辞手法，大量运用描写、陈述等消极修辞手法，发展到入关后康熙、乾隆时期大量翻译汉文经典，出现满文使用高峰，随之而来，修辞手法也日渐丰富多样。再到满语使用逐渐衰退，嘉庆、光绪年间教人学习满语的满文对话体文本的涌现，满文文献体裁丰富，修辞手法越来越繁多，满语适合了自身独特的语言特征，发展出只在满语中才存在的修辞格，大大丰富了满语修辞格数量。满语修辞手法的发展经历了从无到有、从少到多，修辞格不断发展的过程是人们语言能力提升和对客观世界认识加深的过程。逐渐建立起来的满语修辞体系，不仅标志着修辞格种类、数量、使用频率的增多，也是对满语修辞使用理解的深入，伴随着修辞格发展，满族语言也显得愈加完备，满语不仅能够清楚地表述语义，并且能够对语言进行适时的调整和修饰以使之符合语言环境，得到最佳表达效果，体现了语言功能的逐步完善。

综上所述，笔者首先归纳满语修辞手法，然后从修辞学角度分析修辞手法的特点及价值。修辞作为一种语言现象，与修辞使用群体的思维方式、文化传统密切相关，在分析过程中，结合语言哲学的研究方法，分析修辞为什么以此种形式而非其他形式出现，其文化内涵始终贯穿其中，主导着语言表现形式，尽可能完整地分析才能构建满语修辞体系。满语修辞体系要对现有语言现象做出分类整理，要成为分析现有修辞现象的工具，同时关注有可能产生的其他修辞现象，从有限确定的体系演变成为无限丰富的语言运用，确保表述内容饱满充实。

参考文献

［1］博大公，季永海，白立元，等.满族民歌集 [M].沈阳：辽宁民族出版社，1989.

［2］季永海，白立元，赵炳文.尸语故事：满族佛传故事二十一篇 [M].北京：中央民族大学出版社，2002.

［3］曾涛.随军纪行译注 [M].季永海，译注.北京：中央民族学院出版社，1987.

［4］中国第一历史档案馆，中国人民大学国学院.清太祖满文实录大全 [M].沈阳：辽宁民族出版社，2016.

［5］中国第一历史档案馆.内阁藏本满文老档 [M].沈阳：辽宁民族出版社，2009.

［6］蒲松龄.满汉合璧聊斋志异选译 [M].扎克丹，译.永志坚，校注.乌鲁木齐：新疆人民出版社，1993.

［7］王实甫.满汉合璧西厢记 [M].永志坚，整理.乌鲁木齐：新疆人民出版社，1991.

［8］御制翻译论语 [M].刻本.钦定四库全书，1768.

［9］御制翻译诗经 [M].刻本.钦定四库全书，1768.

［10］吴元丰.御制盛京赋 [M].北京：民族出版社，2018.

［11］尼山萨满传 [M].赵展，译.罗丽达，校.沈阳：辽宁人民出版社，1987.

［12］《尼山萨满》全译 [M].赵志忠，译注.北京：民族出版社，2014.

［13］清文指要解读 [M].张华克，校注.台北：文史哲出版社，2005.

［14］续编兼汉清文指要解读 [M].张华克，校注.台北：文史哲出版社，2005.

［15］中国第一历史档案馆，中国社会科学院历史研究所.满文老档 [M].北京：中华书局，1990.

［16］马蒂尼奇 A P.语言哲学 [M].牟博，杨音莱，韩林合，等，译.北京：商务印书馆，1998.

［17］阿尔贝特·施韦泽.文化哲学 [M].陈泽环，译.上海：上海人民出版社，2017.

［18］陈嘉映.简明语言哲学 [M].北京：中国人民大学出版社，2013.

［19］陈炯.中国文化修辞学 [M].南京：江苏古籍出版社，2001.

［20］陈望道.陈望道语文论集 [M].上海：上海教育出版社，1980.

［21］陈望道.修辞学发凡 [M].上海：复旦大学出版社，2008.

［22］戴昭铭.文化语言学导论 [M].北京：语文出版社，1996.

［23］冯友兰.中国哲学简史 [M].赵复三，译.北京：中华书局，2015.

［24］郭孟秀.满文文献概论 [M].北京：民族出版社，2004.

［25］胡裕树.现代汉语 [M].重订本.上海：上海教育出版社，2018.

［26］列维－布留尔.原始思维 [M].丁由，译.北京：商务印书馆，1985.

［27］季永海，刘宪景，屈六生.满语语法 [M].北京：民族出版社，1986.

［28］刘焕辉.修辞学纲要 [M].修订本.南昌：百花洲文艺出版社，1997.

［29］本尼迪克特.菊与刀 [M].吕万和，熊达云，王智新，译.北京：商务印书馆，1990.

［30］本尼迪克特.文化模式 [M].王炜，等，译.北京：社会科学文献出版社，2009.

［31］哈里斯.文化的起源 [M].黄晴，译.北京：华夏出版社，1988.

［32］彭增安.语用·修辞·文化 [M].上海：学林出版社，1998.

［33］上海教育学院.修辞 [M].福州：福建人民教育出版社，1980.

［34］申小龙.语言学纲要 [M].上海：复旦大学出版社，2003.

［35］特格希都仍.蒙古语修辞学研究 [M].呼和浩特：内蒙古教育出版社，2001.

［36］王德春.修辞学词典 [M].杭州：浙江教育出版社，1987.

［37］王希杰.汉语修辞学 [M].北京：北京出版社，1983.

［38］李维琦.修辞学 [M].长沙：湖南师范大学出版社，2012.

［39］王希杰.修辞学通论 [M].南京：南京大学出版社，1996.

［40］王希杰.修辞学新论 [M].北京：北京语言学院出版社，1993.

［41］维特根斯坦.文化与价值 [M].许志强，译.杭州：浙江文艺出版社，2002.

［42］维特根斯坦.哲学研究 [M].韩林合，译.北京：商务印书馆，2013.

［43］维特根升坦.名理论：逻辑哲学论 [M].张申府，译.北京：北京大学出版社，1988.

［44］吴礼权.修辞心理学 [M].修订版.广州：暨南大学出版社，2013.

［45］吴士文.修辞格论析 [M].上海：上海教育出版社，1986.

［46］吴雪娟.满文翻译研究 [M].北京：民族出版社，2004.

［47］许钟宁.语用修辞研究 [M].银川：宁夏人民出版社，2011.

［48］亚理斯多德.修辞学 [M].罗念生，译.北京：生活·读书·新知三联书店，1991.

［49］衣俊卿.文化哲学：理论理性和实践理性交汇处的文化批判 [M].昆明：云南人民出版社，2005.

［50］张弓.现代汉语修辞学 [M].天津：天津人民出版社，1963.

［51］张佳生.满族文化史 [M].辽宁：辽宁民族出版社，1999.

［52］张炼强.汉语修辞文化 [M].北京：语文出版社，2009.

［53］赵阿平.满族语言与历史文化 [M].北京：民族出版社，2008.

［54］赵志忠.《满谜》研究 [M].沈阳：辽宁民族出版社，1993.

［55］赵志忠.清代满语文学史略 [M].沈阳：辽宁民族出版社，2002.

［56］郑远汉.修辞风格研究 [M].北京：商务印书馆，2004.

［57］郑远汉.言语风格学 [M].2 版.武汉：湖北教育出版社，1998.

［58］长山.满语中梵语借词研究 [J].满语研究，2014（1）.

［59］陈炯.二十世纪汉语修辞研究评述 [J].毕节师范高等专科学校学报，2003，21（1）.

［60］高娃.满蒙谚语与文化的关系及特点 [D].哈尔滨：黑龙江大学，2006.

［61］郭宏宇.从韵律和比喻谈蒙语修辞的民族特点 [J].当代修辞学，1989（5）.

［62］郭孟秀.试论满族文化的生成 [J].满语研究，2009（2）.

［63］霍永寿.从指称到表义：论索绪尔语言哲学研究的本质特征 [J].外语学刊，2014（2）.

［64］金美.中国东西部民族语地名修辞方法初探：以满语与苗语地名为例 [J].满语研究，2001（2）.

［65］黎冉.满语词语的形象色彩及其修辞作用 [J].满语研究，1991（1）.

［66］黎运汉.论语言的时代风格 [J].暨南学报（哲学社会科学），

1988（3）.

［67］刘曼，张美兰.清代著名的满汉双语教材《清文指要》（百章）及其价值[J].海外华文教育，2012（1）.

［68］钱冠连.论反合及其语言踪迹[J].当代外语研究，2013（1）.

［69］佟颖.满语同义连用现象研究：以《皇清职贡图》为例[J].满语研究，2012（1）.

［70］温都胡.汉蒙明喻对比与翻译[J].民族翻译，2009（1）.

［71］吴雪娟.《同文广汇全书》满语俗语研究[J].满语研究，2013（2）.

［72］晓春.从《大清全书》看满语中的汉语借词[J].满语研究，2017（1）.

［73］徐莉.清代满文《诗经》译本及其流传[J].民族翻译，2009（3）.

［74］张佳生.满族文化的形成发展与特色[J].中央民族大学学报，1996（6）.

［75］张志公.修辞是一个选择过程[M]//张志公.张志公文集：②汉语修辞.广州：广东教育出版社，1991.

［76］赵阿平.满汉谚语语义辨析[J].满语研究，1992（1）.

［77］赵展.探寻满族文化发展的轨迹[J].中央民族大学学报，2005（1）.

后　记

满语修辞研究是我自博士后阶段就一直在关注的课题。之所以选择满语修辞这样一个方向，因其在满语研究领域内尚具备发展潜力。

在具体研究过程中面临诸多挑战：第一步便是基础资料的整理。满语修辞必定要在满语原文中斟酌挑选，从众多满文文献中快速、准确地归纳整理满语修辞手法是写作的基础。第二步从语言材料中归纳出满语修辞是何种体系。第三步需要从满语修辞当中总结出满族文化内涵，完成从语言本体到文化拓展的升华。

我很庆幸在这几年的研究工作中得到了我的博士后合作导师郭孟秀先生的支持与鼓励。他作为领导、长辈、朋友为我提出工作中的建议，让我在能力范围内发挥出最大优势。他做的远比合作导师的职责更多。我非常感谢郭孟秀老师和满学研究院的长山老师、吴雪娟老师、尹铁超老师、赵阿平老师、阿拉腾老师以及各位同事对我多年的帮助和关心。在老师们严谨治学精神的影响下，我有志成为一名合格的研究者，为满语研究的发展贡献微薄之力。

感谢黑龙江大学出版社为本书顺利出版所给予的帮助和辛苦付出。